# フェア・ディスクロージャー・ルールブック

早稲田大学
法学学術院教授　弁護士
黒沼悦郎／吉川　純／株式会社大和総研　[著]

Fair Disclosure
Rule Book

一般社団法人 金融財政事情研究会

## はしがき

　2018年4月より、上場会社に公平な情報開示を求めるフェア・ディスクロージャー・ルールが施行されている。本書は、上場会社の担当者等の実務家向けにフェア・ディスクロージャー・ルールを詳しく解説したガイドブックである。

　フェア・ディスクロージャー・ルールは、上場会社が未公表の重要情報を市場関係者や投資家に意図的に提供した場合は同時に、意図的でなく提供した場合は速やかに、当該情報を公表しなければならないというルールである。このルールは、投資判断に用いられる情報が一般の投資家に公平に行き渡るよう確保することに目的がある。他方、フェア・ディスクロージャー・ルールがあることによって、上場会社が情報発信や投資家との対話に消極的になってしまうと、市場の効率性が害され投資家の利益にならないばかりか、市場機能の維持や機関投資家との対話を通じた上場会社の企業価値の向上にも反する。そこで、上場会社自身がフェア・ディスクロージャー・ルールの内容を正しく理解して、フェア・ディスクロージャー・ルールの理解（解釈）を情報発信や投資家との対話の実務に生かす必要がある。本書が、上場会社のそのような実務対応の一助になれば幸いである。

　本書の成立ちや構成については、詳しくは後掲「本書の構成」をみていただきたいが、黒沼による第1章「制度」は、フェア・ディスクロージャー・ルールの立法過程や諸外国の制度との比較を通じて、フェア・ディスクロージャー・ルールの意義、構成要素を明らかにしている。その際、アメリカ合衆国の判例については、早稲田大学法科大学院生（当時）山村謙太朗さんのリサーチペーパーが参考になった。欧州裁判所の判例は、研究会において同僚の鳥山恭一教授からお教えいただいたものである。ともに感謝申し上げる。もっとも、文責はすべて筆者（黒沼）にあることはいうまでもない。また、フェア・ディスクロージャー・ルールの内容については、法令・ガイド

ラインの単なる紹介ではなく、重要論点について筆者の解釈を提示している。

　第2章「フェア・ディスクロージャー・ルールQ&A」では、横山を中心に大和総研金融調査部制度調査課が、上場会社や機関投資家の現場で問題となっている疑問点や課題を質問形式にまとめ、黒沼、横山、および吉川が議論して共同で回答を作成した。回答中の解釈にかかわる部分はあくまでも意見であるが、著者の共通の見解である。フェア・ディスクロージャー・ルールに関するこのように詳細なQ&Aは他に例がなく、実務において広く参照されることを著者一同、願っている。

　第3章「Q&Aについての補論」は吉川による。そこでは、フェア・ディスクロージャー・ルールの対応に取り組む上場会社の視点に立って、企業の情報開示に過度の萎縮効果が生じることを防止しつつも、紛議やトラブルを極力回避するという観点から、きめ細かな実務上の対応策が示される。

　最後になったが、本書の出版にあたっては、株式会社きんざいの田島正一郎出版部長に大変お世話になった。この場を借りて厚くお礼申し上げる。

2019年1月

黒沼　悦郎

吉川　　純

横山　　淳

## 本書の構成

　大和総研金融調査部の制度調査課では、数十年の長きにわたり、資本市場・金融市場にまつわる制度の調査を行ってきている。本書で解説するフェア・ディスクロージャー・ルールに関して、上場会社の情報開示のあり方にかかわる重要なテーマとして、弊課では、アメリカ合衆国での制度導入当時から深い関心を持ち続けてきた。

　その後、2016年4月18日の金融審議会「ディスクロージャーワーキング・グループ」報告書で、フェア・ディスクロージャー・ルールの導入に向けた検討の実施が盛り込まれた。これを受けて、同ルール研究の第一人者であり、ワーキング・グループのメンバーとして同ルールの導入を提案された黒沼悦郎先生を講師としてお招きし、大和証券グループ内の勉強会を開催した。

　その後、金融審議会に、黒沼先生を座長とする「フェア・ディスクロージャー・ルール・タスクフォース」が設置され、同年10月からフェア・ディスクロージャー・ルール導入に向けた検討が開始された。

　同年12月に「フェア・ディスクロージャー・ルール・タスクフォース報告～投資家への公平・適時な情報開示の確保のために～」が公表され、翌2017年には金融商品取引法が改正された。これを受け、2018年の春に、再び黒沼先生を講師にお招きし、大和証券グループの顧客向けにセミナーを実施し、同ルールの周知に努めた。

　2回にわたる社内外での講演が大変好評を得たこともあり、講演だけで終了させるのは非常に惜しく、私どもは、講演で用いた資料や先生のご講演の内容を、書籍のかたちで残したいと思い、黒沼先生にご相談したところ、書籍化についてご快諾をいただき、株式会社きんざいの協力を得た本書の刊行に至ることができた。

　本書は、3章構成となっている。第1章の制度編は黒沼先生にご解説をい

ただいた。第2章は講演会でのディスカッションや質疑応答における黒沼先生のご説明・ご回答をベースに、大和総研の制度調査課がQ&A形式で、加筆・整理して取りまとめた。第3章は実務に携わる弁護士の視点から、吉川先生にご執筆いただいた。金融商品取引法の数多いトピックのなかでフェア・ディスクロージャー・ルールに焦点を当て、学術的・基本的な解説と、Q&Aを交えた実務面での対応についての解説の両方を、一冊の書籍のなかに含めている。

　第1章は、フェア・ディスクロージャー・ルールの制度全般を解説している。フェア・ディスクロージャー・ルールの位置づけとして、わが国への導入の経緯やその必要性を、インサイダー取引規制、適時開示規則との関係もふまえて整理している。さらに、先行している海外のルールについても解説を行っている。

　フェア・ディスクロージャー・ルールの海外の制度に関しては、アメリカ合衆国のルール（レギュレーションFD）を中心とした解説が多くみられるが、本書では欧州連合（EU）の「適時開示義務・選択的開示の禁止」に関する市場阻害行為レギュレーション（選択的開示の禁止）の解説にも、多くの頁を割いている。アメリカ合衆国・欧州連合（EU）の両方のルールについて、制定の背景やその内容のみならず、主要な判例を紹介・解説している。

　実際、金融審議会のタスクフォースで、わが国のフェア・ディスクロージャー・ルールの内容を検討するにあたっては、アメリカ合衆国と欧州のフェア・ディスクロージャー・ルールが参考にされた。

　両地域におけるフェア・ディスクロージャー・ルールの内容と、基本的な考え方の違いを明らかにしたうえで、わが国のフェア・ディスクロージャー・ルールの考え方とルールの具体的な内容を解説している。

　そのうえで、研究者としての立場から、わが国における同ルールのあるべき姿として、将来の展望についても、記述している。

　第2章のQ&A編では、制度を適用するにあたって、上場会社の経営者や

IR担当者、投資家、アナリスト、証券会社・金融機関などの仲介業者、官公庁、マスコミなどの関係者において生じるであろう疑問点・問題点について、可能な限り詳細に、回答を取りまとめている。Q&Aは、大きく分けると、「重要情報」関連、「取引関係者」（情報受領者）関連、「公表」関連、「エンフォースメント（法執行・罰則等）、上場会社において必要な対応」関連といった鍵となる概念ごとに、全44問取り上げている。Q&Aの設問にあたっては、大和証券グループやその顧客（上場会社、機関投資家など）から寄せられた質問なども参考にさせていただいた。

　第3章は、現行実務（インサイダー取引規制、法人関係情報管理、適時開示）や課徴金事例などをふまえ、フェア・ディスクロージャー・ルールへの実務対応の基本姿勢、重要情報の位置づけ・範囲・管理方法・有価証券の種類による違い、公表、上場会社と取引当事者等とで見解に違いが生じた場合の対応、マスコミ対応、上場会社等の態勢整備などについて、第2章の補足的な位置づけで取りまとめている。

　本書の利用方法として、フェア・ディスクロージャー・ルールを正しく理解するうえでは、第1章から読み進められることをお勧めしたい。黒沼先生が解説された第1章が本書の核であり、第2章、第3章は、第1章をふまえた応用問題であるからだ。実務担当者の方には、たとえば、第2章の関心のある分野のQ&Aのみをみるという方法もあるかもしれない。しかし、制度の本質をふまえたうえで理解する、あるいは周辺制度との関係を整理するうえでも、ぜひ、第1章、第3章も読まれることをお勧めしたい。形式基準のないフェア・ディスクロージャー・ルールを適切に遵守するためには、制度の本質をふまえて、物事の実態に即した対応が要求されるからである。

株式会社大和総研　金融調査部　制度調査担当部長

**吉井　一洋**

〈凡　例〉

| 法令等 | 略称 |
|---|---|
| 金融商品取引法 | 金商法、（法○条） |
| 金融商品法施行令 | 金商法施行令、（施行令○条） |
| 企業内容等の開示に関する内閣府令 | 企業開示府令 |
| 重要情報の公表に関する内閣府令 | 重要情報公表府令 |
| 金融商品取引業等に関する内閣府令 | 金商業等府令 |
| 有価証券の取引等の規制に関する内閣府令 | 有価証券規制府令 |
| 証券取引法 | 証取法 |

# 目　次

## 第1章　制　度

### I　フェア・ディスクロージャー・ルールの位置づけ……… 2

1　フェア・ディスクロージャー・ルールとは………………… 2
2　インサイダー取引規制………………………………………… 3
3　適時開示規則…………………………………………………… 7
4　フェア・ディスクロージャー・ルールの必要性…………… 9

### II　諸外国の状況……………………………………………… 12

1　アメリカ………………………………………………………… 12
　(1)　背　景……………………………………………………… 12
　(2)　レギュレーションFDの内容…………………………… 13
　(3)　レギュレーションFDの執行…………………………… 16
　(4)　市場の効率性に対する影響……………………………… 27
　(5)　インサイダー取引規制との関係………………………… 28
2　EU………………………………………………………………… 29
　(1)　背　景……………………………………………………… 29
　(2)　市場阻害行為レギュレーション：適時開示義務……… 30
　(3)　市場阻害行為レギュレーション：選択的開示の禁止… 31
　(4)　欧州裁判所の判例………………………………………… 33

### III　フェア・ディスクロージャー・ルールの考え方……… 42

1　TF報告………………………………………………………… 42

|   | 2 | フェア・ディスクロージャー・ルールの意義 ………………………… 43 |
|---|---|---|
|   | 3 | 対象となる情報の範囲 ……………………………………………… 46 |
|   | 4 | 情報提供者の範囲 …………………………………………………… 49 |
|   | 5 | 情報受領者の範囲 …………………………………………………… 51 |
|   | 6 | 公表を必要としない情報提供 ……………………………………… 53 |
|   | 7 | 情報の公表方法 ……………………………………………………… 55 |
|   | 8 | エンフォースメント ………………………………………………… 56 |

## Ⅳ フェア・ディスクロージャー・ルールの内容 ………… 57

- 1 規制の構造 …………………………………………………………… 57
- 2 重要情報 ……………………………………………………………… 58
  - (1) 定　　義 ………………………………………………………… 58
  - (2) 情報管理の範囲 ………………………………………………… 61
  - (3) 未公表の確定的な情報 ………………………………………… 62
- 3 取引関係者 …………………………………………………………… 64
- 4 情報提供者 …………………………………………………………… 66
- 5 適用除外 ……………………………………………………………… 67
  - (1) 守秘義務・売買等禁止義務の趣旨 …………………………… 67
  - (2) 適用除外の例 …………………………………………………… 69
- 6 公表義務 ……………………………………………………………… 70
  - (1) 同時の公表と速やかな公表 …………………………………… 70
  - (2) 公表義務の例外 ………………………………………………… 72
  - (3) 情報伝達後の対応 ……………………………………………… 74
  - (4) 公表の方法 ……………………………………………………… 75
- 7 エンフォースメント ………………………………………………… 77

## Ⅴ 将来の展望 ………………………………………………………… 79

- 1 日本のフェア・ディスクロージャー・ルールの特徴 …………… 79

2 インサイダー取引規制、適時開示規則、フェア・ディスクロージャー・ルールの対象情報を一致させるべきこと ……………………… 80
3 適時開示を遅らせる会社の正当な利益を正面から認めるべきこと …………………………………………………………………………… 83
4 報道機関に対する情報の開示と適時開示 ……………………………… 85
5 公表方法 …………………………………………………………………… 87

# 第2章 フェア・ディスクロージャー・ルール Q&A

## 1 「重要情報」関連 ……………………………………………………… 90

### 1-1 「重要情報」とは ………………………………………………… 90
- Q1-1-1 重要情報の判断基準（上場会社）……………………… 90
- Q1-1-2 重要性に関する独自の数値基準 ………………………… 92
- Q1-1-3 ガイドラインに依拠した重要情報の管理 …………… 95
- Q1-1-4 親子上場の場合における「重要性」の判断（上場会社）……………………………………………………… 98

### 1-2 「確定的な情報」 ………………………………………………… 100
- Q1-2-1 中期経営計画の達成の見通し（上場会社）………… 100
- Q1-2-2 次の中期経営計画のディスカッションなど（上場会社）……………………………………………………… 102
- Q1-2-3 業績の見通し（上場会社）……………………………… 104
- Q1-2-4 M&A戦略（上場会社）………………………………… 106
- Q1-2-5 仮定に基づく事業シミュレーション（上場会社）… 108
- Q1-2-6 主要株主の異動と重要情報 …………………………… 110

### 1-3 ブレークダウン情報 ……………………………………………… 112

|   | Q1-3-1 | 決算説明会での質疑応答（上場会社）……………… 112 |
|   | Q1-3-2 | 子会社情報（上場会社）……………………………… 114 |

1-4 モザイク情報 …………………………………………………… 116
 Q1-4-1 モザイク情報とは（上場会社）………………………… 116
 Q1-4-2 個別工場の稼働率（上場会社）………………………… 121
 Q1-4-3 別の者に伝達した内容があわさると重要情報となってしまう場合 ……………………………………………… 123
 Q1-4-4 鍵となる情報をもっていることが疑われる場合 ……… 126

1-5 アナリストの誤解・勘違い …………………………………… 129
 Q1-5 アナリストの誤解・勘違いを正す／反論する（上場会社） ……………………………………………………… 129

1-6 フェア・ディスクロージャー・ルールとスチュワードシップ責任 ………………………………………………………… 134
 Q1-6 重要情報に該当するおそれのある情報に関する質問とスチュワードシップ責任（機関投資家）……………… 134

1-7 フェア・ディスクロージャー・ルールと社債 ……………… 137
 Q1-7 普通社債の場合 ………………………………………… 137

# 2 「取引関係者」（情報受領者）関連 ……………………………… 141

2-1 守秘義務等 ……………………………………………………… 141
 Q2-1-1 守秘義務等の範囲（上場会社）………………………… 141
 Q2-1-2 守秘義務の遵守状況の確認（上場会社）……………… 146
 Q2-1-3 重要情報の該当性に関する上場会社と機関投資家の見解の相違と守秘義務・売買等禁止義務契約 ………… 148
 Q2-1-4 黙示による守秘義務・売買等禁止義務契約 …………… 153
 Q2-1-5 インサイダー取引規制の適用除外取引と売買等禁止義務 ……………………………………………………… 156

2-2 マスメディア …………………………………………………… 159

Q2-2-1　対象から除外された理由（上場会社）･････････････････ 159
　　Q2-2-2　マスメディア対応（上場会社）･････････････････････ 161
　　Q2-2-3　スクープ報道（上場会社）･･･････････････････････ 163
　　Q2-3　　株主総会での回答（上場会社）･････････････････････ 166
　　Q2-4　　採用活動の会社説明会（上場会社）･････････････････ 169
　　Q2-5　　海外投資家／クロスボーダーでの金商法の適用（上場
　　　　　　会社）･････････････････････････････････････････ 172

## 3　「公表関連」･････････････････････････････････････････ 174
　　Q3-1　　英文ウェブ公表（上場会社）･･･････････････････････ 174
　　Q3-2　　公表手続の選択（上場会社）･･･････････････････････ 176
　　Q3-3　　フェア・ディスクロージャー・ルール上の「公表」と
　　　　　　ウェブサイトの掲載方法･････････････････････････ 179
　　Q3-4　　ウェブキャスト･･････････････････････････････ 182
　　Q3-5　　IR資料の事前開示（公表）･････････････････････････ 185
　　Q3-6　　取引先からの情報漏えい･･････････････････････････ 188
　　Q3-7　　投資家と発行会社で重要情報の認識に違いが生じた場
　　　　　　合（機関投資家）････････････････････････････････ 190
　　Q3-8　　法人関係情報の「公表」と重要情報の「公表」の関係
　　　　　　（金融商品取引業者）･･････････････････････････････ 193

## 4　エンフォースメント、上場会社に必要な対応など ･･････ 195
　　Q4-1　　エンフォースメントの実効性（上場会社、機関投資家）･････ 195
　　Q4-2　　必要な対応（上場会社）････････････････････････････ 198
　　Q4-3　　上場子会社のIR活動への関与（上場会社）･････････････ 203
　　Q4-4　　社長によるうっかり発言の事後処理･･････････････････ 206
　　Q4-5　　事後処理としての「速やか」な公表とは･･････････････ 209
　　Q4-6　　1対1ミーティングの開催時期････････････････････ 212

## 第3章 Q&Aについての補論

Ⅰ 実務対応の基本姿勢 ………………………………………… 216
  1 開示規制としての位置づけ ……………………………… 216
  2 既存の開示ルールとの関係 ……………………………… 217
  3 優しいルールとの誤解は禁物 …………………………… 217
  4 求められる正しい理解に基づく対応 …………………… 218

Ⅱ 重要情報に関する基本的な考え方 ………………………… 219
  1 重要事実・公開買付け等事実と法人関係情報の間に位置する重要情報 ……………………………………………………… 219
  2 公開買付け等事実の取扱い ……………………………… 221
  3 三方法併記のガイドライン ……………………………… 221
  4 当事者の自主的努力とプラクティス積重ねの尊重 …… 222
  5 小　　結 …………………………………………………… 224

Ⅲ 重要情報の範囲画定（その1　決算情報以外）………… 226
  1 基本・出発点としての重要事実・公開買付け等事実と合理的範囲の拡張 …………………………………………………… 226
  2 定性的拡張とバスケット条項 …………………………… 228
    (1) バスケット条項の重要事実を出発点とした拡張 …… 228
    (2) 最近の課徴金実務にみるバスケット条項の運用 …… 228
    (3) 数値基準のみに依拠した機械的判断はアウト ……… 230
  3 定量的拡張と適時開示基準 ……………………………… 231
  4 時系列的前倒しと「確定的」の要件 …………………… 232
  5 小　　結 …………………………………………………… 234

## Ⅳ 重要情報の範囲画定(その2 決算情報) ……………… 235

1 決算関連情報の広汎性 ……………………………………… 235
2 決算情報として管理すべき場合 …………………………… 236
3 原則的に決算情報非該当の場合 …………………………… 236
4 中期経営計画等の取扱い …………………………………… 237
5 補足情報およびいわゆるモザイク情報 …………………… 238
6 小　　結 ……………………………………………………… 239

## Ⅴ 有価証券の種類と重要情報 ……………………………… 240

## Ⅵ 公　　表 ……………………………………………………… 242

## Ⅶ 上場会社等と取引当事者等との関係をめぐる諸問題 … 243

1 出発点となる取引当事者の範囲に関する正しい認識 …… 243
2 焦点となる重要情報該当性と守秘義務等の有効性 ……… 243
　(1) 問題の所在 ………………………………………………… 243
　(2) 重要情報該当性に関する認識の食い違い ……………… 244
　(3) 最終的には上場会社等の判断を原則優先 ……………… 245
　(4) 選択的開示の即時または速やかな開示 ………………… 246
　(5) 焦点となる守秘義務・売買等禁止義務の有効性 ……… 247
3 上場会社等の対応 …………………………………………… 247
　(1) 取引関係者が重要情報該当性を主張する場合 ………… 247
　(2) 取引関係者が重要情報該当性を否定する場合 ………… 248
4 取引関係者側の対応 ………………………………………… 249
　(1) 最初の対応 ………………………………………………… 249
　(2) 上場会社等が重要情報該当性を否定する場合 ………… 249
　(3) 取引関係者が重要情報該当性に疑問を抱く場合 ……… 250

(4) 守秘義務等に応じない場合の不利益 ……………………………… 251
　5　法人関係情報の関連規制とフェア・ディスクロージャー・ルール ……………………………………………………………………… 252
　6　現段階で想定しうる実務的工夫 ……………………………………… 254

## Ⅷ　若干の実務的論点 …………………………………………………… 255

　1　インサイダー取引規制上の適用除外との関係 …………………… 255
　2　マスコミへの対応 …………………………………………………… 255
　3　株主総会との関係 …………………………………………………… 256
　　(1) 会社法上の説明義務とフェア・ディスクロージャー・ルール … 256
　　(2) 株主総会準備における実務的留意点 ……………………………… 257
　　(3) 四半期決算の情報 …………………………………………………… 257
　　(4) 株主総会におけるリアルタイムのウェブキャストの可能性 …… 258
　　(5) 小　　結 ……………………………………………………………… 259
　4　クロスボーダー関係 ………………………………………………… 260

## Ⅸ　上場会社等のフェア・ディスクロージャー・ルール対応 …………………………………………………………………… 261

　1　社内管理体制の構築 ………………………………………………… 261
　2　根本は公平開示促進・徹底 ………………………………………… 261
　3　重要情報として管理する範囲の適切な画定 ……………………… 262
　4　取引関係者等との対応 ……………………………………………… 263
　5　フェア・ディスクロージャー・ルールに関するコンテンジェンシー・プラン ……………………………………………………… 263
　6　社内規程等の点検・整備 …………………………………………… 265
　7　定期的見直し ………………………………………………………… 266

X　まとめ……………………………………………………… 267

著者略歴………………………………………………………… 268

# 第 1 章

# 制　　度

# I フェア・ディスクロージャー・ルールの位置づけ

## 1 フェア・ディスクロージャー・ルールとは

　フェア・ディスクロージャー・ルール（Fair Disclosure Rule、公正開示規則）とは、企業が決算情報や会社内で生じた投資判断にとって重要な情報を自発的に開示する場合に、アナリスト等の特定の者に情報を選択的に開示すること（selective disclosure）を禁止するルールをいう。フェア・ディスクロージャー・ルールの目的は、未公表の重要情報が一般の投資家に広く行き渡るように、発行者に公平に開示を行わせることにある。フェア・ディスクロージャー・ルールは、発行者が未公表の重要情報を特定の者に選択的に開示した場合、それが意図的な開示であった場合には同時に当該情報を公表しなければならず、それが意図的でない開示であった場合には迅速に当該情報を公表しなければならないというかたちをとることが多い。

　フェア・ディスクロージャー・ルールは、2000年代にアメリカ合衆国（以下、「アメリカ」という）や欧州連合（以下、「EU」という）で制定されたが、日本では未制定であった。このたび、2017年に金融商品取引法が改正されてフェア・ディスクロージャー・ルールが同法に定められ、2018年4月より施行されている。

　フェア・ディスクロージャー・ルールの位置づけは国によって異なる。アメリカでは、フェア・ディスクロージャー・ルールは、上場会社が投資判断にとって重要な情報を開示する開示ルールの一環として定められている。もっとも、学説では、インサイダー取引規制との関係でフェア・ディスクロージャー・ルールの必要性が議論されることも多い。これに対しEUでは、情報の選択的開示は、相場操縦やインサイダー取引と並ぶ市場阻害行為

の一つ、特にインサイダー取引の禁止の一環として禁止されている。

　そこで、以下では、まずフェア・ディスクロージャー・ルールと関係の深い日本のインサイダー取引の禁止と適時開示制度の概要を説明し（→2、3）、なぜフェア・ディスクロージャー・ルールが必要とされるようになったのかという日本における導入の背景を説明する（→4）。

## 2　インサイダー取引規制

　インサイダー取引とは、上場会社の関係者など上場会社に関する未公表の重要情報を入手できる地位にある者が、重要情報を利用して関係する有価証券の売買等の取引を行うことをいい、一部の者が地位を利用して不当な利益を得る行為は一般の投資家からみて不公正であり、投資家の市場に対する信頼を害することになるため、世界各国で禁止されている。

　日本のインサイダー取引規制は、上場会社[1]を情報源とする内部情報を知って行う有価証券等の売買等を禁止する金商法166条、上場会社に関係するが上場会社以外の者を情報源とする外部情報（公開買付けおよび5％以上の株式買集めに関する事実）を知って行う売買等を禁止する同法167条、内部情報または外部情報の不当な伝達またはこれらに基づく取引推奨を禁止する同法167条の2と、これらの違反に対する課徴金および罰則の規定からなる。インサイダー取引規制の中心的規定である同法166条は、「重要事実」を一定の関係を通じて知った「会社関係者」または会社関係者から当該事実の伝達を受けた「情報受領者」が、当該事実の「公表」までに、関係する有価証券等の売買等を行うことを禁止するという形式をとっている。

　インサイダー取引規制の対象となる「重要事実」は、①上場会社の業務執行機関が一定の事項を行うことについての決定をしたこと、または行うことについての決定をし、それを公表した後に当該事項を行わないことを決定し

---

[1] インサイダー取引規制は上場会社以外に上場投資法人にも適用されるが、説明の便宜上、上場投資法人に関する規定については省略する。

たこと（決定事実）、②上場会社に一定の事実が発生したこと（発生事実）、③上場会社の売上高、経常利益、純利益、剰余金の配当、上場会社の属する企業集団のこれらの決算数値について、公表された直近の予想値（予想値がない場合は公表された前事業年度の実績値）と会社が新たに算出した予想値または当該事業年度の決算において重要な差異が生じたこと（決算変動）、④①から③以外の事項で上場会社の運営、業務、または財産に関する重要事実であって投資者の投資判断に著しい影響を及ぼすもの（包括条項）、⑤子会社に係る重要事実に分けて規定されている。決定事実と発生事実については対象となる事項が限定列挙されているうえ、影響が軽微なものとして内閣府令で定める数値基準に当たるものは重要事実の定義から外れる。これを軽微基準という。決算変動については、内閣府令で定める数値基準に当たる場合に限って重要事実となり、これを重要基準という。包括条項には、軽微基準や重要基準は定められておらず、投資者の投資判断に著しい影響を及ぼすかどうかにより重要事実該当性が決定される。

　このようにインサイダー取引規制の対象となる重要事実を法令で限定列挙したうえで、それとは別に包括条項を置く方式は、比較法的には珍しい。日本では、①や②に列挙された事項に該当するが、軽微基準を上回らないため重要事実に当たらない事実について、包括条項を利用してインサイダー取引規制違反を問うことができるかどうかが問題となる。判例は、ある事実が発生事実として列挙された事項として包摂・評価される面とは異なる別の重要な面を有している事実である場合には、当該別の重要な面について包括条項の該当性を問題にすることができるとした[2]。

　決定事実は、将来発生する事項に関する情報であり、当該事項の実現に向けて時間的に事態が進展していくところ、どの時点をもって「ある事項を行

---

[2] 最高裁平成11年2月16日判決（刑集53巻2号1頁）。具体的には、この事例では上場会社が開発した新薬について死亡例を含む重篤な副作用症例が発生したが、これは業務に起因する損害（発生事実）に該当しうる面を有するとともに、当社の新薬の今後の販売に支障をきたし当社の製薬業者としての信用をさらに低下させるという別の重要な面を有し、この面については包括条項を適用できるとしたものである。

うことについての決定」がなされたとみるべきかを判断しなくてはならない。特に、決定の初期の段階では、その事項が実現する可能性が低いと考えられるが、実現可能性の低い段階での決定もインサイダー取引規制の対象となるか。この問題について判例 3 は、実現可能性がまったくあるいはほとんど存在せず、一般の投資者の投資判断に影響を及ぼすことが想定されないために、決定の実質を有しない場合は別として、「決定」をしたというためには、業務執行機関においてその事項の実現を意図して、当該事項またはそれに向けた作業等を会社の業務として行う旨の決定がされれば足り、当該事項の実現可能性があることが具体的に認められることは要しないとした。

会社関係者の範囲は条文によって画されているが（法166条1項）、後に述べるフェア・ディスクロージャー・ルールの情報伝達者の範囲よりは広い。情報受領者は、会社関係者から直接、情報の伝達を受けた者および情報の伝達を受けた者が所属する法人内で職務に関し情報を知った者に限定されるが（同条3項）、やはりフェア・ディスクロージャー・ルールの情報受領者（取引関係者）よりは広い。

インサイダー取引が禁止されるのは重要事実が公表されるまでであるが、重要事実は、上場会社またはその子会社（子会社に係る重要事実の場合）が当該事実を、(1)金商法25条の開示書類（臨時報告書等）に記載し、公衆の縦覧に供されたとき、(2)二以上の報道機関に公開してから12時間を経過したとき、(3)金融商品取引所に通知し、これが取引所のウェブサイト等で公衆の縦覧に供されたときに、公表されたことになる（法166条4項、施行令30条）。判例 4 は、情報源を公にしないことを前提とした報道機関に対する重要事実の伝達は(2)の「公開」に当たらないとし、また、そのような情報が報道されても、情報源が公にされない限り、情報が公知になったことによりインサイダー取引が解禁されることもないとした。

重要事実を知って関係する有価証券の売買等を行った者には、5年以下の

---

3 最高裁平成23年6月6日決定（刑集65巻4号385頁）。
4 最高裁平成28年11月28日決定（刑集70巻7号609頁）。

懲役、500万円以下の罰金、またはそれらが併科される（法197条の2第13号）。インサイダー取引は課徴金の対象でもある（法175条）。会社関係者が重要事実の公表前に有価証券の売買等をさせることによって利益を得させ、もしくは損失を回避させる目的をもって、他人に重要事実を伝達し、または売買等を勧める行為も禁止される（法167条の2）。ただし、重要事実を伝達し、または売買等を勧めた者は、事実の伝達を受け、または売買等を勧められた者が売買等をした場合に限って処罰される（法197条の2第14号）。

証券会社等の金融商品取引業者等は、インサイダー取引を防止して金融商品市場における公正な取引を実現する責務を負っていることから、だれにでも適用されるインサイダー取引の禁止のほかに、業法上、次の行為が禁止されている。

第一に、金融商品取引業者等の役員・使用人は、職務上の地位を利用して、顧客の注文動向その他職務上知り得た特別の情報に基づいて、有価証券の売買その他の取引等をしてはならない（法38条9号、金商業等府令117条1項12号）。職務上知り得た特別の情報が重要事実に該当しないときでも、売買を禁止するためである。

第二に、金融商品取引業者等またはその役員・使用人は、顧客の注文がインサイダー取引に該当するおそれがあることを知りながら、当該取引の受託等をしてはならない（法38条9号、金商業等府令117条1項13号）。インサイダー取引の防止のためである。

第三に、金融商品取引業者等またはその役員・使用人は、顧客に対して有価証券の発行者の法人関係情報を提供して、有価証券の売買その他の取引等を勧誘してはならない（法38条9号、金商業等府令117条1項14号）。ここにいう法人関係情報とは、上場会社等の運営、業務または財産に関する公表されていない重要な情報であって顧客の投資判断に影響を及ぼすと認められるものと、公開買付け・株式買集めの実施または中止の決定に係る公表されていない情報と定義されており（金商業等府令1条4項14号）、軽微基準・重要基準が定められていない点、投資判断に影響を及ぼすと認められれば足り「著

しい影響」が不要である点で、インサイダー取引の重要事実・公開買付け等事実よりも広い。インサイダー取引規制の平成25年改正によって、情報伝達行為・取引推奨行為が禁止され、これに違反したときは業者も行政処分の対象になるが、法人関係情報の範囲がインサイダー取引規制の重要事実の範囲よりも広いため、なお、法人関係情報の提供による勧誘を禁止する意味がある。法人関係情報に基づく有価証券の取引ももちろん禁止される（金商業等府令117条1項16号）。

　これらの規定に違反したときには、金融商品取引業者等およびその役員・使用人が行政処分の対象になる（法52条、64条の5）。

## 3　適時開示規則

　金融商品取引所は、上場規則に基づいて、上場会社に対して適時開示義務を課している。この上場規則を適時開示規則といい、東京証券取引所であれば有価証券上場規程「第4章　第2節　会社情報の適時開示等（第402条－420条）」およびその下位規則を指す。適時開示（Timely Disclosure、タイムリー・ディスクロージャー）は、重要な会社情報が上場会社に生じた場合に、その情報を法定開示書類である臨時報告書による開示よりも迅速に開示させるものであり、投資者に投資判断資料を提供するとともに、重要な情報が未公表のまま上場会社に滞留する時間を短くすることによって、インサイダー取引を防止することを目的としている。この義務は法令上の義務ではなく、上場規則に基づいて上場会社が負う自主規制上の義務である。

　適時開示は、かつては証券取引所が上場会社に対して行う「要請」にすぎず、その内容も、情報の漏えいが察知されない限り、上場会社の判断で情報の開示を遅らせることを認めていた。ところが、1999年に証券取引所がタイムリー・ディスクロージャーを上場規則化した際、会社の都合により情報の開示を遅らせることを認めず、例外なく、「直ちにその内容を開示しなければならない」（東証・有価証券上場規程402条）とした。

適時開示の対象となる「会社情報」は、インサイダー取引規制の「重要事実」の定義方式に倣って、決定事実、発生事実、包括条項、および子会社に係る会社情報（東証・有価証券上場規程403条）に分けて定義されており、取引所の施行規則で定める「軽微基準」に該当するときは開示しなくてよい。もっとも、適時開示規則の会社情報は、インサイダー取引規制の重要事実よりも詳細な項目が列挙されており、その軽微基準はインサイダー取引規制の軽微基準よりも狭く定められているので、適時開示規則の対象である「会社情報」はインサイダー取引規制の対象となる「重要事実」よりも範囲が広い。適時開示規則の包括条項は、決定事実と発生事実のそれぞれについて、「当該上場会社の運営、業務若しくは財産又は当該上場株券等に関する重要な事実であって投資者の投資判断に著しい影響を及ぼすもの」と定められている。投資判断に著しい影響を及ぼすものという点はインサイダー取引の重要事実の包括条項と同様の規定ぶりであるが、上場株券等に関する重要な事実が加えられている。これは、適時開示規則は発行者を名宛人とする開示ルールであり、発行者を情報源としない外部情報についても「公開買付け等事実」に限り規制の対象としているインサイダー取引規制よりも適用範囲が狭くなってしまうおそれがあるため、それを補う趣旨で加えられたものと考えられる。もっとも、「上場株券等に関する重要な事実」には有価証券市場における当該上場株券の売買状況のようなマーケット・インフォメーションも含まれると思われ、そうだとすると、適時開示規則の対象はインサイダー取引の「公開買付け等事実」よりも広いことになる。

　適時開示のうち決算情報の公表については、別に定められている（東証・有価証券上場規程404条、405条）。まず、上場会社は、事業年度または四半期に係る決算の内容が定まった場合は、直ちにその内容を開示しなければならない。上場会社は事業年度および四半期ごとに、会社の定める一定の時期に決算を発表することを計画し、それに向けた準備を整えているので、準備が整った段階で迅速に決算情報を公表することが求められるのである。次に、上場会社は、インサイダー取引と同様の決算変動が生じた場合に加えて、営

業利益またはその予想値に重要基準を満たす差異が生じた場合にも、直ちにその内容を開示しなければならない。さらに、剰余金の配当について予想値を算出したときは、前の予想値との差異にかかわらず、新たな予想値を開示しなければならないとされている。これらの点で、インサイダー取引が禁止される場合よりも決算または予想値の公表をしなければならない場合のほうが適用範囲が広い。

　会社情報は、上場会社と金融商品取引所をつなぐネットワーク（TDnet等）を通じて上場会社から金融商品取引所へ伝達され、金融商品取引所のウェブサイトに掲載される。この時点でインサイダー取引規制上も公表があったとされ、関係者の取引が解禁されるので、適時開示はインサイダー取引の防止にも役立つ。

　上場会社が適時開示規則に違反した場合、金融商品取引所は上場規則に基づいて、改善報告書の徴求、公表措置、上場違約金の徴求などの制裁を科す（東証・有価証券上場規程502条、508条1項、509条1項）。違反の程度が甚だしいときは、上場契約の重大な違反として、上場廃止の措置がとられることもありうる（同601条1項）。

## 4　フェア・ディスクロージャー・ルールの必要性

　インサイダー取引規制は、発行者に内部情報（重要事実）の公表を求めるものではない。インサイダー取引が行われても、発行者が内部情報を公表する義務を負うわけではない。したがって、インサイダー取引規制だけでは、発行者に内部情報を公平に開示するよう促すことはむずかしいことがわかる。

　インサイダー取引が厳格に禁止されれば、会社関係者が内部情報をアナリストに伝達しても、アナリストはそれを有価証券の売買取引に用いることはできない。しかし、内部情報から利益を得る手段は、売買取引を行うことだけではない。内部情報を基にアナリストがレポートを作成し、それを公表す

ることで当該アナリストやアナリストが所属する証券会社は利益を得ることができてしまう。内部情報のそのような利用は、同じ情報を平等な立場で利用できない一般の投資家からみて不公正ではないのか。たしかに、アナリストのレポートの公表によって、企業情報やその分析結果が株式の市場価格に効率的に反映されるようになり、一般の投資家も間接的に利益を得ることもあるだろう。しかし、アナリストは上場会社から公平に開示された情報を分析する能力を競うべきであって、上場会社にとって好ましい内容のレポートを作成するアナリストがより早く上場会社から情報を引き出せるような事態は、投資家の市場に対する信頼を損ね、一般の投資家を証券市場から遠ざける要因になってしまうのではないだろうか。アメリカでフェア・ディスクロージャー・ルールが採用された理由は、まさにこの点にあった。

　さらに、日本ではインサイダー取引の重要事実の範囲が狭く、前期の実績や直近の予想値と変わらない決算数値はインサイダー取引規制の対象ではない（→2）。そのような情報であっても会社が決算において算出した数値は確度が高いので、予想値等と変わらなくても、確度の高い数値が算出されたこと自体が重要な投資判断資料となる。そこで、インサイダー取引の重要事実の範囲をいますぐ拡大し、規制を強化することがむずかしいとすれば、インサイダー取引規制とは別に、内部情報の不正利用を防止する手段が必要になるのである。

　次に、日本では金融商品取引所の適時開示規則が即時の情報開示を要求しているので、上場会社がこれを遵守している限り、上場会社が重要な会社情報を一部の者に選択的に開示するという「選択的開示」は起こりえないようにもみえる。アメリカでフェア・ディスクロージャー・ルールが導入された後、2005年に金融審議会第一部会ディスクロージャー・ワーキング・グループにおいてその導入が検討されたことがあった。そのときは、アメリカの適時開示規則（→Ⅱ1(1)）とは異なり、日本の適時開示規則が厳格であることに照らすと、発行者が情報を選択的に開示する余地はないだろうと考えられたため、フェア・ディスクロージャー・ルールの導入はいったん見送られ

た。

　しかし、実際には、適時開示は即時の情報開示を要求するものではない。重要な会社情報が生じたと上場会社が認識した場合、これを公表するためには多少なりとも準備作業が必要であり、その間に、上場会社の役職員から会社情報が第三者に伝達されることがありうる。決算についていえば、上述のように、「決算の内容が定まった場合」には、上場会社は「直ちにその内容を公表しなければならない」が、会社の決算は、経理部による作成、経理担当役員による承認、取締役会による承認と段階的に定まっていくので、たとえ会社が適時開示規則を遵守しても、決算発表の準備が整うまでに、決算内容の一部が関係者から会社外の第三者に伝達されることがありうる。

　現に、2015年から2016年にかけて、証券会社のアナリストが上場会社から得た決算情報を用いて、営業員が顧客に株式売買の勧誘を行っていたとして証券会社に業務改善命令が下された事例が2件、発生した。このうちB証券の事例では、上場会社Aが公表前の四半期業績に関する情報をB証券所属のアナリストに伝達し、アナリストが同社の営業員および顧客に当該情報を伝達、営業員も顧客に情報を示してA社株の売買を勧誘していた。D証券の事例では、アナリストが、上場会社から取材等で取得した情報を顧客や営業員に提供していたほか、上場会社への個別取材に顧客を同道させていた。そして、D証券所属のアナリストは、上場会社Cに対する個別取材で、公表前の半期の連結業績予想（営業利益）に関する情報を取得し、営業員および顧客に電話で当該情報を伝達したところ、営業員は多数の顧客に対して当該情報を提供してC社株の買付けを勧誘したという。

　これらの事例は、証券会社に対する行政処分事例であり、アナリストの取材姿勢が問われた。そこで、日本証券業協会は2016年9月に「協会員のアナリストによる発行体への取材等及び情報伝達行為に関するガイドライン」を制定し、証券会社のアナリストが上場会社の未公表の決算情報を取材することを原則として禁止した。他方、上場会社についても、特定のアナリストに対してのみ未公表の決算情報を伝達していた行為（選択的開示）が問題とさ

れた。公表前の決算情報のように投資判断にとって重要な情報を上場会社が一部のアナリストや証券会社に対して選択的に開示することは、それら一部の者に未公開情報の価値を利用させることを意味し、一般の投資家の市場取引に対する信頼を害することになるからである。

　このように、日本においては、金融商品取引所による適時開示制度は整備されているが、適時開示前の内部情報を企業が第三者に提供する場合に当該情報が他の投資家にも同時に提供されることを確保するルール（フェア・ディスクロージャー・ルール）は置かれていないこと、および、日本においても市場参加者の信頼を揺るがすような上場会社による情報の選択的開示の事例が生じたことから、2015年に金融庁の金融審議会においてフェア・ディスクロージャー・ルール導入の是非の検討が開始された。

　次に、日本のフェア・ディスクロージャー・ルールの考え方および内容の解説に入る前に、先にフェア・ディスクロージャー・ルールを導入していたアメリカとEUの状況を説明しよう。先行する他国の経験は、わが国のフェア・ディスクロージャー・ルールの解釈や運用にとって参考になるからである。

# II　諸外国の状況

## 1　アメリカ

### (1)　背　景

　最初にフェア・ディスクロージャー・ルールを定めたのはアメリカである。アメリカでは、日本と同様、証券取引所の規則により上場会社の適示開

示(タイムリー・ディスクロージャー)義務が定められているが、それによると会社情報の公表時期については会社の裁量を認め、公表が会社の目標を害し、または競争者に有利な情報を与えることになるときには、会社は公表を遅らせることができるとされていた(ニューヨーク証券取引所・上場会社マニュアル§202.06(A)等)。そこで、上場会社が会社の利益を守るという名目で会社情報の開示を遅らせ、公表までの間にアナリストに情報を選択的に開示する例がみられた。また、このような選択的開示の特典が、上場会社がアナリストに自己に有利なレポートを書かせるための手段として用いられているという懸念も生じていた。

そこで、SEC(米国証券取引委員会)は、2000年にレギュレーションFD(Regulation Fair Disclosure、公正開示規則)を制定し、情報の選択的開示を禁止した。

## (2) レギュレーションFDの内容

レギュレーションFDはSEC規則Part243 100条から103条に定められている。このルールは、SECへ証券を登録している発行者の継続開示義務についてSECが規則を定めることができるとする、証券取引所法(Securities Exchange Act)13条に基づいて定められた。すなわち、アメリカではレギュレーションFDは開示ルールと位置づけられている。

発行者または発行者のために行動する者が、発行者またはその証券に関する重要な未公開情報を、(b)(1)項に列挙した者に開示したときは、意図的な開示の場合は同時に(simultaneously)、意図的でない開示の場合は迅速に(promptly)、当該情報を101条(e)項の定める方法で公表しなければならない(100条(a)項)。

「発行者」とは、証券取引所法12条によりSECに登録されている証券の発行者(上場会社・店頭登録会社)、同法15条(d)項の報告書提出義務を負う発行者(外形基準による開示会社)であり、クローズドエンド型の投資会社を含み、外国の政府・民間企業を含まない(101条(b)項)。

重要な未公開情報（material nonpublic information）の定義は置かれていないが、レギュレーションFDの採択リリースは、判例法を引用して、重要な情報における「重要な」とは、「合理的な株主が投資判断に際して重要と考える相当の蓋然性（substantial likelihood）があること」としている[5]。

　選択的開示の規制の相手方となる一定の者とは、ブローカー・ディーラー、投資顧問、機関投資家のファンドマネージャー、投資会社（ミューチュアルファンドのこと）、これらの者の関係者、および発行者の証券の保有者であって当該情報に基づいて取引することが合理的に予想される者である（100条(b)(1)項）。ここにいうブローカー・ディーラー、投資顧問等、その関係者は、法令によって定義されている。報道機関は相手方として列挙されておらず、会社情報に基づいて取引することが合理的に予想される者にも当たらないので、報道機関への情報開示は規制の対象外とされていることがわかる。

　「発行者のために行動する者」とは、①発行者の上級幹部役員、②その他の役員、従業員、代理人で、100条(b)(1)項の者と日常的にコミュニケーションをとっている者と定義されている（101条(c)項）。上級幹部役員とは、取締役、執行役員、IR部門またはPR部門の役員、その他同様の役割を果たす者である（101条(f)項）。

　発行者の役員等が重要な未公開情報を「意図的に」（intentional）開示した場合とは、開示を行う者が、当該情報が重要かつ未公表であることを知っていたか、知らなかったことに重過失がある場合を指す（101条(a)項）。この定義だと、未公表の重要情報と知っていたが、うっかり（軽過失により）開示してしまった場合は意図的な開示に該当しそうであるが、そのような態様の開示は一般的には意図的と評価されないようにも思われる。役員等が意図的に情報を開示したときは、発行者は同時に当該情報を公表しなければならないことになるが、それは不可能なので、直ちにレギュレーションFD違反と

---

[5] 65 Fed. Reg. 51716, 51721. TSC Indus., Inc. v. Northway, Inc., 426 U.S. 438, 449 (1976) を引用。

なる。

　未公開情報を「意図的でなく」開示した場合には発行者は当該情報を迅速に開示しなければならない。「迅速に」とは、発行者の上級幹部役員が情報の選択的開示を知った後、「合理的に実現可能な範囲で、迅速に」(as soon as reasonably practicable) の意味であるが、24時間後またはニューヨーク証券取引所の次の取引日の開始時のいずれか遅い時点より遅くてはならないとされている（101条(d)項）。

　公表の方法は、原則として、フォーム8－K（臨時報告書）の提出によるが、投資家に広く、排他的でなく（non-exclusively）情報が行き渡るように合理的に設計された方法で開示をするならば、それによることもできる（101条(e)項）。後者の典型はプレスリリースである。SECは、当初、発行者のウェブサイトへの掲載では不十分であるとしていたが、2008年の解釈リリース（ガイダンス）により、①それが当該発行者の情報伝達の手段として認識されており、②証券市場一般が当該情報を利用できるような方法で情報が伝達され、かつ③市場が情報に反応するための合理的な期間が確保されている場合であれば、公表と認められるとした[6]。①について、ガイダンスは、発行者が継続的に情報をウェブサイトに掲載すること、およびウェブサイトのアドレスを定期的開示書類およびプレスリリースで公表しているかどうかを1つの判断要素としているが、必ず定期的開示書類に記載していなければならないとまではしていない。③は情報をウェブサイトに掲載してから合理的な期間が経過しないと公表と扱われず、その間に発行者がアナリスト等に情報を個別に開示すれば選択的開示に当たるという意味である。さらに、2013年のSEC報告書は、Facebookなどのソーシャル・メディアへの書き込みも、①から③の基準を満たしていれば公表と認められるとした[7]。

　レギュレーションFDには、適用除外が定められており、次の場合には適

---

[6] Commission Guidance on the Use of Company Web Sites, EA. Rel. 58288 (2008).
[7] Report of Investigation Pursuant to Section 21(a) of the Securities Exchange Act of 1934: Netflix, Inc., and Reed Hastings, EA. Rel. 69279 (2013).

用されない。すなわち、①弁護士、投資銀行、会計士のように、発行者に対して信認義務（duty of trust or confidence）を負う者に対する開示、②開示された情報の秘密を守ることに明示的に同意した者に対する開示、および③登録された証券募集の過程における一定の方法による開示である（100条(b)(2)項）。③の一定の方法としては、(A)登録届出書、(B)いわゆる自由書面目論見書、(C)目論見書、(D)証券法規則135条により認められる告知、(E)同法規則134条により認められる通信、(F)登録届出書提出後の証券募集に関する口頭の通信が列挙されている。これらのうち(A)から(E)は当然の適用除外であるが、(F)はいわゆるロードショーにおける開示がフェア・ディスクロージャー・ルールの適用除外となることを定めるものである。当該情報がいずれ登録届出書により公表されることを根拠としているが、開示と公表が同時に行われるのでないため批判がある。

レギュレーションFDは開示に関する規則として定められた。レギュレーションFD違反は、それのみでは、不公正な取引を禁止し、刑事罰や民事訴訟が認められている証券取引所法規則10ｂ-5の違反にはならないことが、定められている（102条）。また、レギュレーションFDに違反しても、発行者が簡易な発行開示が認められる要件である、すべての資料を適時に提出したという地位に影響を及ぼすものではなく、私募が認められる要件である、現在の十分な情報を開示しているという地位にも影響を及ぼすものでもない旨が、定められている（103条）。

### (3) レギュレーションFDの執行

SECがレギュレーションFDを執行する手段としては、行政手続のルートと民事裁判のルートがある。行政手続による場合、SECは審判手続を経て違反者に排除命令（cease-and-desist order）を発し、同時に行政上の制裁金の支払を命ずることもある（証券取引所法21Ｂ条、21Ｃ条）。排除命令は、現在および将来の当該法令の違反をやめるよう命ずるものであり、対象者が再び同じ法令に違反したときは、排除命令違反を理由に制裁金を科すことができ

る。裁判手続による場合、SECは違反行為の差止め（injunction）と民事制裁金の支払を求めることが多い（同法21条(d)項）。被審人または被告が制裁を争わないときは、同意命令または同意判決が下される。

　以下、主な審判・裁判をみていこう。SECは、2002年11月25日に、レギュレーションFDの最初の摘発事例として3件の和解事例および1件のレポートを公開した。次の4つがそれである。

【Raytheon社事件】[8]

　2001年2月7日、R社はウェブキャストで公開する投資家向け会議を開催し、CFOであるCainは、同社の年間1株当り純利益が1.55-1.70ドルになるだろうと公表した。しかし、R社は、四半期の1株当り純利益の予想は公表していなかった。2001年度第1四半期に係るアナリストの1株当り純利益の予想が社内の予想よりも高かったため、R社のIR部はアナリストに個別の電話をかけ、同社の1株当りの純利益は半期が通年の3分の1程度になる見込みであり、アナリストの予想が高過ぎると述べた。

　SECにおいて行政手続が開始され、R社およびCは、レギュレーションFD違反を禁じる旨の排除命令に同意した。

【Secure Computing社事件】[9]

　2002年3月6日、投資家との電話会議に参加したS社のCEOであるMcNultyは、買主と大口のOEM契約を締結した旨、および当該買主の名称を示した。会議に同席したIR担当取締役は、それが未公表情報で触れてはならないと知っていたが、黙っていた。会議直後、IR担当取締役はMにメールを送ったが、Mがそれに気づくのが遅れたうえ、それを知って以降もなお一方で、情報の管理を命じながら、他方で、3月7日の投資家との電話会議では、未公表だがと断って話を続けた。3月7日、S社の株価は7％上昇し、取引高も増えた。3月7日の立会終了後、S社はOEM契約に関するプレスリリースを発表した。

---

8　Exchange Act Rel. 46897 (2002).
9　Exchange Act Rel. 46895 (2002).

SECの主張によるとMによる3月6日の開示は意図的なものでなかったが、3月7日の開示は意図的なものであった。行政手続において、S社とMとが排除命令の対象となることに同意した。

　法執行の最初期に当たる上記2件では、制裁金は科されておらず排除命令にとどまっていた。

【Siebel Systems社事件1】[10]

　2001年10月17日、S社は第3四半期の業績を発表したが、それは前年第3四半期と比較して悪化しており、アナリストの予想を下回るものであった。11月5日、S社のCEOは、招待客だけのテクノロジー会議で、自社の事業は通常の状態に回復しており、われわれは楽観的であると話した。会議の直後、出席者の一部はS社株を購入し、ほかにも勧めた。同日、S社株の取引高は2倍になり、株価は20％上昇した。

　S社は行政手続において排除命令に同意し、民事裁判においては、SECの主張に対する認否をしないまま、25万ドルの民事制裁金の支払に同意した。

【Motorola社事件】[11]

　2001年2月23日、M社のIR担当取締役は、プレスリリースと公開電話会議（Conference Call）で、売上げと受注はsignificant weaknessを経験しており、この受注傾向が続けば、1株12セントの予想利益を達成できず、営業損失が発生するだろうと述べた。アナリストが十分に業績予想を引き下げなかったために、3月6日から12日にかけて、IR担当取締役は主要なアナリストに電話をかけ、significantとは少なくとも25％の下落を意味すると説明した。

　SECはレギュレーションFDの違反があったと認定したが、担当役員が情報伝達前に広報担当の法律顧問に相談し、すでに発表している質的情報に量的な定義を与えることは重要な未公開情報の開示に当たらないとの意見を得

---

10　Exchange Act Rel. 46896 (2002), Litigation Rel.17860 (2002).
11　SEC, Report of Investigation Pursuant to Section 21(a) of the Securities Exchange Act of 1934: Motorola, Inc. (Exchange Act Rel. 46898 (2002)).

ていたこと等から、法執行は見送り、報告書を公表した。

報告書においてSECは、①M社はアナリストとの会話を必要とした状況から考えて電話内容には重要性がある、②レギュレーションFDはアナリストとの私的な対話を禁止するものではないが、本件はIR担当取締役が熟慮して行った一連の行為である、③すでに公表した情報を補足する必要があるのであれば、追加情報を公表すべきである、④発行者が情報を公表する際にsignificantのような暗号を用いることは、情報を選択的に開示していることとなるから、すべきではない、⑤法律顧問に相談することは奨励されるが、法的アドバイスは状況に依存するから、重要な事実や状況を説明すべきであるとした。

本件は、最初の法執行事例となりえたものであった。

その後の事例には次のものがある[12]。

### 【Shering-Plough社事件】[13]

2002年9月30日、S社のCEOであるKoganとIR担当副社長は4つの機関投資家のアナリストおよびポートフォリオ・マネージャーと会談し、Kは、2002年第3四半期のアナリストの業績予想は高過ぎる、2003年の業績は大きく下落するといった内容を含むS社の業績予想に関する重要な未公開情報を、話し言葉、調子、強調、振る舞いの組合せにより開示した。会合の直後から、アナリストはS社の格付を下げたり、3日間にわたり市場の取引高で30％以上を占めるS社株を売却したりし、S社の株価は17％以上下落した。

同年10月3日、Kは25名のアナリストおよびポートフォリオ・マネージャーとの私的会合で、S社の2003年の業績はterribleであると述べた。その後同日中に、S社は2002年および2003年の業績予想を公表したが、それはアナリストのコンセンサスを大きく下回り、2002年度についてはS社自身の

---

12 このほか、レギュレーションFD違反と他の開示違反とをあわせて、行政手続による利益の吐出しが認められた事件として【EDS社事件：Litigation Rel. 20296（2007）】がある。

13 Litigation Rel. 18330（2003）.

以前の予想を大きく下回るものであった。

　SECの主張に対する認否をしないまま、S社は100万ドル、Kは5万ドルの民事制裁金に同意し、両者ともに排除命令にも同意した。この事件は、レギュレーションFD違反についてSECが初めて個人から制裁金を獲得した事件であり、法人に対する100万ドルの民事制裁金も過去最高であった。

### 【Senetek社事件】[14]

　S社はアナリストのカバレッジのない会社であった。2002年、投資家の注目を集めるためにS社は、2つの調査会社と契約を結び、これらの調査会社に2002年度の予想収益・利益等の未公表情報を提供し、調査レポートを作成・公表させた。

　S社は排除命令に同意した。S社の違反行為は重大と思われるが、S社が捜査に協力的であったことを考慮して、排除命令にとどめた模様である。

### 【Flowserve社事件】[15]

　F社は、2002年10月22日提出の四半期報告書において、同年12月末に終了する事業年度の1株当り純利益の予想を1.45－1.55ドルと記載していた。この値は、期初の予想から30％以上低下したものだった。11月19日に、F社のCEOであるGreerとIR担当取締役のConleyが、私的にアナリストと面談。アナリストの質問に対し、Gは、10月22日に公表した1株当り利益に変わりがないと確認し、Cは黙っていた。翌日、面談に出席したアナリストがレポートを公表すると、F社の株価は6％上昇し、取引高は75％増加した。11月21日の立会終了後、F社は年度の1株当り利益予想を確認した旨のフォーム8－Kを提出した。

　SECの主張に対する認否をしないまま、F社とGはそれぞれ35万ドル、5万ドルの民事制裁金の支払に同意し、GとCはSECによる排除命令に同意した。

　業績予想（earnings guidance）の確認にレギュレーションFDを適用した最

---

14　Exchange Act Rel. 50400（2004）.
15　Litigation Rel. 19154（2005）.

初のケースであり、IR担当取締役に対する法執行としても最初のケースである。

### 【Siebel Systems社事件2】[16]

2001年に排除命令を受けたSiebel Systems社は、2003年の同様の行為についてレギュレーションFD違反に問われた。今度は、S社およびその役員が同意判決に同意しなかったため、裁判で争われ、SECは敗訴した。

SECの申立てによると、2003年4月4日、23日、および28日の公開の電話会議において、S社は、①同社の第1四半期の業績は、経済状況が不良であったこと、および第1四半期に締結されるはずであった取引が第2四半期にずれこんだため、不良であること、②第2四半期のソフトウェア・ライセンスの収入は、第1四半期よりは増加するだろうが、その予想は経済全体の状況次第であること、③現在のよくない経済状況が改善する兆候がないことを公表した。ところが、同年4月30日に開かれた2つの私的なイベントで、S社のCEOであったGは、(a)S社の事業活動のレベルがよいとかよくなっているなどとコメントし、(b)販売件数が積み上がっている、伸びている、(c)500万ドルの販売取引があったなどと発言した。これらのイベントの直後に出席者の数名がS社株を購入し、S社株の取引高は2倍近くになり、株価は8％上昇した。

SECは、4月30日のGの発言は、S社の事業が新しい事業のために改善していること、および第2四半期業績に係るS社のガイダンスの上昇は、第1四半期からずれこんだ取引のためだけではないことを伝えるものであったと主張し、S社とGらに対して民事制裁金の支払を求めて訴訟を提起した。これに対しS社とGらは、開示した情報は重要でも未公表でもないと主張して争った。

裁判所は、Gの発言のうち、(c)は4月23日の電話会議で触れられている、(b)や(a)も公表された情報から導くことのできる情報であり、Gの発言は未公

---

[16] SEC v. Siebel Systems, Inc., 384 F. Supp. 2d 694 (S. D. N. Y. 2005).

表の重要情報を開示したものとはいえないとした。また、会合に出席した投資家の行動や株価の動向は、それだけで開示された情報が重要なものであったと決定づけるものではないと判示した。さらに、Gが経済全体の動向と関連づけずにS社の事業がよいと述べたことも、それだけで重要であるとはいえないとした。

　本判決は、事実がSECの主張のとおりであったとしても、公表情報に照らして、Gの発言が重要な未公表情報の開示に当たらないとしたものである。

### 【ACL社事件】[17]

　2007年6月11日、A社は、同社の第2四半期の1株当り純利益を第1四半期と同水準の0.2ドルであると予想するプレスリリースを発表した。同年6月16日、同社のCFOであったBlackは、同社の上司・同僚に知らせずに、自宅から8名のセルサイド・アナリストに対し、第2四半期の1株当り純利益は第1四半期よりも10セントほど低いであろう旨のメールを送信した。アナリストがレポートを作成し、A社の株価は、6月18日に異常な取引高を伴って9.7％下落した。

　SECの主張に対する認否をしないまま、Bは25,000ドルの民事制裁金の支払と排除命令に同意した。A社は、レギュレーションFDの遵守環境を整えていたこと、Bの行為が個人的に行われたこと、A社がBの違反を知った日に情報を公表していること等を考慮して、A社は訴追・処分の対象とされなかった。

### 【Presstek社事件】[18]

　2006年9月28日、P社CEOのMarioは投資顧問のパートナーに対し、この夏（第3四半期）の業績はアメリカでもヨーロッパでも振るわなかったことを伝えた。当該パートナーは受け取った情報を「災害みたいだ（sounds like a disaster）」と受け取り、9月29日の朝10時台にP社株すべての売却を決定し、同日中に売り切った。P社は、同日昼頃、当社の第3四半期の業績が予

---

17　Litigation Rel. 21222（2009）.
18　Litigation Rel. 22369（2012）.

想よりも低い旨の暫定的な公表を行った。Ｐ社の株価は同日、約20％下落した。

SECの主張に対する認否をしないまま、Ｍは５万ドルの民事制裁金の支払とSECによる排除命令に同意した。Ｐ社は40万ドルの民事制裁金の支払に同意した。

【Office Depot社事件】[19]

Ｏ社は、業績予想を公表してこなかった。Ｏ社は、2007年当時、レギュレーションFDに関する政策・手続を有していなかった。Ｏ社の第２四半期終了間際である2007年６月下旬に、同社の１株当り純利益（予想）が0.44ドルであることが判明した。Ｏ社のCEOであったOdlandはCFOのMackayと相談し、アナリストのコンセンサスが高過ぎ、これを下方修正させようと電話会議の開催を企画した。2007年６月22日および25日に、Ｏ社のIR担当役員は同社をカバーしている18人のアナリストに個別に電話をし、同業他社が最近発表した業績が経済の減速のため、前四半期を下回ったこと、Ｏ社が４月および５月に行った警戒のアナウンスに注意を向けさせるなどの方法で、情報を伝達した。この結果、アナリストのコンセンサスは１株当り0.48ドルから0.45ドルに低下した。Ｏ社は、６月28日に公表したフォーム８－Ｋにおいて、弱含みの経済状況が続いたため業績は悪化するであろうとの声明を公表した。

ＯとＭは事実を認めたうえで、それぞれ排除命令および５万ドルの行政制裁金の支払に同意した。Ｏ社は訴訟手続に進み、事実に関する認否を行わないまま、100万ドルの民事制裁金の支払に同意した。

【Fifth Third社事件】[20]

Ｆ社はデラウェア州の制定法上の信託であるＴ信託を設定し、2008年５月、Ｆ社とＴ信託とで共同で、TrusPS（信託優先証券）を発行して資金調達を行った。TrusPSはニューヨーク証券取引所に上場された。TrusPSには償

---

[19] Exchange Act Rel. 63153, 63154（2010）, Litigation Rel. 21703（2010）.
[20] Exchange Act Rel. 65808（2011）.

還条項が付されていたが、ドッド・フランク法の施行によりその条件が成就し、2011年5月16日、F社は受託者に対し、TrusPSの保有者に1証券を25ドルで償還する旨の通知を送るよう指示し、受託者は唯一の登録保有者であるDTCに通知を送付した。DTCは5月17日に実質的所有者に対しLENS（Legal Notification System）を通じて通知を送付した。

多くの投資家は、5月17日の立会終了後または5月18日の立会開始前にこのニュースを知った。TrusPSの取引高は急増し、価格は下落した。F社は、これにより償還を知った投資家がそれを知らない投資家に対してTrusPSを売却している事実を知った。5月18日午前11時28分、F社はフォーム8－KをEDGARに掲載した。

F社は排除命令の対象となり、上記の事実を認めるとともに、これに同意した。F社は捜査に協力したこと等から、民事制裁金の対象とはされなかった。

【First Solar社事件】[21]

2011年6月、F社は政府から3つのプロジェクトに関する債務保証について条件付確約を得た。9月15日、F社の役員は、連邦エネルギー庁が3つのうち最大のプロジェクトについて政府保証を与えないと決定したことを知った。IR担当の副社長Polizzottoは、この決定の公表時期について検討していたが、9月20日に下院のエネルギー・通商委員会がこの問題を取り上げると、翌日にはF社の株価が急落した。9月21日、Pは、2つのプロジェクトについては保証が得られる可能性が高く、1つについては低い旨のメッセージを作成し、30以上のアナリストおよび投資家に送付した。同日夕刻、ニュースにより、Pが選択的開示をしたかもしれないという事実を知ったF社の経営陣は、22日に市場が開くより前に保証が得られなかったプロジェクトに関するプレスリリースを発表した。

Pは、上記事実を認め、排除命令と5万ドルの行政制裁金の支払に同意し

---

21　Exchange Act.70337（2013）.

た。

　SECによるレギュレーションFDの法執行は、次の事件で転機を迎える。

**【Netflix社事件】**[22]

　N社は、インターネット上で購読者に映画やTV番組を配信する事業を行っている。2012年1月、N社のCEOであるHastingsは、配信時間はわれわれの事業がどれくらい受け入れられているかを測る重要な指標であり、1カ月10億時間が事業が成功したかどうかの目安になると語っていた。2012年7月3日午前11時前、Hは個人のFacebookのページでN社の1カ月の配信時間が10億時間を超えたとアナウンスした。これは同年1月の配信時間から50％近い増加であった。Hが発信した情報は証券市場に伝わり、同日午後1時に立会が終了するまでの間にいくつかの経済紙がこの話を伝え、アナリストは記事にした。N社の株価は、1株70.45ドルから翌取引日の終了までに81.72ドルまで上昇した。

　このFacebookの記事の内容は、N社のプレスリリース、ウェブサイト、Facebookページ、フォーム8－Kで開示されることはなかった。FacebookのHの個人ページには20万人以上の購読者がいた。しかし、HもN社も、これまでFacebookのHの個人ページを会社情報の発信に使ったことはなく、N社が株主に対しHのFacebookページを情報開示に用いる旨を知らせたこともなかった。

　SECはレギュレーションFD違反の嫌疑でN社とHを調査したが、法執行をしないことに決定した。そこで、SECは報告書を作成して公表した。

　この報告書は、ソーシャル・メディアを含む新しい通信手段にレギュレーションFDおよび2008年ガイダンス（→(2)）を適用できるかという問題を検討し、①ソーシャル・メディア等への開示にも2008年ガイダンスが適用され、したがってそれが公表に当たるかどうかは、同ガイダンスの提示した3基準に従って判断される、②その際、発行者が情報開示の手段として特定の

---

[22] SEC, Report of Investigation Pursuant to Section 21(a) of the Securities Exchange Act of 1934: Netflix, Inc., and Reed Hastings（Exchange Act Rel. 69279（2013））.

ソーシャル・メディア等を用いることを事前に投資家一般に知らせておくことがとりわけ重要である、③同ガイダンスの基準を満たさない情報の開示は、情報受領者にレギュレーションFDに列挙された者が含まれる以上、違法な選択的開示となるとした。そして報告書は、レギュレーションFD違反は個々の事案に即して判断されなければならないが、ソーシャル・メディアの会社役員のサイトでの重要な未公表情報の開示は、そのサイトを会社の重要情報開示のために使うことを投資家に事前に通知していない限り、レギュレーションFDの公表方法である「投資家に広く、排他的でなく情報が行き渡るように合理的に設計された方法」には該当しないであろうとし、このことは当該個人がいかに多数の購読者を有し、したがって時が経てば当該情報がより多くの聴衆に行き渡るとしても同じであるとする。この報告書の記述からすると、SECは、N社のHによる開示をレギュレーションFD違反とみていることがうかがわれるが、N社の事例はソーシャル・メディアを用いた開示で違反が問われた初めての事例であったために、法執行を見送ったのであろう。

　2013年以降、レギュレーションFD違反の執行事例は見当たらない。しかし、SECは法執行をやめてしまったわけでもないようであり、2017年には、レギュレーションFD違反を含む開示違反を理由に、発行者およびCEOに対して、違反行為の差止め、利益の吐出し、民事制裁金の支払等を求めて訴訟を提起し、裁判中の事件がある[23]。

　上に紹介した執行事例から、アメリカにおけるレギュレーションFDの執行のおおまかな傾向を見て取ることができる。SECは、レギュレーションFDを民事制裁金を伴わない行政上の排除命令を用いて執行し始めた。やがて、裁判手続による民事制裁金の賦課を目指すようになり、2003年頃には発行者に100万ドルの民事制裁金を課す事例も現れた。その後、2005年のSiebel Systems社事件を契機に、SECの法執行は1年に1件程度と低調となり、

---

[23] Creative Learning社事件：Litigation Rel. 23914 (2017).

2013年のNetflix社事件以降は、執行はきわめて低調である。レギュレーションFD違反を問われた事案としては、決算に関する情報をアナリスト向けに開示した例が多く、決算情報以外の情報の開示例は少ない（Secure Computing社、Fifth Third社、First Solar社、Netflix社）。決算情報の開示のパターンとしては、アナリストの業績予想の修正を図るもの（Raytheon社、Motorola社、Senetek社、Shering-Plough社、Office Depot社、Siebel Systems社 2）、公表した四半期業績・業績予想のアナリストによる受取り方の修正を図るもの（Siebel Systems社 1、Flowserve社、ACL社）、四半期業績の公表直前にその内容を伝えるもの（Presstek社）などがある。選択的開示の時期は、決算期末に近づく時期が多いが、決算期末以降、業績公表時までの間の開示は多くなく、確定的な決算情報（予想値を含む）を公表前に開示した例も少ない。また、決算数値であれ会社が算出した予想値であれ、数値そのものを選択的に開示する例はなく（そのような開示は明らかにレギュレーションFD違反だからであろう）、会社が算出した予想値等を背景に、アナリストの業績予想や会社の公表情報のアナリストによる受取り方を修正させようとして、ニュアンスを伝える行為が多い。公表情報から一般の投資家が受ける印象と異なる印象をアナリストが得るように、CEOらが身振り手振りで語るのである（Shering-Plough社）。このような行為も未公表の重要情報を開示する行為であるとSECは考えているが、Siebel Systems社事件判決にみるように、それを立証することはむずかしい。

　エンフォースメントの手段については、排除命令のみを下す軽いものと、行政制裁金または民事制裁金を科すものとがあり、違反の程度によって使い分けられている。また、発行者のみを対象とする例、発行者と情報を開示した役員を対象とする例、役員のみを対象とする例がみられ、これらは違反の態様によって使い分けられていることがわかる。

## (4) 市場の効率性に対する影響

　アメリカでレギュレーションFDが導入された当時、この政策が形式的な

平等主義に基づくものでSECの人気取りにすぎないとか、アナリストが市場の効率性を高めているという事実を無視するものであるとの批判が強かった。レギュレーションFDの導入により、発行者からアナリストへの情報の流れが妨げられてしまうと、市場の効率性が阻害されるおそれがある。この点については、レギュレーションFD導入後の実証研究において、アナリストの予想が不正確になった、アナリストの意見の乖離が大きくなった、小規模会社の資本コストが上昇したといった、市場の効率性の低下を示す結果が出ているようである[24]。ただし、これらの実証研究は、レギュレーションFD導入後、比較的初期に行われた研究であること、およびレギュレーションFDが目指した投資家の市場に対する信頼性の向上はデータ化がむずかしいことに注意しなければならない。

## (5) インサイダー取引規制との関係

アメリカにおいては、インサイダー取引規制が十分機能しているからレギュレーションFDは不要だという議論もあった。しかし、アメリカの判例（Dirks v. S. E. C., 463 U. S. 646）によると、情報受領者によるインサイダー取引が成立するのは、会社関係者が会社に対する信認義務に違反して重要情報を伝達し、情報受領者がそのことを知っているか知るべきであった場合に限られる。このため、インサイダー取引規制では、会社関係者から情報が転々と伝達されていった場合に、最終の情報受領者によるインサイダー取引を禁止することがむずかしくなっている。現に、ヘッジ・ファンドや投資会社のアナリストの一団が、IT企業の従業員から重要な未公開情報を取得し、仲間内で共有し、それぞれのファンドのポートフォリオ・マネージャーに伝達していたインサイダー取引事件（U. S. v. Newman, 773 F. 3d 438 (2d Cir.

---

[24] James D. Cox, Robert W. Hillman, and Donald C. Langevoort, Securities Regulation Cases and Materials（2013）, at 936-937（7th ed., Wolters Kluwer）, 飯田秀総「米国SEC規則10 b-5に関する最近の判例」日本取引所金融商品取引法研究6号（2016）73頁および注(65)から(67)。

2014))があり、これを刑事罰に問うことができなかったことから、レギュレーションFDの強化を望む声があがっている。

## 2 EU

### (1) 背　　景

EUにおけるインサイダー取引規制は、1989年のインサイダー取引規制指令[25]に始まった。加盟国は、フランスが1990年COB規則の改正（刑事罰規定は別）により、イギリスが1993年刑事司法法の制定により、ドイツが1994年有価証券取引法の制定により指令を国内法化した。日本法と比較すると、内部情報、内部者の範囲が広く、また、当初より情報伝達や取引推奨も禁止していた点で、日本法よりも厳しい規制となっていた。

2003年には、相場操縦規制とインサイダー取引規制をまとめ、これに上場会社の適時開示義務やフェア・ディスクロージャー・ルールを加えた市場阻害行為指令[26]が制定され、加盟国は国内法を改正してこれに対応した。市場阻害行為指令中のフェア・ディスクロージャー・ルールは、多分にアメリカにおけるレギュレーションFDの導入（2000年）を意識したものであり、EUにおけるフェア・ディスクロージャー・ルールの導入は2003年市場阻害行為指令の国内法化による。

EUでは、加盟国の国内法化を求める「指令」（directive）であると、規制の細部が統一されないため、加盟国の国内法化を待たずに域内に直接適用される「レギュレーション」（regulation）が徐々に広まっている。市場阻害行為指令については、2014年に指令からレギュレーションへの転換が図られた[27]。

---

[25] Council Directive of 13 Nov. 1989 coordinating regulations on insider trading, 89/592/EEC.
[26] Directive 2003/6/EC of the European Parliament and of the Council of 28 January 2003 on insider dealing and market manipulation（market abuse）.

ただし、故意によるレギュレーションの重大な違反については、2014年の指令が刑事制裁を定めるように加盟国に義務づけており、刑事罰は国内法化を待って適用される。市場阻害行為レギュレーション（Market Abuse Regulation）の執行は行政機関によることが予定されている。

## (2) 市場阻害行為レギュレーション：適時開示義務

市場阻害行為レギュレーション（以下、「MAR」という）は、適時開示義務との組合せでフェア・ディスクロージャー・ルールを定めているので、まず適時開示をみよう。

MAR17条1項1段は、「発行者は、当該発行者に直接に関する内部情報をできるだけ早く公表しなければならない。」とし、発行者の適時開示義務を定めている。

発行者とは金融商品の発行者をいうが（MAR3条1項21号）、MAR17条は、加盟国の規制市場への上場を認められた発行者、およびMTFでの取引を承認した発行者に対してのみ適用される（MAR17条1項3段）。対象となる情報は内部情報と呼ばれ、インサイダー取引規制およびフェア・ディスクロージャー・ルールの対象と同じであるので、フェア・ディスクロージャー・ルールの箇所で説明する（→(3)）。

内部情報の公表は、2004年透明性指令21条の「正式に指定された方法」を含み、一般の投資家による当該情報への迅速なアクセス、完全・正確・迅速な当該情報の評価を可能にするような方法で行われるよう確保しなければならない。発行者は、公表した情報を自身のウェブサイトに最低5年間、掲載しなければならない（MAR17条1項2段）。

このような適時開示義務は、発行者の利益を守るために、一定の条件のもとで免除される。すなわち、発行者は、次の条件のすべてを満たす場合には、自己の責任において、内部情報の公表を遅らせることができる（MAR17

---

27 Regulation（EU）No 596/2014 of the European Parliament and of the council of 16 April 2014 on market abuse（market abuse regulation）.

条4項)。
(a) 即時の開示が発行者の正当な利益を害する可能性が高いこと
(b) 開示の遅滞が公衆をミスリードする可能性が低いこと
(c) 発行者が、当該情報の機密性を確保できること

　MAR17条4項には、発行者は時間的に進展する事項（→(3)(4)）に関する情報についても、(a)(b)(c)の要件に従い開示を自己の責任で遅らせることができる旨の注意的条文が置かれている。会社の組織再編の交渉の進捗状況に関する情報がこれに当てはまるであろう。

　MAR17条4項により内部情報の公表を遅らせたときは、発行者は権限ある当局に情報開示の延期を通知し、条件を遵守していることを説明する書面を提出しなければならない。ただし、加盟国は、当局の求めがあった場合にのみ説明書面を提出するよう定めることもできる（同条5項）。

　MAR17条7項は、内部情報の開示が延期された場合において、内部情報の機密性がもはや確保できないときは、発行者は当該内部情報を公衆にできるだけ早く開示しなければならないとする。これは当然の規定であるが、7項は続けて、うわさが開示が延期された内部情報に明確に関係している場合、およびうわさが十分正確（accurate）であるために当該情報の機密性がもはや確保されていないことが示された場合を含む（公表しなければならない）とする。これは、内容の明確なうわさが流布していたり、うわさが真実を言い当てている場合には、発行者が情報管理をしっかりとしていて、うわさが発行者を情報源としない場合であっても、可及的速やかな情報の開示を求めるものであり、かなり厳しい基準であるといえよう。

### (3) 市場阻害行為レギュレーション：選択的開示の禁止

　内部情報の選択的開示の禁止は、内部情報の適時開示を定めるMAR17条1項から7項に引き続いて規定されている（MAR17条8項）。

　発行者、発行者の名でまたは発行者の計算で行動する者が、MAR10条1項にいう雇用、職業または義務の通常の過程で、内部情報を第三者に開示し

た場合は、それが意図的な開示であった場合は同時に (simultaneously)、それが意図的でない開示であった場合は迅速に (promptly)、当該情報を完全かつ効果的な方法で公表しなければならない。本項は、当該情報を受け取った者が、守秘義務を負っている場合には、その義務が法律、行政規制、定款、契約のいずれに基づくものであるかどうかを問わず、適用しない (MAR17条8項)。

　この規定は、適時開示義務の例外として発行者が情報開示を遅らせることができる場合に、関係者が内部情報を選択的に開示したときは、その例外として情報の即時または迅速な開示を求める規定である。条文の文言は、「17条4項の規定にかかわらず」といった表現を用いていないが、内部情報は17条1項により可及的速やかに公表されているはずであるから、発行者の関係者が内部情報を適法に第三者に開示できるのは、適時開示の例外規定に該当する場合に限られるのである。また、この規定は、内部情報が、雇用、職業または義務の通常の過程で、すなわち適法に開示される場合に限って適用される。内部情報を不法に開示する行為 (MAR10条) は、インサイダー取引規制の一環として禁止されており (MAR14条(c)号)、内部情報の不法な開示により発行者が情報開示義務 (訂正情報を開示する義務) を負うことはない。「雇用、職業又は義務の通常の過程で」について定義規定は置かれていない。

　「内部情報」とは、1もしくは複数の発行者、または1もしくは複数の金融商品に直接または間接に関係する、確定的な性質を有する情報であって、公表されたならば、当該金融商品または関係するデリバティブ金融商品の価格に相当な影響を及ぼすであろう情報と定義されている (MAR7条1項(a)号。(b)号は商品デリバティブに関する内部情報、(c)号は排出枠取引に関する内部情報なので、ここでは省略する)。金融商品に関する注文執行者にとっての内部情報には、顧客によってもたらされた情報、および顧客の注文に関する情報が含まれる (同項(d)号)。

　また、「確定的な性質」(precise nature) を有する情報とは、存在するか、発生すると合理的に見込まれる一連の状況または出来事を示す情報であっ

て、その金融商品の価格に及ぼす影響について結論を引き出せる程度に確実なものをいう（MAR 7条2項1文）。特定の状況や特定の出来事の実現を企図して時間的に進展する過程については、当該将来の状況や将来の出来事だけでなく、将来の状況や将来の出来事の実現に結びついた過程の中間段階（the intermediate steps of that process）も、確定的な情報とみなされうる（同項2文）。この第2文は、後述の欧州裁判所のGelt/Daimler判決（→(4)）をふまえて規定されたものであり、ごく大雑把にいえば、会社が合併に向けて交渉を続けている場合には、合併という将来の出来事だけでなく、相手方会社と大筋の合意に達したというような、合併に向けた中間段階に関する情報も、それ自体が確定的な性質を有する内部情報になりうるという意味である。

内部情報の開示先となる第三者の範囲に限定はない。したがって、発行者が報道機関に開示した場合にもレギュレーションが適用される。ただし、情報受領者が守秘義務（duty of confidentiality）を負っている場合には、発行者が内部情報の開示を求められることはない。この守秘義務は、法律、行政規制、定款、契約のいずれに基づくものであってもよいと広く設定されている。

EUのフェア・ディスクロージャー・ルール（選択的情報開示の禁止規定）は、雇用、職業または義務の通常の過程で行われる開示のすべてに適用され、開示の相手方も限定されない。したがって、事業上の必要から、内部情報を証券取引に利用しないと想定される相手方（たとえば取引先の事業会社）に内部情報を伝達する場合にもフェア・ディスクロージャー・ルールが適用されることになる。そうすると、事業上の必要から行われる情報伝達、ひいては通常の事業活動を阻害しないために、相手方の負う守秘義務を相当緩やかに解する必要があるように思われる。

## (4) 欧州裁判所の判例

最近、欧州裁判所が市場阻害行為指令（レギュレーションの前身）の適時開

示義務について判示した判例が2件出されている。いずれも内部情報の要件の一つである「確定的性質」の意義について判示したものであり、EUにおいて内部情報の定義を同じくするフェア・ディスクロージャー・ルールの解釈上も重要であるので、以下に紹介しよう。これらの判決で解釈が与えられた指令2003/6第1条1号はMAR 7条1項(a)号に、指令2003/124第1条1項はMAR 7条2項1文に相当するものであり、判旨は現行の市場阻害行為レギュレーションの解釈にも当てはまる。

### 【Gelt/Daimler判決】[28]

〔事 案〕

Daimler社の取締役会議長Schremppは、2008年の任期満了より前に辞任することを考えており、2005年5月17日にD社監査役会議長であるKにその意思を伝えた。同年6月1日から7月27日の間に、監査役会および取締役会の他のメンバーもSの計画を知るようになった。7月18日、SとKは7月28日開催の監査役会にSの辞任とZの後継指名を提案することに合意した。2005年7月27日17時に開始した議長委員会は、翌日開催の監査役会にSの辞任とZの後継指名を提案することを決定した。7月28日9時50分頃、D社の監査役会はSの2005年末時点での辞任とZの選任を決定した。この決定は、証券取引所の業務執行者およびBaFin（連邦金融サービス監督庁）に伝達され、適時開示が行われた。

2005年度第2四半期の業績結果の公表を受けてすでに上昇していたD社の株価は、この公表を受けてさらに急激に上昇した。この公表前にD社の株式を売却していたGほかの投資家は、適時開示が遅れたことによる損害賠償を求めて訴訟を提起した。

シュトゥットガルト上級裁判所は、監査役会が承認すると否とにかかわら

---

[28] Judgment of the Court (Second Chamber) 28 June 2012. 本判決の検討として、鳥山恭一「欧州連合の内部者取引規制における伸展事象の内部情報—欧州連合司法裁判所2012年6月28日Gelt/Daimler判決の検討」『企業法の進路〔江頭憲治郎先生古希記念〕』（有斐閣、2017）955頁を参照。

ずSが辞任するという趣旨の内部情報が2005年5月17日に存在したとはいえないと判示した。すなわち、Sが辞任するという情報が確定的なものになったのは、議長委員会がそれを監査役会に提案することを決定した2005年7月27日17時台以降であり、したがって、その時点以降にのみ内部情報が存在したといえるとした。

ドイツ連邦通常裁判所（最高裁判所に相当）は、手続を停止し、①将来の特定の状況または特定の出来事の実現に向けて、いくつかの中間段階を経て進展する過程について、指令2003/6（市場阻害行為指令）1条1号（内部情報の定義）を適用する際には、当該将来の状況または出来事が合理的に生じると期待されるかどうかを審査すべきなのか、中間段階も確定的な性質の情報でありうるのか、②指令2003/124（市場阻害行為指令を補足する委員会指令）1条1項（確定的な性質の定義規定）にいう「発生すると合理的に見込まれる」との表現は、発生する可能性が優勢であるかどうかという基準で判断されるべきか、それとも当該表現は、可能性の程度は発行者に対する影響の大きさに依存し、もし、価格に対する影響が大きければ将来の状況または出来事が発生する可能性が低くても十分といえるかという2点について、欧州裁判所の判断を求めた。

〔判　旨〕

第1点について。

指令2003/124第1条1項によると、情報が確定的性質を有するとみなされるためには、情報が、存在するか発生すると合理的に見込まれる一連の状況または出来事に関するものであることが必要であるが、「一連の状況」および「出来事」は定義されていないので、通常の意味に解するのが適当である。時間的に進展する過程における中間段階は、通常の用語の意味において、それ自体、一連の状況または出来事に該当しうる。

この解釈は、指令2003/124第3条(1)が、発行者が情報の開示を遅らせることができる正当な利益を有する例として、進行中の交渉、および発行者の経営機関によってなされた決定または契約が効力を発生するために発行者の別

の機関による承認を要する場合をあげていることから正当化される。また、指令2003/6の目的はEU金融市場に対する投資家の信頼を強化することにあるが、そのような信頼は投資家が平等な地位に置かれ、内部情報の不正使用から守られることに依存している。時間的に進展する過程における中間段階を「一連の状況」および「出来事」から除外する解釈は、そのような指令の目的を害するものである。

　したがって、時間的に進展する過程の一部を構成する中間段階に関する情報は、確定的な情報に該当しうる。この解釈はすでに存在するか発生した段階だけでなく、発生すると合理的に見込まれる段階についても当てはまることに注意しなければならない。

　第2点について。

　ある一連の状況または出来事が発生すると合理的に見込まれるかどうかの評価は、その当時に存在する要因に基づいて事案ごとに判断されなければならない。したがって、内部情報の定義が当該事象が実現する高度の蓋然性の立証を要求するものと解してはならない。そのような制限的な解釈は、投資家の信頼を確保するという指令の目的に反する。

　他方、発行者を含む市場参加者にとっての法的明確性を確保するためには、起こらないであろう（implausible）状況や出来事に関する情報は内部情報に当たらないとすべきである。したがって、「合理的に見込まれる」とは関係時点の諸要因の評価に基づいて、当該状況や出来事が発生する現実的な見込み（realistic prospect）がある場合をいうと解される。

　一連の状況または出来事の発生可能性の要件が、金融商品の価格に対するそれらの影響度によって変わるかという問いは、否定的に回答される。その理由は第一に、「合理的に見込まれる」という文言からそのような解釈を引き出せないからである。第二に、価格に対する影響度が大きければ発生可能性が低くてもよいという解釈は、情報が確定的かつ価格に影響するものでなければならないという内部情報の2つの要件を相互依存的なものとするからである。これら2つの要件は最低条件を定めるものであり、ある情報が内部

情報に該当するためには、いずれの最低条件も満たさなければならない。たしかに、合理的な投資家は、事前（取引前）の段階で利用可能なすべての情報に基づいて投資を行うのであり、彼らは出来事の発行者に対する「予想される影響」だけでなくその出来事が生じる可能性の程度も考慮する。しかし、そのような考慮は、当該情報が発行者の金融商品の価格に重要な影響を及ぼすか否かの決定においてなされるべきである。

〔解　説〕

　欧州裁判所は、時間的に進展する過程の中間段階にある事象も、適時開示義務の対象である内部情報の確定的性質を満たしうるとした（判旨1）。時間的に進展する過程における中間段階とは、たとえば会社の合併を例にとれば、合併の交渉を行うことの決定、合併条件の大筋の合意、取締役会における合併契約の締結、株主総会における合併契約の承認といった諸段階を指す。本件事案に即していえば、取締役会議長が辞任を決意した段階、それを監査役会議長に話した段階、辞任を監査役会に提案することを議長委員会で決定した段階、辞任を監査役会で承認した段階のそれぞれについて情報が発生している。本判決は、これらの中間段階に関する情報も確定的な性質を有する情報になりうるとする。5月17日にSがKに意思を伝えた段階でSの辞任に関する内部情報が存在し、D社に適時開示義務が発生していた可能性を認めたのである。この時期の情報開示は、日本の適時開示と比較して、いかにも早過ぎるように思われる。

　もっとも、欧州裁判所は、ドイツ連邦通常裁判所の提出した一般的な問いに答えただけであり、D社の事案の具体的解決方法を示したものではない。したがって、第一に、中間段階に関する情報が確定的性質をもちうるといっても、それが内部情報に該当するためには、発生すると合理的に見込まれること、および公表された場合に価格に相当な影響を及ぼすものであることが必要である。第二に、中間段階に関する情報が内部情報に該当しても、それを公表しないことについて会社に正当な利益があれば、公表を遅らせることができる。機関決定を経ていない取締役会議長の辞任を公表すると、会社の

意思決定手続に対する関係者の不信を惹起することになるので、一般的には、監査役会における決定がなされるまで公表しないことに会社の正当な利益があるといえるのではないだろうか。そうだとすると、司法裁判所の判示は、本件においてＤ社の適時開示義務違反を認定することに必ずしも直結しないであろう。

　そうだとしても、欧州裁判所の判示は、市場阻害行為レギュレーションにおける発行者の適時開示義務（その内容は市場阻害行為指令から変わっていない）が、相当に早い時期に発生することを示唆している。そして、その根拠として、一般投資家に対する情報開示の公平性を確保し、投資家の市場に対する信頼を確保することの重要性をあげていることが注目される。もっとも、EUでは会社の正当な利益を守るための情報開示の延期を正面から認めているからこそ、早い時期での適時開示を求める解釈を採用することが可能になっていることにも注意が必要である。

　判旨２は、内部情報の確定的性質を判断する際にアメリカの判例が採用している蓋然性・規模基準（probability/magnitude approach）を用いないことを明らかにした[29]。その理由としては、条文の文言と内部情報の定義が価格に対する影響性（重要性）のほかに確定的性質を要件としていることをあげている。ただし、将来の状況や出来事が実現した場合の規模をまったく考慮しないわけではなく、そのような考慮は「価格に対する影響性」の判定において行うことを明言している。したがって、価格に対する影響性に加えて情報の確定性を要件とする意味は、現実的な見込みのない将来の状況・出来事は、それが実現した場合の規模がいくら大きくても確定的性質があるとはいえず、内部情報に当たらないという点にあることになる。インサイダー取引に関する日本の判例は、決定それ自体を重要事実と扱い、実現可能性が具体的にあることは必要でないとした（→Ⅰ２）。日本の判例も蓋然性・規模基

---

[29] Basic Inc. v. Levinson, 485 U. S. 224（1988）. 蓋然性・規模基準とは情報の投資判断にとっての重要性を、それが実現した場合の影響の大きさ（規模）と蓋然性を掛け合わせて判断する基準である。

準を採用しなかったといえるが、実現可能性がきわめて低くても規制が適用されるという意味において、情報の確定性を要件とするEUとは逆の方向に向いていることに注意しなければならない。

### 【Lafonta判決】[30]

〔事　案〕

　2006年12月から2007年6月にかけて、Lafontaが取締役会議長を務めるWendel社は、4つの信用機関との間でSaint-Gobain社の株式を原資産とするトータルリターンスワップ（以下、「TRSs」という）契約を締結した。信用機関はポジションのリスクをヘッジするためにS-G社の株式を8,500万株取得した。このTRSsと同時にW社は銀行および他の信用機関からTRSsの総額に匹敵する資金を調達した。2007年9月3日にTRSsを徐々に解消することを決定してから、W社は同年11月27日までの間に、S-G社の資本の17.6%に相当する6,600万株を取得した。2007年9月26日から2008年3月26日にかけて、W社はAMF（フランス金融市場機構）にS-G社の資本持分が5%、10%、15%、20%を超過したことをそれぞれ通知した。

　AMFが調査に入り、TRSs契約の締結と同時にW社が資金を調達していること等から、W社は当初からS-G社の株式を取得する意図を有していたと考えた。そこで、AMFは、遅くともTRSsに関する契約締結のすべてが完了した2007年6月21日までに、W社がS-G社の株式のかなりの部分を取得する目的で金融オペレーションを実施することに関する内部情報を公表しなかったことが適時開示義務の違反に当たるとして、W社およびLに対し150万ユーロの罰金を科した。これに対し、Lが処分の取消しを求めてパリ控訴裁判所に提訴した。Lは、情報が確定的性質を有するとは、当該情報が公表された場合に関係する証券の価格が上昇するか下落するか、いずれか一方の予測を

---

[30] Judgment of the Court（Second Chamber）11 March 2015。本件の検討として、本判決の検討として、鳥山恭一「欧州連合の内部者取引規制における内部情報の明確性―欧州連合司法裁判所2015年3月11日Lafonta判決の検討―」『現代商事法の諸問題〔岸田雅雄先生古希記念〕』（成文堂、2016）771頁を参照。

可能にすることを意味するところ、W社によるS-G社の株式取得に関する情報がW社の株価を上昇させるか下落させるかを予測させることは不可能であるから、当該情報は内部情報に該当しないと主張した。

　フランス破毀院は手続を停止し、指令2003/6（市場阻害行為指令）1条1号および指令2003/124（市場阻害行為指令を補足する委員会指令）1条1項（確定的な性質の定義規定）は、情報が公表された場合に金融商品の価格を特定の方向に動かすような潜在的影響力がある情報のみが内部情報に当たるように解釈されるべきかどうかについて、欧州裁判所の判断を求めた。

〔判　旨〕

　指令2003/124第1条1項の文言の平易かつ普通の解釈からは、要件を満たすには、当該情報が、公表された場合に関係する金融商品の価格に相当な影響を及ぼすことを引き出せる程度に特定されていれば足りる。この解釈は、指令2003/124のスキームおよび指令2003/6の目的によって支持される。なぜなら、第一に、指令2003/124第1条2項は、公表された場合に金融商品の価格に相当な影響を及ぼす情報とは、合理的な投資家がその投資判断の基礎の一部に用いるであろう情報を意味すると規定しているところ、情報はその内容によっては、たとえそれが金融商品の価格を一定の方向に動かすと判断できなくても、投資判断の基礎の一つとして用いることができるからである。第二に、金融商品の価格を一定の方向に変化させると予測できるものに確定的情報を限定することは、投資家を平等な地位に置き、内部情報の不当な利用から保護するという指令2003/6の目的を害するおそれがあるからである。複雑さを増している金融市場では金融商品の価格変動の方向性を知るのがむずかしくなっており、価格変動の方向性を予測させる情報でないと確定性がないとすると、情報の保有者は情報の不確実性を口実として当該情報を公表せず、市場の他の参加者の損害において情報から利益を得ることが可能になってしまう。

　したがって、指令2003/6第1条1号および指令2003/124第1条1項の適切な解釈に基づき、内部情報の定義および公表、相場操縦の定義に関し、情報

が確定的な性質を有するためには、当該情報から、それが公表された場合に関係する金融商品の価格に特定の方向で潜在的な影響を与えることが相当の蓋然性をもって引き出せる必要はない。

〔解　説〕
　欧州裁判所は、内部情報が金融商品の価格をいずれの方向に変化させるかを予測させるものでなくても、価格への影響を引き出せるものであれば、確定的な性質を有するとした。この解釈は条文の文言に忠実であるし、たしかに内部情報を有する者は、公表された場合に価格が変化することさえわかれば、その方向性はわからなくても、特定の投資戦略を用いて利益を得ることができるから、このような解釈は妥当であると思われる。日本のインサイダー取引規制においても、金商法166条2項の重要事実はそれを知って有価証券を買い付ける行為も売り付ける行為も禁止されているところから、重要事実が価格を上昇させるものか下落させるものかは、当該事実が重要事実に該当するための要件になっていないと考えられる。これに対し、同法167条2項の公開買付け等事実は、実施の事実を知った場合は買付けを禁止され、中止の事実を知った場合は売付けを禁止されるから、実施の事実は価格を上昇させ、中止の事実は価格を下落させることが前提となっている。

　本件判旨は、内部情報の要件のうち確定的性質の要件中の「金融商品の価格に及ぼす影響」の意義について述べたものである。それでは、確定的性質とは区別された別個の内部情報の要件である価格影響性、すなわち「公表されたならば、当該金融商品または関係するデリバティブ金融商品の価格に相当な影響を及ぼすであろう」における「影響」の意義については、どう解したらよいだろうか。本件判旨はこの点について解釈を示していない。価格影響性の要件を厳格に解釈すると、価格変化の方向性を予測できない情報は内部情報に該当しないこととなり、本件判旨が重視する規制の目的を害することになってしまう。したがって、価格影響性の要件中の「影響」の意義についても本判決と同様に解すべきであろう。

　本件判旨は、フランス破毀院の求めに応じて一般的な条文解釈を提示した

ものであり、W社の事案の具体的解決方法を示したものではない。しかも、本件判旨は、内部情報の該当性について判示したものであり、情報の開示時期について判示したものではない。W社の事案をみると、上場会社の株式の取得決定を、買付け者がその取得を開始する前に開示しなければならないとしたら、早過ぎるように思われる。この点について、会社の正当な利益を守るために情報開示を遅らせることができるかどうかは、明らかでない。上場会社の株式取得は5％を超えるまで開示しない利益が買付け者にもあるとすれば、開示を遅らせることが認められるだろう。ちなみに、日本では他社株の取得に係る決定はインサイダー取引の重要事実（取得者にとっての決定事実）に列挙されていないので、これが重要事実に当たるかどうかは金商法166条2項4号の包括条項の解釈問題となる。金融商品取引所の適時開示規則上も、開示が必要な場合として列挙された場合に当たらないため、同じく包括条項の解釈問題になる。

# III フェア・ディスクロージャー・ルールの考え方

## 1 TF報告

　2015年に、金融審議会においてフェア・ディスクロージャー・ルールの導入に向けた検討が開始された。もっとも、2016年4月18日公表の「ディスクロージャー・ワーキンググループ報告─建設的な対話の促進に向けて─」では、企業が情報を提供することに消極的になるのではないかとの指摘や、報道機関やアナリストによる正当な取材活動等が困難になるのではないかとの指摘についても考慮しつつ、フェア・ディスクロージャー・ルールの導入について具体的に検討を行っていく必要があるとされただけであり、具体的な

提言はなされなかった。

　その後、金融庁において検討が続けられていたが、ルールが適用される情報の範囲、特定の第三者への情報開示が例外的に許容される場面、違反に対するエンフォースメントの仕方など、細かい制度設計の検討を公の場で行う必要があると考えられたことから、2016年10月に、同年5月から開始していた金融審議会の市場ワーキング・グループ内にフェア・ディスクロージャー・ルール・タスクフォース（以下、「TF」という）を設け、フェア・ディスクロージャー・ルールの内容について集中的に審議を行った。

　TFでは、すでにフェア・ディスクロージャー・ルールを採用している諸外国の例と比較しながら日本の実情にあったルールを探る作業が行われた。それと同時に、フェア・ディスクロージャー・ルールの導入により上場会社がアナリストの取材に非協力的となり、企業の情報開示が後退するという懸念にどう対処するかが活発に議論された。議論の結果は「フェア・ディスクロージャー・ルール・タスクフォース報告〜投資家への公平・適時な情報開示の確保のために〜」にまとめられ、2016年12月7日、市場ワーキング・グループに報告された（以下、「TF報告」という）。TF報告は、フェア・ディスクロージャー・ルールを導入する意義を明らかにするとともに、その内容を設計している。2017年5月の金融商品取引法改正に係るフェア・ディスクロージャー・ルールはTF報告に基づくものであるため、フェア・ディスクロージャー・ルールの具体的な解釈や適用を考える際にTF報告は「考え方」を示すものとしておおいに参考になる。そこで、以下では、TFにおける議論を交えながらTF報告の内容を項目別に紹介し、解説を加える。

## 2　フェア・ディスクロージャー・ルールの意義

　フェア・ディスクロージャー・ルールは、発行者（上場会社等）が一定の者（情報受領者）に未公表の重要情報を提供した場合に、それが意図的な提供であったときは即時に、意図的な提供でなかったときは迅速に、当該情報

を公表することを求めるルールである。このようなフェア・ディスクロージャー・ルールの意義について、TF報告は、発行者による公平かつ適時な情報開示を確保することを目的としているが、フェア・ディスクロージャー・ルールを導入することによって、次のような積極的な意義が考えられるとする。
① 発行者側の情報開示ルールを整備・明確化することで、発行者による早期の情報開示を促進し、ひいては投資家との対話を促進する。
② アナリストによる、より客観的で正確な分析および推奨が行われるための環境を整備する。
③ 発行者による情報開示のタイミングを公平にすることで、いわゆる「早耳情報」に基づく短期的なトレーディングを行うのではなく、中長期的な視点に立って投資を行うという投資家の意識変革を促す。

これらは、発行者がフェア・ディスクロージャー・ルールに沿った実務をつくりあげるうえで、おおいに参考にすべき事項であるといえる。①は発行者の行動に対する積極的な意義、②はアナリスト、③は投資家の行動に対する積極的な意義を述べるものである。

①は、フェア・ディスクロージャー・ルールは発行者が投資家への情報発信を差し控えるよう促すことを目的とするものではなく、情報発信のルールを明確化することにより、フェア・ディスクロージャー・ルールには、むしろ発行者に早期の情報開示を促すことに積極的な意義が認められるという。発行者はフェア・ディスクロージャー・ルールにより選択的な情報開示を禁じられるが、この禁止に違反しないためには、早期に公平な情報開示を行えばよい。公平な情報開示の手段としては、すでに適時開示制度があるのであり、適時開示をいままで以上に早期に行うことでフェア・ディスクロージャー・ルールへの抵触を避けることができる。証券会社の処分事例をきっかけに、発行者から情報を受け取る側のアナリストについてはガイドラインが制定されたが、それ以降も情報を開示・伝達する発行者の対応はまちまちであった。フェア・ディスクロージャー・ルールは発行者に適用されるルー

ルであり、フェア・ディスクロージャー・ルールの制定は任意の情報開示に関する発行者の行動を適切なものに統一する効果がある。

②は、アメリカでそうであったように、フェア・ディスクロージャー・ルールは、発行者からアナリストへの情報提供が、発行者がアナリストをコントロールして都合のよいレポートを書かせる手段とならないように情報の選択的開示を禁止するという意義が認められることを確認している。アナリストが発行者による選択的な情報開示に頼ってレポートを作成することがなくなれば、アナリスト・レポートの水準が損なわれるという心配もある。しかし、フェア・ディスクロージャー・ルールには①のように発行者の早期の情報発信を促すという意義があるのであり、アナリストはそうして開示された情報を基に、より客観的で正確なレポートを作成するようになるはずである。そうすると、フェア・ディスクロージャー・ルールにはアナリスト・レポートをより客観的なものにするという積極的な意義が認められるのである。

③は、資本市場で投資を行っている者すべてに向けられたメッセージである。投資が短期的なトレーディングであるという意識が投資家に強いと、投資家は少しでも早く情報を獲得する、自分だけが情報を獲得するという行動に走りがちになる。発行者の選択的な情報開示を禁止するフェア・ディスクロージャー・ルールの制定は、投資家に対し、同じ情報に基づく投資であっても、他人より早くそれを取得することによって利益を得るのではなく、情報を十分分析したうえで中長期的な視点で投資決定を行うよう意識を変革する効果があることを③は示している。この見方は、機関投資家と発行者の対話を通じて企業価値の向上を目指すというスチュワードシップ・コードとも方向性が一致している。

以上のほかにも、最終的な報告書にはあがっていないがTFでは、④公平な開示を確保することにより、個人投資家を大切にするというメッセージを発信する、⑤フェア・ディスクロージャー・ルールは安心して海外から投資できるインフラになるという意見も出されており、これらもフェア・ディス

クロージャー・ルールを制定する積極的意義であると考えられる。

## 3　対象となる情報の範囲

　公平な開示を確保するためのフェア・ディスクロージャー・ルールの適用対象となる会社情報の範囲をどう定めたらよいか。

　アメリカやEUでは、フェア・ディスクロージャー・ルールとインサイダー取引規制の適用対象情報は一致している。EUでは適時開示の対象情報も同じである。その定義は、アメリカでは、「発行者またはその証券に関する重要な未公開情報」であり、この「重要な」(material) とは、判例上、「合理的な株主が投資判断に際して重要と考える相当の蓋然性 (substantial likelihood) があること」と解されている（→Ⅱ1(2)）。EUでは、「内部情報」とは、「発行者または金融商品に直接または間接に関係する公開されていない、確定的な性質（precise nature）を有する情報であって、公表されたならば、当該金融商品または関係する金融デリバティブ商品の価格に重要な影響を与えるであろう情報」と定義されている（→Ⅱ2(3)）。

　日本では、適時開示規則の対象情報（会社情報）の範囲がインサイダー取引規制の対象情報（重要事実）の範囲よりも広い（→Ⅰ3）。決算情報についてみると、適時開示義務が生じる「決算が定まった」といえる段階から実際の決算発表を行うまでに一定の間隔が生じることが許容されており、この間の情報開示にフェア・ディスクロージャー・ルールを適用する必要があると考えられる。インサイダー取引規制では、決算が定まったこと自体は重要事実とされておらず、新たな決算や会社が算定した決算情報に係る予想値が、直近の決算や予想値から一定程度乖離した場合に限って、重要事実とされている（法166条2項3号）。しかし、一般に、決算については、直近の決算や予想値から乖離していなくても、投資者の投資判断にとっては重要な情報といえるので、フェア・ディスクロージャー・ルールを適用する必要があると考えられる。他方、フェア・ディスクロージャー・ルールの対象情報をあま

りに広く定めてしまうと、発行者がアナリストへの情報提供や投資家との対話に過度に消極的になるおそれがある。

そこで、TF報告は、第一に、フェア・ディスクロージャー・ルールの対象となる情報の範囲については、「インサイダー取引規制の対象となる情報の範囲と基本的に一致させつつ、それ以外の情報のうち、発行者または金融商品に関係する未公表の確定的な情報であって、公表されれば発行者の有価証券の価額に重要な影響を及ぼす蓋然性があるものを含めることが考えられる」とした。TF報告は、フェア・ディスクロージャー・ルールの適用対象情報をインサイダー取引規制よりも広くする理由を、上記のように決算情報を例にあげて説明しているが、提言部分では決算情報と決算情報以外の情報とを区別していない。つまり、提言中、インサイダー取引規制の重要事実以外の情報でフェア・ディスクロージャー・ルールの適用対象となるものは決算情報に限られるとはしていない。

「確定的な情報」という表現は、EU法を参考にしたものであり（→Ⅱ2(3)）、その意味については後述する（→Ⅳ2(3)）。

「公表されれば発行者の有価証券の価額に重要な影響を及ぼす蓋然性がある」との表現は、公表された場合の市場価格への影響を基準として対象情報の重要性を定義している点で、EU法に近い。TFにおいても、「株価に影響を与える情報」といった表現を用いて対象情報の範囲が議論されており、この表現はインサイダー取引の重要事実よりも広い範囲の情報を指すものとして用いられていた。また、中長期的な企業価値には影響を与えるが、短期的な株価には影響を与えないような情報は対象情報から除外されるという趣旨でも用いられていた。

もっとも、公表されれば重要な影響を及ぼすとは、公表された場合に実際に市場価格が大きく変動すればその情報は「重要情報」であったと判断するという意味ではなく、発行者の役員等が当該情報を伝達する際に（すなわち、公表前に）、公表時に市場価格への重要な影響があると合理的に考えるような情報であれば「重要情報」に当たるという意味である。合理的な投資者

であれば市場価格に重要な影響を及ぼすと考えるような情報であれば、その情報を投資者は投資判断に際して重要と考えるであろうから、EU法の定義とアメリカ法の定義とに実質的な差はないと考えられる。

「蓋然性がある」という表現は、TF報告書案の段階では「可能性がある」とされていた。これは、EU規制の内部情報の定義中のlikelyを可能性と訳すか蓋然性と訳すかという選択の問題であった。アメリカの判例の文言であるsubstantial likelihoodの訳語である「相当の蓋然性」を採用すべきであるという意見もあったが、TF報告の表現は「蓋然性」に落ち着いた。「公表されれば株価に重要な影響を及ぼす可能性がある」という文言でも、「重要な影響」を狭く解釈すれば、「公表されれば株価に重要な影響を及ぼす相当の蓋然性がある」場合と適用範囲を同じにすることができるから、一部の用語にこだわるのはあまり意味がない。

立法段階では、「重要情報」は「……投資者の投資判断に重要な影響を及ぼすもの」と規定され、TF報告とは異なり、投資者の投資判断に及ぼす影響を基準とする方式（アメリカ方式）が採用された。このような文言になったのは、インサイダー取引規制の「重要事実」が「……投資者の投資判断に著しい影響を及ぼすもの」と定義されていたところから形式をそろえたのではないかと思われ、また、「公表されれば重要な影響を及ぼす」といった仮定的な表現が法文にそぐわなかったとも考えられる。このような技術的な理由から「重要情報」の定義規定が選ばれたと考えられることから、重要情報の意義はTF報告から変わっていないと考えられる。また、重要情報の定義について、インサイダー取引の重要事実とそれ以外の事実とで分けた定義規定を置かず、両者を包含するような一般的な定義規定を置いた。インサイダー取引の重要事実とそれ以外とで分ける定義規定では、インサイダー取引の重要事実から除外された事実がフェア・ディスクロージャー・ルールの重要情報に該当するという解釈が揺らぎかねないことが危惧されたのであろう。

第二に、TF報告は、工場見学や事業別説明会で提供されるようないわゆ

るモザイク情報は、フェア・ディスクロージャー・ルールの対象外とするのが適当であるとした。モザイク情報は、他の情報と組み合わさることによって投資判断に影響を及ぼしうるものの、その情報のみでは、直ちに投資判断に影響を及ぼすとはいえないので、TF報告の提案する対象情報の定義には当てはまらない。したがって、モザイク情報がフェア・ディスクロージャー・ルールの適用対象とならないことは当然であるが、欧米でも、投資家の工場見学、施設見学は当たり前のように行われており、わが国において、これらのIR活動が委縮することがないようにするために、TF報告に特に明記されたものである。

　第三に、TF報告では、発行者と投資家の対話のなかで何が重要な情報であるかについて、プラクティスを積み上げることができるようにすることが望ましいとしている。TFにおいては、どんな情報がフェア・ディスクロージャー・ルールの対象となるかについて金融庁にガイドラインをつくってほしいという発行者等の要望が強かった。しかし、何が市場価格に影響を及ぼすような重要情報かは、発行者や発行者をとりまく状況によって異なるし、開示のタイミングによっても異なる。そこで、TF報告は、行政がガイドラインを用意して、これは重要情報に当たる、これは当たらないというリストを作成しないという趣旨で、このような提言をしたのである。

## 4　情報提供者の範囲

　情報提供者の範囲とは、上場会社の役員・職員のうち、だれが行う情報提供をフェア・ディスクロージャー・ルールの対象とするかという問題である。アメリカのレギュレーションFDは、発行者または発行者のために行動する者を適用対象とするが、「発行者のために行動する者」は発行者の上級幹部役員、および規制対象とされる情報受領者と日常的に接触する役員、従業員または代理人に限定されている。これに対しEUでは、情報提供者の範囲は、発行者、または発行者のために、もしくは発行者の計算において行動

する者と広く定義されている。

　インサイダー取引における情報受領者の規制は、その者が内部情報を受領して関係する有価証券の売買等を行えばインサイダー取引となり、だれからその情報を受領したかは特に問題にならない（内部情報を職務上知りうる会社関係者であれば足りる）。それに対して、フェア・ディスクロージャー・ルールは発行者に対する規制であり、発行者が直接、責任を負うような情報の提供に限って規制の対象にしないと、あまりにも発行者の情報発信や事業活動を委縮させることになる。上場会社においてアナリストや投資家に情報を伝達する業務を担当していない部署の従業員が、当該従業員の職務上または職務外で、重要情報を会社外の者に伝達した場合にまで、会社は当該情報を直ちに公表しなければならないとすると、上場会社は、従業員の情報提供に常に目を光らせていなければならず、あるいはそれを避けるために情報発信に過度に消極的になるおそれがあるし、職務上必要な重要情報の伝達が妨げられ、会社の業務に支障をきたすおそれもある。

　そこで、TF報告は、フェア・ディスクロージャー・ルールが発行者に開示を求めるルールであるところから、情報提供者の範囲を、発行者の業務遂行において情報提供に関する役割を果たし、それに責任を有するものに限定することが適当であるとしている。具体的には、発行者の役員のほか、従業員、使用人および代理人のうち、情報受領者へ情報を伝達する業務上の役割が想定される者に限定することが適当であるとする。発行者の役員については限定を付さないが、従業員・使用人・代理人については限定を付すという意味であり、アメリカのレギュレーションFDの適用範囲と同じである。

　ここにいう「情報受領者」とは市場関係者のことであり、市場関係者へ情報を伝達する業務上の役割が想定される者とは、典型的には広報担当である。したがって、わかりやすく表現すると、情報提供者の範囲が限定されたことにより、広報担当以外の従業員が市場関係者以外の者に重要情報を伝達する場合だけでなく、広報担当以外の従業員がなんらかの理由で市場関係者に重要情報を伝達しても、発行者にフェア・ディスクロージャー・ルールは

適用されないこととなる。

## 5　情報受領者の範囲

　情報受領者の範囲とは、だれに対する情報提供をフェア・ディスクロージャー・ルールの適用対象とするかという問題である。アメリカのレギュレーションFDは、すでに述べたように（→Ⅱ1(2)）、情報受領者の範囲を市場関係者に限定している。EUの市場阻害行為レギュレーションでは、広く「第三者」としており限定していない。この結果、EUでは、新聞記者に対する情報提供も規則違反になりうるという理解がされているが、摘発例はないようである。

　TFでは新聞記者に対する情報提供を取り上げた議論はなかったが、その前のディスクロージャーワーキングでは、一部の報道機関が、決算短信の公表前に、会社が公表する数値に近い業績予想を頻繁に提供していることについて、外国人投資家を中心に、当該情報にアクセスできない投資家に不利益が生じているとの批判があるという論点が取り上げられていた（同ワーキング討議資料）。これに対し、決算短信の前にスクープ報道を行う意義は乏しいとか、このような慣行はなくすべきであるといった意見も表明されていた。

　情報受領者の範囲について、TF報告は、フェア・ディスクロージャー・ルールは、①市場の信頼を確保するためのルールであり、また、②金商法が資本市場にかかわる者を律する法律であることもふまえると、有価証券の売買に関与する蓋然性が高いと想定される以下の者とすることが適切であるとする。その第一（(a)）は、証券会社、投資運用業者、投資顧問業者、投資法人、信用格付業者などの有価証券に係る売買や財務内容等の分析結果を第三者へ提供することを業として行う者、その役員や従業員である。第二（(b)）は、発行者から得られる情報に基づいて発行者の有価証券を売買することが想定される者である。TF報告が掲げる①の理由は、フェア・ディスクロー

ジャー・ルールの目的は投資判断に用いられる情報が公平に行き渡るようにすることにあるから、その情報を投資に用いない者が選択的に情報を受け取ったとしても、投資家の市場に対する信頼は損なわれないということである。報道機関は投資判断のために重要情報を取得するのではないから、報道機関に対して選択的に情報提供が行われても市場の信頼は害されないことになる。②の理由は、金商法は市場関係者と投資家を規律する法律であり、情報受領者も投資家として立ち現れたときに限り規律の対象になるというものである。そして、情報受領者となる市場関係者の範囲は上記(a)に示されており、(b)はまさに投資家である。TF報告は、ここでもアメリカ方式を採用したといえる。このように情報受領者の範囲を限定することに対しては、TFにおいて反対する意見もあったが、限定の理由は一応、筋が通ったものになっていると考えられる。

　情報受領者の範囲を(a)(b)のように限定した結果、報道機関だけでなく、事業の必要から重要情報を伝達する行為もフェア・ディスクロージャー・ルールの対象とならないこととなった。上場会社が事業上の必要から重要情報を第三者に提供する場合、その者との間で守秘義務契約等を締結してフェア・ディスクロージャー・ルールの適用を免れることも考えられるが、いちいち守秘義務契約を締結するのは発行者の大きな負担になるため、(a)(b)のような情報受領者の範囲が選択された。EU規制では、このような場合にも情報受領者に守秘義務を負わせる手立てが必要になるが、EUにおいても正当な業務のために情報を伝達することは認められなければならないから、公表義務の例外となる守秘義務を課す方法を広くとったり（たとえば慣行や黙示の契約による守秘義務を認める）、そうやって課される守秘義務の内容を緩やかに解したり（たとえばインサイダー取引は法律で禁止されているから、みだりに開示しない義務のみで十分とする）しなければ実務は回らないことになりそうである。つまり、情報受領者の範囲を広く解せば守秘義務を緩やかに解さなければならないのであり、情報受領者の範囲と守秘義務の範囲とは相関関係にある。このように考えると、情報受領者の範囲の定め方について、アメリカ方

式とEU方式のいずれが優れているかは一概にはいえないように思われる。

なお、制度のあり方として報道機関を情報受領者から除外するべきか否かについては、Ⅴ「将来の展望」で検討しよう。

## 6　公表を必要としない情報提供

　事業の必要から上場会社が市場関係者以外の者に重要情報を提供する場合には、情報受領者が市場関係者でないので上場会社にフェア・ディスクロージャー・ルールが適用されることはないが、事業の必要上、上場会社が市場関係者に情報を提供する場合も考えられる。発行者が証券会社に資金調達の相談をする場合などがその典型である。このような場合に、発行者が重要情報を公表せずに資金調達の手続を進めることができるよう、フェア・ディスクロージャー・ルールの適用除外を定めておく必要がある。この場合のフェア・ディスクロージャー・ルールの適用除外の要件は、情報受領者に伝達した情報が投資判断に利用されないよう確保するものであれば足りる。選択的に開示された情報が投資判断に利用されないのであれば、一般の投資家にとって不公平とはいえず、投資家の市場に対する信頼を害することもないからである。アメリカおよびEUでは、発行者に対し秘密保持義務を負う者に対する情報提供についてフェア・ディスクロージャー・ルールの適用を除外している。

　そこでTF報告も、情報受領者が発行者に対し、当該情報を第三者に伝達しない義務（守秘義務）および投資判断に利用しない義務を負っている場合には、フェア・ディスクロージャー・ルールの適用を除外することを提言する。重要情報を投資判断に利用しない義務とは、当該情報に基づいて上場会社の有価証券の売買を自ら行わない義務のほか、そのような売買を他人に勧めたり、当該情報に基づいてレポートを作成して利用に供したりしない義務を含む。

　それでは、情報受領者が守秘義務に違反して重要情報を第三者に伝達し、

その伝達の事実を発行者が把握した場合、発行者は速やかに当該情報を公表すべきであろうか。アメリカでは、このような場合、発行者に情報の公表義務は課せられていないが、EUでは、情報の秘密性が保たれていないことを理由として、発行者に公表義務が課せられる。

　守秘義務に違反して重要情報が第三者に伝達された場合には、結果的に発行者から第三者への情報の選択的開示が行われたのと同じ状況が発生しているから、発行者になんらかの対応を求めることが望ましい。重要情報が第三者に伝達されたのは、情報受領者が守秘義務に違反したからであるが、守秘義務契約の締結の仕方に問題があったともいえ、発行者が公表義務を負わされてもやむをえない面もある。そこで、一定の場合に発行者が公表義務を負うべきであるとする点ではTFの意見は一致していた。問題は、発行者が公表義務を負うのは、情報受領者から守秘義務に違反して他の情報受領者（市場関係者または投資家）に情報が伝達された場合に限るのか、情報受領者から広く第三者に重要情報が伝達された場合も含むのかであり、TFにおいて意見が分かれた。

　TF報告は、最終的に、情報受領者が守秘義務に違反して、情報受領者に該当する守秘義務を負わない他者に情報を伝達したことを発行者が把握した場合には、フェア・ディスクロージャー・ルールに基づき発行者に情報の公表を求めることが考えられるとした。この結論は、アメリカ法とEU法の中間を行くものである。TF報告は、こうすべき理由として「本ルールが公平かつ適時な情報開示に対する市場の信頼を確保するためのものであることをふまえれば」としか記載していないが、その意味は次のように解すべきであろう。情報が当初予定していなかった第三者に伝達されたとしても、その者（Aとする）が「情報受領者」に当たらないときは、当該情報は投資判断のために利用されるおそれが高いとはいえず、一般の投資家からみて市場の信頼が害されることにはならない。Aは市場関係者でも投資家でもなく、発行者から直接情報が提供された場合には発行者はフェア・ディスクロージャー・ルールの適用を受けない者と整理された者だからである。第一次情

報受領者は守秘義務契約に違反したものの、依然として重要情報が投資判断に利用されるおそれは高くないので、フェア・ディスクロージャー・ルールは適用されない。情報受領者が発行者から受け取った情報を報道機関に話してしまった場合などが、その例として考えられる。なお、守秘義務契約に違反した情報受領者が発行者に対して民事的な責任を負うかどうかは、フェア・ディスクロージャー・ルールとは別の話になる。

さらに、第三者が「情報受領者」に当たるときであっても、その者が第一次情報受領者との間で守秘義務契約等を締結していれば、やはり当該情報が投資判断に利用されるおそれは高くないので、発行者はフェア・ディスクロージャー・ルールの適用を免れる。たとえば、発行者が資金調達の相談のために証券会社に重要情報を伝達した場合に、業務上の必要から、証券会社が他の証券会社に当該情報を守秘義務契約を締結したうえで伝達する場合などが、その例として考えられる。

## 7　情報の公表方法

　フェア・ディスクロージャー・ルールにより発行者が即時または速やかな公表を求められる場合、その公表方法はどのようなものがふさわしいだろうか。アメリカでは臨時報告書の提出のほか、自社ホームページやSNSによる公表を認めている。EUでは国によって対応は異なるが、自社ホームページや情報配信サービスによる公表を認めている。

　TF報告は、発行者による速やかな公表や個人投資家等のアクセスの容易性といった観点をふまえ、法定開示（EDINET）および適時開示（TDnet）のほか、発行者のホームページによる公表を認めるのが適当であるとした。法定開示や適時開示による公表が認められるのは当然として、いわゆるホームページ（ウェブサイト）上の公表を認めたのは、発行者にとって最も速やかに公表できる手段であること、投資家にとって法定開示や適時開示よりもアクセスが容易であると考えられたからである。SNSでの公表を認めること

も考えられるが、TF報告は、SNSを通じた企業の情報開示は日本ではアメリカほど普及していないので現段階では認めないという趣旨である。

## 8　エンフォースメント

　フェア・ディスクロージャー・ルールは、適時開示により公表すべき情報を一定の場合にそれよりも早く公表させるという点に制度趣旨がある。そこで、金融商品取引所の規則によりフェア・ディスクロージャー・ルールを定め、取引所がこれを執行するということも考えられる。TF開始時点では、自主規制とするか行政規制とするかという点も決まっていなかった。ただし、アメリカやEUにおいてフェア・ディスクロージャー・ルールが法律上の制度として定められており、行政庁による法執行が行われている状況下で、日本においてフェア・ディスクロージャー・ルールを自主規制と位置づけることもむずかしかった。TFでは、事務局から、フェア・ディスクロージャー・ルールを法律上の制度として定めたい旨が表明され、皆がこれに賛同した。

　フェア・ディスクロージャー・ルールのうち、アメリカのレギュレーションFDはSECが執行を担っており、違反行為に対しては行政上の排除命令を行ったり、差止訴訟や民事制裁金を求める訴訟を提起したりする。EUでは、市場阻害行為レギュレーションによりルールの内容は統一されたが、その執行機関は統一されておらず、各国の行政当局に委ねられている。

　TFでは、フェア・ディスクロージャー・ルールの違反に対して直ちに罰則を適用するような重い制度は、発行者の情報発信を過度に委縮させることになるから望ましくないとの意見が多数を占めた。そこでTF報告は、本ルールに抵触した場合の対応については、発行者にまずは情報の速やかな公表を促し、これに適切な対応がとられなければ、行政的に指示・命令を行うことによって、本ルールの実効性を確保することが適当であるとした。フェア・ディスクロージャー・ルールを行政規制とする場合、違反に対し課徴金

を課すことも考えられるところであるが、情報開示の後退を招かないように、よりソフトな規制手法がとられることとなった。

## IV フェア・ディスクロージャー・ルールの内容

### 1　規制の構造

　フェア・ディスクロージャー・ルールは金融商品取引法に新設された27条の36から27条の38までの3カ条と罰則（205条6号の5）からなる。このほか、金融商品取引法施行令14条の15から14条の17までの3カ条、および新たに制定された重要情報公表府令がフェア・ディスクロージャー・ルールに組み込まれている。重要情報、取引関係者といったフェア・ディスクロージャー・ルールの要件の重要部分や適用除外要件は内閣府令をみないと理解できない。

　さらに、金融庁は「金融商品取引法第27条の36の規定に関する留意事項（フェア・ディスクロージャー・ルールガイドライン）」（以下、「ガイドライン」という）を定めている。これは、フェア・ディスクロージャー・ルールは主として金融庁によるエンフォースメント（法執行）が予定されているところから、金融庁の解釈を明らかにするものである。ガイドラインは法令ではないから裁判所の判断を拘束することはないが、エンフォースメントが金融庁の段階にとどまっている限りは、実務上、きわめて重要な解釈の拠り所となる。

　これらに加えて、内閣府令案やガイドライン案がパブリックコメント手続にかけられており、寄せられたパブリックコメントに対する金融庁の回答も、フェア・ディスクロージャー・ルール解釈の手がかりといえるだろう。

フェア・ディスクロージャー・ルールの基本は、上場会社等または上場投資法人の資産運用会社の役員・代理人・使用人その他の従業者（以下、「役員等」という）が取引関係者に重要情報の伝達を行う場合には、当該伝達と同時に当該重要情報を公表しなければならず（法27条の36第1項）、一定の場合には同時の公表は求められないが、速やかな公表が求められる（同条2項・3項）ということにある。これらに、適用除外規定（同条1項ただし書）、公表の方法に関する規定（同条4項）、法執行に関する定め（法27条の37、27条の38）が加わる。

そこで、フェア・ディスクロージャー・ルールの中核的な規定である金商法27条の36第1項を構成する「重要情報」「取引関係者」といった概念を理解するとともに、適用除外の範囲を押さえておく必要がある。

## 2 重要情報

### (1) 定　義

フェア・ディスクロージャー・ルールの適用対象となる情報を重要情報といい、重要情報は、上場会社等の運営、業務または財産に関する公表されていない重要な情報であって、投資者の投資判断に重要な影響を及ぼすものと定義されている（法27条の36第1項）。ここにいう上場会社等とは、社債券、株券、新株予約権証券、投資証券など（施行令14条の15列挙のものを除く）を金融商品取引所に上場しているか、店頭売買有価証券（現行、存在しない）または取扱有価証券としている発行者であり（施行令14条の16）、主なものは上場会社と上場投資法人である。フェア・ディスクロージャー・ルールは上場投資法人の資産運用会社にも適用され、そのために条文が複雑になっているが、以下ではわかりやすさを重視して、上場会社に適用される場面を中心に解説する。

上場会社等の親会社または子会社に関する情報も、それが上場会社等の運

営、業務または財産に関する情報といえるものであり、上場会社等の発行する上場証券へ投資する投資者の投資判断に重要な影響を及ぼすといえる場合には、重要情報に該当すると解される。フェア・ディスクロージャー・ルールの重要情報は、インサイダー取引の重要事実とは異なり、発行者に関する情報と親会社または子会社に関する情報を分けていないことから、このような解釈が可能になる。これに対し、上場会社の株式を対象とする公開買付け等事実（公開買付け・5％以上の株式買集めに係る決定事実）は、上場会社の有価証券に関する事実であるが、上場会社の運営、業務または財産に関する事実であるとはいえないため、フェア・ディスクロージャー・ルールの対象にならないと思われる。少なくとも、インサイダー取引規制は、このように発行者を情報源とする重要事実に基づく取引（法166条1項）と、発行者以外の者を情報源とする公開買付け等事実に基づく取引（法167条1項）を明確に分けて規制してきた。しかし、フェア・ディスクロージャー・ルールでは、発行者以外の者を情報源とする外部情報が同時に発行者の運営、業務または財産に関する重要事実に当たるとして、フェア・ディスクロージャー・ルールの対象になるという解釈も成り立つ余地があるようにも思われる。たとえば、友好的な企業買収において買収者から公開買付けに係る決定を知らされた対象会社の役員が、これをアナリストに話してしまった場合、当該決定を発行者の運営に関する重要事実とみて、発行者に公表義務が生じると解釈することが考えられる。この点は今後、議論の対象となるかもしれない。

　改正法は、インサイダー取引の重要事実（法166条2項）とは別に「重要情報」の定義を定め、インサイダー取引の重要事実のようにその事項を個別に列挙したり、重要基準・軽微基準によって限定したりしていない。また、インサイダー取引の重要事実は「投資者の投資判断に著しい影響を及ぼすもの」であるのに対し（同項4号参照）、重要情報は「投資者の投資判断に重要な影響を及ぼすもの」と定義されており、条文の文言からみても、インサイダー取引の重要事実より広い範囲をカバーするものといえる。

　これは、TF報告がフェア・ディスクロージャー・ルールの対象となる情

報の範囲を、「インサイダー取引規制の対象となる情報の範囲と基本的に一致させつつ、それ以外の情報のうち、発行者または金融商品に関係する未公表の確定的な情報であって、公表されれば発行者の有価証券の価額に重要な影響を及ぼす蓋然性があるものを含めることが考えられる」としていた点に沿うものである。TF報告の提言は、公表直前の決算情報のように、機関決定に至っていない情報やインサイダー取引の軽微基準の範囲を超えない情報であっても、投資者の投資判断に影響を及ぼす重要な情報となる場合があることを根拠としており、これがインサイダー取引の重要事実よりも広い範囲をフェア・ディスクロージャー・ルールの適用対象とする実質的根拠となる。

　もっとも、決算情報以外の情報で、会社の業務執行決定機関が一定の事項を行うことについての決定をする前の事実（インサイダー取引の決定事実に至っていない事実）や軽微基準の範囲を超えない決定事実・発生事実が、投資者の投資判断に重要な影響を及ぼすものとしてフェア・ディスクロージャー・ルールの重要情報に該当することは、あまり考えられない。なぜなら、インサイダー取引の決定事実については、判例は会社としてなんらかの決定を行ったという事実自体を重要事実ととらえて早期にインサイダー取引の禁止規定を適用しており（→Ｉ２）、その段階では当該情報（募集株式の発行、会社の合併に係る決定等）が投資者の投資判断に重要な影響を及ぼすとは考えられないので、これにフェア・ディスクロージャー・ルールを適用しても重要情報には該当しないと考えられるからである。

　さらにいえば、フェア・ディスクロージャー・ルールの重要情報の範囲とインサイダー取引の重要事実の範囲を比較すること自体、あまり意味がない。投資者の投資判断にとって重要な事実とは、発行者の行っている事業の種類や経済環境によって当然異なるものであり、本来、軽微基準や重要基準によって一律に該当性を判断できるものではない。しかし、インサイダー取引は刑事罰の対象であり、行為者が規制に違反するかどうかを明確に判断できるようにする必要性があるため、軽微基準や重要基準が設けられているの

である。これに対し、フェア・ディスクロージャー・ルールは、発行者に適用されるルールであり、発行者がその事業やそのときの経済環境に応じて、投資判断に対する当該情報の重要性を自ら判断して、当該情報を特定の者に提供するかどうか、すでに提供してしまっている場合には速やかに公表するかどうかを決定するのが、フェア・ディスクロージャー・ルール本来のあり方といえる。したがって、インサイダー取引規制上定められている軽微基準や重要基準を適用して一律に重要情報該当性を判断することは適当でない。この意味で、フェア・ディスクロージャー・ルールにおいて軽微基準や重要基準が設けられなかったのは当然ともいえる。

　それでは、「投資者の投資判断に重要な影響を及ぼす」かどうかはどう判断したらよいか。TF報告の提言をふまえると、公表された場合に発行者の有価証券の価額（典型は、上場株式の市場価格）に重要な影響を及ぼす蓋然性があるか否かによって判断すべきであるといえよう。自社株の市場価格がどのような情報によってどの程度変動するかは発行者が最も知悉しており、重要性の判断は発行者にとってむずかしいものではないだろう。このとき、有価証券の市場価格は、それまでに公表されている情報に照らして新たに公表される情報がどのくらいの価値をもつかによって変動するから、新たに加わる情報が市場価格を変動させるかどうかは、当該情報がその時点で市場に流布している情報の総体を大きく変えるものであるかどうかによって判断すべきであることにも注意すべきであろう。

## (2) 情報管理の範囲

　ガイドラインの（問2）は「情報管理の範囲」と題し、上場会社等の事業規模や情報管理の状況に応じて3つの情報管理の方法を例示している。すなわち、①諸外国のルールも念頭にIR実務を行っているグローバル企業は、その基準を用いて管理する、②インサイダー取引規制等に沿ってIR実務を行っている企業は、インサイダー取引規制の対象となる情報および決算情報（年度・四半期決算に係る確定的な情報）であって、有価証券の価額に重要な

影響を与える情報を管理する、③決算情報のうち何が有価証券の価額に重要な影響を与えるのか判断がむずかしい企業については、インサイダー取引規制の対象となる情報と、公表前の確定的な決算情報をすべて本ルールの対象として管理する。ただし、最低限の情報管理の範囲は②となるとする。

　これらは、TF報告の提言に沿って上場会社等の重要情報の内容を明らかにしつつ（上記②）、各上場会社等の現在のIR実務に応じて、上場会社等の負担とならない情報管理の方法を例示するものである。①のグローバル企業も、管理すべき情報の最低限の範囲は②となることに注意を要する。

　②については、決算情報以外の情報についてインサイダー取引規制の重要事実に該当するが軽微基準を超えない事実が重要情報に当たりうるかどうかが問題になる。この点について、ガイドライン案に係るパブリックコメントNo.5の回答は、当面、重要情報として管理しないことも考えられるが、取引関係者から指摘を受けたときは（問3）の（答）のような対応をとることが考えられるとし、重要情報該当性の問題を情報管理の問題として扱っている。しかし、(1)で述べた重要事実と重要情報の定義の相違、TF報告の提言内容をふまえると、軽微基準を超えない事実が重要情報に該当する場合もあると解される。

### (3) 未公表の確定的な情報

　フェア・ディスクロージャー・ルールの対象となるのは事実に限られず「情報」であるから、これには将来情報が含まれる。もっとも、それは、TF報告が述べるように（→Ⅲ3）、確定的な情報でなければならない。「確定的な情報」とはEUの市場阻害行為レギュレーションを参考にした概念であり、そこでは、「確定的な性質（precise nature）を有する情報とは、存在するか、発生すると合理的に見込まれる一連の状況または出来事を示す情報であって、その金融商品の価格に及ぼす影響について結論を引き出せる程度に確実なものをいう」と定義されている（MAR7条2項1文、→Ⅱ2(3)）。

　ガイドラインの（問4）は、未公表の確定的な情報であって、公表されれ

ば有価証券の価額に重要な影響を及ぼす蓋然性のある情報の例を、大要、次のように示している。

① 中長期的な企業戦略・計画等に関する経営者との議論のなかで交わされる情報は、一般的にはそれ自体はフェア・ディスクロージャー・ルールの対象に該当しないが、中期経営計画の内容として公表を予定している営業利益・純利益に関する具体的な経営計画などが、それ自体として投資判断に活用できるような、公表されれば有価証券の価額に重要な影響を及ぼす蓋然性のある情報である場合であって、その計画を中期経営計画の公表直前に伝達するような場合は重要情報に該当する可能性がある。

② すでに公表した情報の詳細な内訳や補足説明、公表済の業績予想の前提となった経済活動の動向の見込みは、一般的にはそれ自体はフェア・ディスクロージャー・ルールの対象に該当しないが、補足説明等のなかに、その後の実体経済の数値と比較することで容易に今後の企業の業績変化が予測できる情報が含まれる場合は重要情報に該当する可能性がある。

③ 他の情報と組み合わせることで投資判断に活用できるものの、その情報のみでは、直ちに投資判断に影響を及ぼすとはいえない情報（モザイク情報）は、フェア・ディスクロージャー・ルールの対象に該当しない。

これらのうち①は、それ自体で（それのみで）投資判断上、重要性を有すること（重要性の要件）と、計画の公表直前に伝達すること（確定性の要件）により、当該情報がフェア・ディスクロージャー・ルールの対象となることを示している。②はブレークダウン情報と呼ばれるものであり、一般的にはフェア・ディスクロージャー・ルールの対象ではないが、ブレークダウン情報であっても、細目を示すことにより、新たにそれ自体で投資判断上の重要な価値が生じる場合がありうることを示している。③のモザイク情報は、それ自体で投資判断上、重要性を有しないのでフェア・ディスクロージャー・ルールの対象ではない。アナリストはモザイク情報を収集・分析して投資判断上、価値ある情報を発信することがその使命であり、上場会社等がアナリストにモザイク情報を伝達することは、市場における適正な価格形成を促す

観点から奨励される。

## 3　取引関係者

　フェア・ディスクロージャーの目的は、投資判断に用いられる情報が公平に行き渡るようにすることであることから、TF報告は、フェア・ディスクロージャー・ルールを発動させる情報の伝達を、①有価証券の売買や財務内容等の分析結果を第三者へ提供することを業として行う者またはその役職員、および、②発行者から得られる情報に基づいて発行者の有価証券を売買することが想定される者に対する伝達に限定していた。法はこれを「取引関係者」と名づけ、定義している（金商法27条の36第1項1号・2号）。

　具体的には、まず上記①に相当する者として、重要情報公表府令4条は、⑴金融商品取引業者（投資法人から資産運用会社へ業務に関し重要情報を伝達する場合を除く）、⑵登録金融機関、⑶信用格付業者その他信用格付業を行う者、⑷投資法人（資産運用会社から投資法人へ業務に関し重要情報を伝達する場合を除く）、⑸専門的知識および技能を用いて有価証券の価値等または金融商品の価値等の分析およびこれに基づく評価を行い、特定の投資者に当該分析・評価の内容の提供を行う業務により継続的な報酬を受けている者、⑹高速取引行為者、⑺外国の法令に準拠して設立された法人で⑴から⑹に相当する者を取引関係者とする（以下、「1号関係者」という）。1号関係者の役員等も適用対象となる。⑶のように自身は有価証券の売買等を業として行わない者や、⑸のような特定顧客のためのアナリストも取引関係者に入ることに注意を要する。

　1号関係者への伝達は上場会社等の「業務に関して」行われる場合に限り、フェア・ディスクロージャー・ルールの適用対象とされている（法27条の36第1項柱書）。フェア・ディスクロージャー・ルールは、情報が業務に関して伝達される場合に同時または速やかな公表を求めるルールである。上場会社等の役員等が、うっかり家庭内の会話等で情報を伝達してしまった場合

には、業務に関して伝達が行われた場合に当たらない。反対に、重要情報が不法に第三者に伝達された場合、情報の性質および伝達の態様によってはインサイダー取引規制違反となるが、この場合もフェア・ディスクロージャー・ルールは適用されない。

　業務に関して伝達を行った場合であっても、1号関係者が重要情報の適切な管理のために必要な措置として内閣府令で定める措置を講じており、金融商品取引業に係る業務に従事していない者として内閣府令で定める者に伝達する場合には、フェア・ディスクロージャー・ルールは適用されない（法27条の36第1項1号）。この内閣府令で定める措置とは、金融商品取引業等以外の業務を遂行する過程において、伝達された重要情報を、その公表前に金融商品取引業等において利用しないための的確な措置とされており（重要情報公表府令5条）、内閣府令で定める者とは、金融商品取引業等以外の業務を遂行する過程において重要情報の伝達を受けた、金融商品取引業等以外の業務に従事する者とされている（同府令6条）。「金融商品取引業等」のなかには、有価証券に関連する情報の提供・助言を行う業務、登録金融機関業務、信用格付業、上記(5)の業務、高速取引行為が含まれている。

　この規定は、金融商品取引業者や登録金融機関としての登録を受けながら金融商品取引業等以外の業務を行っている法人もあるところから、金融商品取引業等以外の業務遂行過程で重要情報が伝達された場合にフェア・ディスクロージャー・ルールの適用を除外することを意図している。その例としては、銀行の融資担当者などが想定され、融資業務に関連して行われる融資担当者への定期的な決算情報等の報告はフェア・ディスクロージャー・ルールの対象とならない[31]。

　②に相当する者として重要情報公表府令7条は、上場会社等の投資者に対する広報に係る業務に関して重要情報の伝達を受ける次の者を取引関係者とする。(1)当該上場会社等に係る上場有価証券等の保有者、(2)適格機関投資

---

31　大谷潤ほか「フェア・ディスクロージャー・ルールに係る政府令・ガイドライン等」商事法務2162号7頁。

家、(3)有価証券投資を主たる目的とする法人その他の団体、(4)上場会社等の情報を特定の投資者等に提供することを目的とした会合の出席者である（以下、「2号関係者」という）。(2)から(4)の者は、その職務や目的から、重要情報を投資判断に用いる蓋然性が高いことを考慮したものと思われる。この結果、報道を目的とする報道機関に対する情報の伝達はフェア・ディスクロージャー・ルールを発動させることはない。(1)を(2)から(4)とは別に掲げたのは、(2)から(4)に該当しない者でも当該上場会社の有価証券等を保有していれば重要情報が投資判断に用いられる蓋然性が高いといえるからである。

　2号関係者への伝達は、上場会社等の業務に関して行われることに加え、それがさらに「投資者に対する広報に係る業務に関して」行われる場合に限定してフェア・ディスクロージャー・ルールの適用対象となる。いわゆるIR活動を想定した規定である。2号関係者(1)に関して、ガイドライン（問6）は、上場会社等が株主である親会社に重要情報を伝達する場合、そのような伝達は企業グループの経営管理のためになされるものであり、通常、「投資者に対する広報に係る業務に関して」行われるものでないから、フェア・ディスクロージャー・ルールの対象とならないとしており、妥当といえよう。

## 4　情報提供者

　上場会社等またはその役員が取引関係者に情報を伝達する場合、代表者や役員は上場会社等の一般的な代表権限を有していると考えられるため、その職務を問わず情報提供者に該当するが、上場会社等の代理人または使用人その他の従業者が情報を伝達する場合には、その者が取引関係者に情報を伝達する職務を行うこととされている者である場合に限定される（法27条の36第1項柱書）。これは、TF報告の提言を受けたものである。

　この規定を取引関係者の定義とあわせて読むと、従業者等が伝達する場合、取引関係者のうち2号関係者（売買が想定される者）に対する伝達は、

伝達行為が投資者に対する広報に係る業務に関して行われる必要があるが、伝達主体は、当該取引関係者に情報を伝達する職務を行う者であれば足り、広報担当者である必要は必ずしもないことに注意を要する。内閣府令のパブリックコメントNo.27に対する回答が、決算説明会において財務担当者が決算内容の説明をする場合に伝達主体に該当する場合もありうるとしているのがその例である。

## 5　適用除外

### (1)　守秘義務・売買等禁止義務の趣旨

　上場会社等の役員等から業務上、取引関係者に重要情報が伝達される場合であっても、取引関係者が、法令または契約により、当該重要情報が公表される前に、当該重要情報に関する秘密を他にもらし、かつ、当該上場会社等の上場有価証券等の売買等をしてはならない義務（以下、「守秘義務・売買等禁止義務」という）を負っているときには、上場会社等に公表義務は生じない（法27条の36第1項ただし書）。上場会社等が、業務上重要情報を伝達しなければならない場合が多々あり、取引関係者や情報の転得者が重要情報を投資判断に利用しないのであれば、重要情報を公表しないこと（適時開示の時期まで待つこと）について上場会社等の利益を優先させるべきだからである。

　守秘義務・売買等禁止義務には、①公表前に重要事実に関する秘密を他にもらさない義務と、②当該上場会社等の上場有価証券等の売買等をしてはならない義務の2つが含まれており、ともに充足する必要がある。売買等禁止義務の対象となる上場有価証券等の範囲については政令（施行令14条の15、14条の17）が具体的に定めており、そのすべてを対象とする売買等禁止義務が課されていなければならない。金商法27条の36第1項ただし書では、売買等には売買のほか、合併・分割による承継およびデリバティブ取引が含まれるように読めるが、合併・分割による承継およびデリバティブ取引のうちオ

プションの行使による取得は内閣府令によって売買等から除外されている（重要情報公表府令3条）。

　ここで、秘密を他にもらさない義務は、単に重要情報を他に伝達しない義務だけでなく、重要情報を投資判断に利用しない義務を含むと解すべきであろう。なぜなら、第一に、TF報告の提言はそのような趣旨であったからである。具体的には、TF報告は、適用除外の要件として取引関係者に情報を伝達しない義務と投資判断に利用しない義務を課しており、前者を守秘義務と称していたが、後者を有価証券の売買をしない義務ではなく「情報を投資判断に利用しない義務」としたのは、売買に用いる以外の方法で情報を投資判断に利用することも禁止する必要があったからである。ところが改正法は、後者を「有価証券等の売買等をしない義務」と狭く表現したことから、TF報告の提言と同じことを実現するには、前者の「秘密を他にもらさない義務」に、情報を他に伝達しない義務のほか、売買以外の方法で情報を投資判断に利用しない義務が含まれると解釈する必要が生じたのである。第二に、証券会社に所属するアナリストは取材により得た情報を利用してレポートを作成するのであるから、こう解しないと、フェア・ディスクロージャー・ルールが阻止しようとした、証券会社に所属するアナリストに対する重要情報の伝達が許されてしまうことになるからである。

　重要情報がインサイダー取引の重要事実に該当する場合、その伝達を受けた者は、法令上、有価証券の売買等をしてはならない義務を負っている（法166条1項）。そこで、インサイダー取引の禁止規定が適用除外要件を充足するのではないかという問題が提起されている。この問題については、第一に、フェア・ディスクロージャー・ルールの重要情報がインサイダー取引の重要事実に該当しない場合もあるので、インサイダー取引規制だけでは十分でない。第二に、重要事実にも該当するような重要情報が対象となっている場合でも、インサイダー取引規制は上記①の守秘義務を課していないから、インサイダー取引規制のみで適用除外要件を満たすことはないと考えられる。第三に、たしかにインサイダー取引規制はその違反に罰則が付されてい

る厳しい禁止規定であるが、だれにも適用される規制である。そのような一般的な法令上の義務のみで適用除外を認めることは、重要情報が業務上伝達される場合に着目して規制を及ぼすフェア・ディスクロージャー・ルールの趣旨にそぐわないのではないだろうか。法令上だれもが負う売買等禁止義務で十分であるのならば、わざわざ売買等禁止義務を適用除外の要件として規定しないはずである。

## (2) 適用除外の例

　守秘義務・売買等禁止義務による適用除外の典型は、上場会社が証券会社の投資銀行部門に資金調達の相談をする場合であろう。ところが、そのような場合における重要情報の伝達は、上場会社と証券会社との間で守秘義務契約が締結される前になされる可能性があり、したがってフェア・ディスクロージャー・ルールの適用除外にならないのではないかとの懸念があった。この点について、ガイドライン（問7）①は、証券会社が、(a)法令上、法人関係情報に基づく有価証券の取引を禁じられており（法38条8号（現9号）、金商業等府令117条1項16号）、かつ、(b)法令およびこれをふまえた証券業協会の規則が、法人関係情報が業務上不必要な部門に伝わらないよう管理すること、一定の場合を除き、伝達を行ってはならない旨を社内規則等で定めることを求めていることから、適用除外に当たるとしている。

　ここで、いくつか注意すべき点がある。第一に、証券会社の従業員には、法令上、守秘義務・売買等禁止義務が課せられているから、守秘義務契約締結前の重要情報の伝達も認められるということである。第二に、フェア・ディスクロージャー・ルールの売買等禁止義務に対応する法令上の義務としては、法人関係情報に基づく売買禁止義務があげられており、インサイダー取引の禁止規定はあげられていない。これは、インサイダー取引の禁止規定は売買等禁止義務として十分でないと立案担当者がみていることを示唆する。第三に、フェア・ディスクロージャー・ルールの守秘義務に対応する法令上の義務としては、証券会社の従業員が法人関係情報を提供して勧誘を行

わない義務（→Ⅰ2）、および不公正な取引の防止を図るために必要かつ適切な措置を証券会社が講じる義務しかないため、これを補完するものとして、より具体的な証券業協会の規則をあげている点である。証券業協会の規則に基づく社内規則等が定められていて、はじめて投資銀行部門の従業員がフェア・ディスクロージャー・ルールが求める守秘義務を負っていると評価されるということである。

適用除外の第二の例として、ガイドライン（問7）②は、信用格付業者についても、法令上、守秘義務等を負うときに該当するという。他方、登録を受けずに信用格付業を行う者は、法令上、守秘義務を負う者に該当しないことになるだろう。信用格付業者が重要情報に基づいて信用格付を作成・公表する行為は、重要情報を投資判断のために利用するという点でアナリストのレポート作成と同じ性質を有している。そこで、信用格付のために重要情報を提供する行為もフェア・ディスクロージャー・ルールを発動させるべきであるといえるかもしれない。しかし、信用格付業者が信用格付を行うには上場会社等からの重要情報の提供が不可欠といえることから、アナリスト・レポートと同列に扱うことはできないであろう。

## 6　公表義務

### (1)　同時の公表と速やかな公表

上場会社等またはその役員等が、業務に関して、取引関係者に重要情報を伝達する場合には、適用除外事由に該当しない限り、伝達と同時に当該重要情報を公表しなければならない（法27条の36第1項）。つまり、重要情報を公表せずに当該伝達を行うことは、直ちにフェア・ディスクロージャー・ルールの違反となる。重要情報の伝達と公表を同時に行うことは不可能ではないと思われる。重要情報を伝達することがわかっている場合には、事前または同時にウェブサイト等で当該重要情報を公表すればよいし、機関投資家向け

説明会を開催するとともにその進行状況をネット上にリアルタイムで中継することも考えられる。

同時の公表ではなく、重要情報を「速やかに」公表することが求められる場合がある。

第一は、上場会社等またはその役員等が、伝達時に伝達した情報が重要情報に該当することを知らなかった場合である（法27条の36第2項）。この場合に同時の公表義務を課さないのは、その義務の履行が期待できないからであり、上場会社等としては、重要情報に該当することを知ってから速やかに公表すればよい。

第二は、重要情報の伝達と同時に公表することが困難な場合として内閣府令で定める場合であり（法27条の36第2項）、重要情報公表府令8条では、①役員等が取引関係者に意図せず重要情報を伝達した場合、および、②役員等が伝達の相手方が取引関係者であることを知らなかった場合があがっている。②は、重要情報該当性を知らなかった場合と同様、同時公表義務を履行しえないからであろう。①については、ガイドライン（問8）で、上場会社等としては伝達する予定のなかった重要情報を、その役員等がたまたま話の流れで伝達してしまった場合が例示されている。「意図しない伝達」の典型例といえよう。メールの誤送信、添付ファイルの間違いにより重要情報が伝わってしまった場合は、意思的行為がないのでそもそも「伝達」に当たらないと考えられるが、そうでないとしても意図しない伝達に該当すると考えられる。

第三に、守秘義務・売買等禁止義務を負う取引関係者が、法令または契約に違反して、当該重要情報が公表される前に、重要情報に関する秘密を他の取引関係者にもらし、または上場有価証券等に係る売買等を行ったことを知ったときである（法27条の36第3項）。このような場合に上場会社等に公表義務を負わせるのは、結果的に情報の公平な開示が行われなかったことになるので、そのような状態を解消するためである。ただし、守秘義務・売買等禁止義務を負う者が法令または契約に違反して情報を伝達する第三者は「他

の取引関係者」、すなわち重要情報を投資判断に用いる蓋然性が高い者として法令で定められた者であることが要件とされている。取引関係者以外の第三者に情報を伝達しても、当該情報が投資判断に利用されるおそれが高いとはいえないからである。

　TF報告では、取引関係者が他の取引関係者との間で秘密保持契約等を締結したうえで重要情報を伝達したときは、発行者は公表義務を負わないとしていた。この提言は明文化されていない。もっとも、発行者と取引関係者との守秘義務契約において、取引関係者が業務上の必要から守秘義務契約を締結したうえで他の取引関係者に重要情報を伝達する行為を許容していれば、そのような態様で行われる情報の伝達は、「契約に違反して」秘密をもらす行為には当たらないから、法27条の36第3項による公表義務は生じないと考えられる。

## (2) 公表義務の例外

　上場会社等が取引関係者から他の取引関係者への法令または契約に違反する情報伝達を知った場合（法27条の36第3項の場合）であっても、やむをえない理由により重要情報を公表することができない場合その他の内閣府令で定める場合には公表義務は発生しない（同項ただし書）。取引関係者の守秘義務・売買等禁止義務の違反を知った場合には上場会社等に非がないのに重要情報の公表を強制されることとなるので、情報を公表しないことについての上場会社等の利益も考慮することにしたのである。

　内閣府令9条では、重要情報が、(a)上場会社等、その親会社・子会社等が行い、または行おうとしている合併、会社分割、株式交換、株式移転、事業譲渡、公開買付け、子会社の異動を伴う株式等の取得、破産手続開始・再生手続開始・更生手続開始の申立て、資本提携・業務上の提携・提携の解消、または(b)当該上場会社等が発行する優先出資証券（協同組織金融機関の場合）、株券・新株予約権証券、もしくは投資証券等（投資法人の場合）の募集、売出し、またはこれに類するものに係る情報であって、当該重要情報を

公表することにより、当該行為の遂行に重大な支障が生ずるおそれがあるときを掲げている。(a)はいわゆるM&A関連の会社行為と破産手続等、(b)はファイナンス行為を指している。(a)のうち交渉相手のある行為については、たとえば交渉中の合併について相手方の情報や合併の条件を公表しなければならないとすると、合併が破談となり当該上場会社等が大きな不利益を被る蓋然性が高い。(a)のうち破産手続開始の申立て等については、事前にこれが公表されると、債権回収のために、申立てそのものが妨害を受けたり、破産手続等における債権者の公平な取扱いが害されることを危惧したのであろう。(b)のファイナンス案件は、意図しないタイミングで上場会社等が重要情報の公表を求められることにより、投機的売買等により有価証券の価額が変動し、当初予定していた資金調達が行えなくなるおそれを考慮したものである（内閣府令案に係るパブリックコメントNo.221の回答参照）。

　パブリックコメント手続によりいくつかの例外事由が追加されたが、重要情報の早期公表によって会社の利益が害される場合はほかにもあると考えられるので、内閣府令はやむをえない理由の例をかなり限定的に定めたといえる。この点は批判があるかもしれないが、この問題は株主と投資家の利益をいかに調整するかという問題であり、理論的に妥当な調整点を見出すことはむずかしい。

　速やかな公表が求められるほかの場合には、重要情報の公表により会社行為の遂行に重大な支障が生ずる場合であっても、重要情報を公表しないことは許されない。これらの場合のうち、重要情報に該当すると知らなかった場合、および取引関係者に該当すると知らなかった場合は、上場会社等は守秘義務・売買等禁止義務の制約を付さずに当該情報を相手方に伝達したのだから、公平な開示の実現のために公表を義務づけられても仕方がないといえるだろう。役員等が話の流れで伝達してしまった場合に上場会社等に公表義務を負わせるのは酷のようにも思えるが、この場合には投資家の利益を株主のそれに優先させ、株主の不利益は役員等に対する責任追及によって回復することになるであろう。

なお、迅速な開示の期限を定めているアメリカのフェア・ディスクロージャー・ルールとは異なり、日本法では「速やかな」開示の期限の定めはなく、ガイドラインでも触れていない。

## (3) 情報伝達後の対応

上場会社等が重要情報該当性をそれと知らずに伝達した後の具体的な対応について、ガイドライン（問3）は次のように述べている。すなわち、情報伝達先である取引関係者から当該情報が重要情報に該当するのではないかとの指摘を受けたときには、両者の対話を通じて、①当該情報が重要情報に該当するとの指摘に上場会社等が同意する場合には、当該情報を速やかに公表する、②両者の対話の結果、当該情報が重要情報に該当しないとの結論に至った場合は、当該情報の公表を行わない、③重要情報には該当するものの、公表が適切でないと考える場合は、当該情報が公表できるようになるまでの間に限って、当該取引関係者に守秘義務および当該上場会社等の有価証券の売買等を行わない義務を負ってもらい、公表を行わないといった対応が考えられる。

ある情報が重要情報に該当するか否かは、当初は利害関係者の判断によって決めざるをえず、情報伝達後は上場会社等と取引関係者とが利害関係者となるから、両者が対話を通じて上記の措置をとることは現実的であると考えられる。上記①は、金商法27条の36第2項に該当するためその義務を果たすもの、②は、フェア・ディスクロージャー・ルールが適用されない場合に該当するもの、③は、上場会社等が重要情報の認識を欠いていたことを知った時点から迅速公表義務を負うことになるが、取引先に守秘義務・売買等禁止義務を負ってもらうことにより、公表義務を免れると評価することができるだろう。

ガイドラインは、取引関係者が上場会社等から事後的に「重要情報に該当するが公表しない」との連絡を受けた場合の対応について述べていない。このような場合にどう対応したらよいかというガイドライン案に係るパブリッ

クコメントNo.10に対する回答は、金融商品取引業者等は金融商品取引法上、適切に法人関係情報を管理することが求められること、および当該情報が重要事実に該当する場合はインサイダー取引規制の対象になりうることを指摘するのみであり、実務の役には立たないであろう。このような場合、まず、上記③と同様に、取引先に守秘義務・売買等禁止義務を負ってもらうことにより、公表義務を免れることができるだろう。それまでに取引先が取引や伝達をしてしまっている場合には、上場会社等は当初の伝達時点から同時の公表義務を負っていたと解さざるをえないのではないだろうか。

TF報告は、発行者と投資家の対話のなかで何が重要な情報であるかについて、プラクティスを積み上げることが望ましいと述べていた（→Ⅲ3）。何が重要な情報であるかは、上場会社等の規模や業務によって異なり、投資家の投資判断のあり方によっても異なるから、対話のなかで重要情報の範囲を確定していくことは有用であろう。ただし、重要情報に該当するか否かによって公表義務や守秘義務契約等の締結の要否が左右されることになるので、当該情報を公表したくないからとか、守秘義務契約を締結したくないから、対話によって重要情報に該当しないことにするといったように、関係者の利害によって重要情報の範囲がゆがめられることがあってはならない。

### (4) 公表の方法

上場会社等が重要情報の伝達と同時に、または速やかにこれを公表する方法としては、次の手段が定められている（法27条の36第4項、重要情報公表府令10条、上場投資法人に係る部分は省略した）。

① 重要情報が記載された金商法25条1項に規定する書類を提出する方法（当該書類が同項の規定により公衆の縦覧に供された場合に限る）（重要情報公表府令10条1号）。

② 上場会社等もしくは上場会社等の子会社を代表すべき取締役・執行役・執行役員、または当該取締役・執行役・執行役員から重要情報を公開することを委任された者が、当該重要情報を、(イ)国内において時事に関する事

項を総合して報道する日刊新聞紙の販売を業とする新聞社、当該新聞社に時事に関する事項を総合して伝達することを業とする通信社、(ロ)国内において産業および経済に関する事項を全般的に報道する日刊新聞紙の販売を業とする新聞社、(ハ)日本放送協会、放送法に規定する基幹放送事業者のうち二以上を含む報道機関に対して公開する方法（少なくとも二の報道機関に対して公開した時から12時間が経過した場合に限る）（同2号）。

③　金融商品取引所（店頭売買有価証券および取扱有価証券については認可金融商品取引業協会）の規則で定めるところにより、上場会社等が重要情報を金融商品取引所に通知する方法（通知された重要情報が、金融商品取引所において日本語で公衆の縦覧に供された場合に限る）（同3号）。

④　特定投資家向け有価証券の上場会社について、金融商品取引所の規則で定めるところにより、上場会社等が重要情報を金融商品取引所に通知する方法（通知された重要情報が、金融商品取引所において英語で公衆の縦覧に供された場合に限る）（同4号）。

⑤　上場会社等がウェブサイトに重要情報を掲載する方法（当該ウェブサイトに掲載された重要情報が集約されている場合であって、掲載した時から少なくとも1年以上投資家が無償でかつ容易に重要情報を閲覧することができるようにされているときに限る）（同5号）。

これらのうち、①法定開示、②二以上の報道機関に公開してから12時間経過、③④取引所のウェブサイトにおける公表は、インサイダー取引の重要事実の公表措置（法166条4項、施行令30条）と同じであり、③④は適時開示規則による公表（タイムリー・ディスクロージャー）と共通している。②の方法によるときは、重要情報が報道されなくても12時間の経過によって公表したとみなされる。インサイダー取引規制では、インサイダーの取引を解禁するためにこのような公表措置が定められているのであるが、フェア・ディスクロージャーでは、一般投資家との間の情報格差をなくすことが法の目的なのだから、広く一般の投資家にとって情報が入手可能になっていない状態で「公表がされた」と扱うことには疑問がある。

これらに加えて、上場会社等がより簡易な方法で重要情報の公表を行えるようにするため、改正法は、⑤ウェブサイトへの掲載を公表と認めた。ただし、一般の投資家が容易にアクセスできる必要があることから、上記⑤カッコ書の要件が定められた。重要情報が集約されて掲載されているとは、単に上場会社等が開設するウェブサイト上に重要情報を掲載するだけでは足りず、フェア・ディスクロージャー・ルール上の重要情報がまとまって掲載されていることが必要であると考えられる。また、無償かつ容易に閲覧できるとは、単に無償で閲覧できるだけでは足りず、閲覧に登録等の手続を要しないことを意味している。これは、SNSへの掲載は公表と認めないとしたTF報告に沿うものである。

　重要情報がインサイダー取引規制の重要事実にも該当する場合、フェア・ディスクロージャー・ルール上の⑤の公表措置がとられただけではインサイダー取引規制が解除されない点が問題であるとする見方もある。たしかにそのとおりであるが、上場会社等がそのように判断する場合には、インサイダー取引を防止するために、当該情報について自社ウェブサイトへの掲載と同時に適時開示の手続をとるべきであると考えられる。

## 7　エンフォースメント

　フェア・ディスクロージャー・ルールは行政による執行が予定されている。
　まず、内閣総理大臣は、フェア・ディスクロージャー・ルールに従って公表されるべき重要情報が公表されていないと認めるときは、当該重要情報を公表すべきであると認められる者に対し、重要情報の公表その他の適切な措置をとるべき旨の指示をすることができる（法27条の38第1項）。この権限は内閣総理大臣から金融庁長官に委任されている（法194条の7第1項）。法律上はこのように規定されているが、TF報告の内容をふまえると、金融庁長官は、指示の前に発行者に情報の速やかな公表を促し、それでも公表がなさ

れない場合に指示を発することになると思われる。

　指示とは行政措置の一つであり、行政処分の前段階として行われる。この指示は行政処分ではないので、対象者は指示について取消訴訟を提起することはできない。このように、エンフォースメントに指示という軽い措置を用いたのは、フェア・ディスクロージャー・ルールが上場会社等による自由な情報発信を阻害しないようにするためである。フェア・ディスクロージャー・ルールにおいて、通常、指示の対象者は上場会社等であり、指示の内容は重要情報を公表することであろう。金融庁長官が指示をなしうるのは、指示の時点で重要情報が公表されていないと認めるときであるから、過去にフェア・ディスクロージャー・ルール違反の事実があったというだけで、現在は当該情報が公表されている場合には、指示をすることができないと解される。指示をしなければ、その違反がある場合の命令も下せないから、過去の違反事実に対して金融庁が制裁を課すことはできないということになろう。

　次に、公表等の指示を受けた者が、正当な理由がないのにその指示に係る措置をとらなかったときは、内閣総理大臣（金融庁長官に委任）は、その者に対し、その指示に係る措置をとるべきことを命ずることができる（法27条の38第2項）。この命令は、指示と同内容（重要事実の公表等）を命ずるものである。

　第三として、上場会社等がこの命令に違反した場合には、違反者（代表者等）が6カ月以下の懲役もしくは50万円以下の罰金に処せられ、またはこれらが併科される（法205条6号の5）。法人には50万円以下の罰金の両罰規定が用意されている（法207条1項6号）。このように、公表命令を守らせるために罰則が設けられているが、上場会社等が正当な理由がないのに重要情報の公表をしないといった、罰則が適用されるような場面は、ほとんど考えられない。

　フェア・ディスクロージャー・ルールを執行するために、内閣総理大臣（金融庁長官に委任）には、上場会社等やその関係者に報告や資料の提出を求

めたり、その者の帳簿書類その他の物件を検査したりする権限が与えられている（法27条の37）。

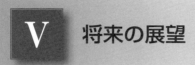
## V 将来の展望

### 1 日本のフェア・ディスクロージャー・ルールの特徴

　フェア・ディスクロージャー・ルールの執行は緒についたばかりである。日本のフェア・ディスクロージャー・ルールは、比較法的にみてかなり緩やかな規制となっている。具体的には、先行するアメリカとEUの規制を比較して、制度に相違がある部分については緩やかな規制であるアメリカの規制に倣っているうえに、ルールの執行手段についてはアメリカのそれよりもソフトなものとなっている。もっとも、このことは、フェア・ディスクロージャー・ルールが今回初めて導入されたものであり、日本の上場会社の遵法精神が高いことからみて、上場会社がフェア・ディスクロージャー・ルール違反を回避するために情報開示に過度に消極的になることを避けるために、あえて緩やかな規制が採用されたと評価することができる。上場会社の多くは、2018年4月のフェア・ディスクロージャー・ルールの施行に向けて、重要情報の範囲、その選択的開示を避けるための手続、選択的開示を行った場合の公表に向けた手続等の社内ルールを整え、社員教育を行ってきたと聞いている。今後、日本においてフェア・ディスクロージャー・ルールの執行例がほとんどなくても、企業実務はフェア・ディスコージャー・ルールの意義・内容をしっかりと理解し、ルールを守りつつ投資家一般に対する情報開示を進めていくものと予想している。この意味で、フェア・ディスクロージャー・ルールは金融庁が執行するものではなく、企業自身が執行するもの

であるといえる。

　以上を前提としたうえで、あるべきフェア・ディスクロージャー・ルールの姿を考えてみたい。これはフェア・ディスクロージャー・ルールの改正に向けた提案を行うことを目的とするのではなく、企業がフェア・ディスクロージャー・ルールを遵守していくうえで、あるべきフェア・ディスクロージャー・ルールの姿が参考になると思うからである。

## 2　インサイダー取引規制、適時開示規則、フェア・ディスクロージャー・ルールの対象情報を一致させるべきこと

　フェア・ディスクロージャー・ルールの適用対象となる「重要情報」は、インサイダー取引の「重要事実」よりも広い定義づけがなされている。また、金融商品取引所の適時開示規則の適用対象となる「会社情報」は、インサイダー取引の「重要事実」と同じく、軽微基準または重要基準を伴う個別列挙条項と包括条項を並立させる方式をとるが、フェア・ディスクロージャー・ルールの「重要情報」はそのような並立方式を採用せず、投資家の投資判断にとって重要な情報を適用対象とする包括条項のみを採用している。このように関連する3つの規制の適用対象に差異が生じたのは、第一に、フェア・ディスクロージャー・ルールの対象を現行のインサイダー取引の重要事実より広くする必要があったところ（→Ⅲ3、Ⅳ2(1)）、今回、インサイダー取引規制の改正作業を行うことが困難だったからである。第二に、決算情報については適時開示規則による開示が求められるより前の段階でフェア・ディスクロージャー・ルールを適用する必要があったところ（→Ⅲ3）、適時開示規則はインサイダー取引規制の形式に倣って金融商品取引所が定めたものであるため、今回、適時開示規則の改正作業を行うことも困難だったからである。3つの関連する規制において適用対象となる情報が異なることは、発行者に混乱を生じさせ、情報管理をむずかしくするという声が

あるが、それはもっともなことだと思われる。

　インサイダー取引規制、適時開示規則、およびフェア・ディスクロージャー・ルールの適用対象となる情報は、本来、一致すべきであると考えられる。なぜなら、いずれの規制も、投資家の投資判断にとって重要な未公開情報を適用対象としている点で変わりがないからである。ある情報が投資判断にとって重要な未公開情報であれば、それを知って取引を行うことも、発行者がそれを特定の者に選択的に開示することも、一般の投資家にとって不公正であると考えられるし、投資判断にとって重要な情報であればそれを適時に開示させて、情報に基づいた市場価格の形成を図る必要があると考えられるからである。EUレギュレーションにおいて、この３つの規制の適用対象情報を一致させていることは、理論的に正しい。

　インサイダー取引規制は、情報を知った者による取引を禁止するだけで発行者に情報の公表を義務づけるものではないから、不公正な取引を広く禁止するためにインサイダー取引の重要事実は早期に生じると考えてよく、インサイダー取引が行われていなくても必ず情報を公表しなければならない適時開示規則上は、該当する事実が生じる時期は遅くなるとも考えられる。たとえば、インサイダー取引の決定事実に関して判例は、会社として株式の発行に向けた作業を開始する決定があれば重要事実は生じると解しており[32]、これと株式発行の取締役会決議が行われた段階で義務が生じると解されている適時開示規則とでは時間的に大きなズレがある。しかし、このようなズレは、日本の適時開示規則が会社の利益を守るために適時開示を遅らせることを規定上、認めていない（→Ⅰ3）ために、ある情報が適時開示の要件を充足する時期を遅く解さなければならないことから生じたのであり、EUのように（→Ⅱ2(2)）、会社の利益のための適時開示の遅延を正面から認めれば解消する（→3）。

　３つの規制の適用対象情報が一致すべきであるとしたら、それはどのよう

---

[32]　最高裁平成11年６月10日判決（刑集53巻５号415頁）。

に定義づけられるであろうか。この点については、今回の改正作業の過程で、インサイダー取引規制の重要事実ではフェア・ディスクロージャー・ルールの適用範囲として狭過ぎると判明したことからもわかるように、対象情報の個別列挙・包括条項並立方式ではうまくいかないことは明らかである。そこで、包括条項のみを定めるのが適当であるが、フェア・ディスクロージャー・ルールの重要情報の定義では発行者の有価証券に関する情報が対象となるか否かが明らかでないので（→Ⅳ2(1)）、「上場会社等又は上場会社等が発行する有価証券に関する公表されていない重要な情報であって、投資者の投資判断に重要な影響を及ぼすもの」と定義するのが望ましいだろう。

　ここにいう「重要な影響を及ぼす」とは、公表された場合に価格に変動をもたらすことだけで足りるのか、上昇か下落か一定の方向で価格を変動させることが必要なのかが問題となるが、欧州裁判所の判例でとられた見解（→Ⅱ2(4)）を含めて、議論の余地があるであろう。

　フェア・ディスクロージャー・ルールの導入過程の議論や本稿を通じて、何が投資判断にとって重要な情報かは、発行者の事業の種類や発行者の置かれた経済環境、時間的に進展する過程のどの段階にいるか等によって異なることが明らかになったと思われる。欧州裁判所の判例が、時間的に進展する過程においては、その段階ごとに重要情報が生じるととらえていること（→Ⅱ2(4)）は、日本法の解釈にとっても示唆的である。このような観点からは、何が自社にとって重要な情報かを最もよく知っている発行者がフェア・ディスクロージャー・ルールの実務を積み上げていく作業が、きわめて重要である。そのような実務が蓄積した暁には、インサイダー取引規制や適時開示の場面においても、重要情報に該当する網羅的でないリストに意義が認められるであろう。たとえばインサイダー取引を行ったとして訴追された者が、リストによって重要情報に該当しないと信じた場合には、事実の錯誤に当たるとしてインサイダー取引の故意が阻却されることがありうる。

## 3 適時開示を遅らせる会社の正当な利益を正面から認めるべきこと

　今回の改正は、適時開示制度に改変を加えないものであった。その結果、適時開示とフェア・ディスクロージャー・ルールとの関係があいまいになってしまったように思われる。たとえば発行者がフェア・ディスクロージャー・ルールに違反しうるのは、適時開示義務の履行を怠っている場合に限られるのか、適時開示義務が発生する前の段階にもフェア・ディスクロージャー・ルールが適用されるのか、といった問いに答えるのはむずかしい。

　この点については、EUレギュレーションの整理（→Ⅱ2(2)）がすっきりしていると思われる。すなわち、①投資者にとって重要な情報をすべて即時に開示する適時開示義務を原則として、②会社の利益を守る正当な理由がある場合に、例外として開示を遅らせることを認め、③さらに②の例外として、第三者に選択的に情報を開示した場合には情報の公表義務を課す（フェア・ディスクロージャー・ルール）。このような枠組みでは、原則どおり適時開示規則が適用されるときには、重要情報が公表されるので、フェア・ディスクロージャー・ルールが適用される余地はない。もし発行者が適時開示規則に違反して情報開示を懈怠しているときは、適時開示規則違反で処分すれば足りるであろう。また、適時開示の重要情報とインサイダー取引の重要情報が一致するので、例外的に適時開示規則が適用されない場合に限って、インサイダー取引規制が適用されることになる。

　このように、例外的に適時開示規則が適用されない場合に限って、フェア・ディスクロージャー・ルールやインサイダー取引規制が適用されるという枠組みは、3つのルールの関係を明確にし、法的疑義を減らす点で優れており、日本でも、将来的にはこのような枠組みを採用することが望ましいと考える。ただし、いくつか注意すべき点がある。

　第一に、この枠組みでは、適時開示の要否は原則として、情報の投資判断にとっての重要性のみで決まるため、欧州裁判所の裁判事例に現れたように

(→Ⅱ2(4))、適時開示の時期は相当に早くなる可能性がある。もっとも、情報を開示しない会社の利益が認められない場合に、できるだけ早期の開示が求められることは、ディスクロージャーの理念に適っているので、そのこと自体は望ましいことであるし、インサイダー取引防止の観点からも望ましい。

　第二に、情報を開示しないことによる会社の利益を保護するために、例外として、情報開示を遅らせる必要が生じる。EUレギュレーションでは、進行中の交渉、他の機関の承認を要する決定事項が例としてあげられているが（→Ⅱ2(4))、具体的にどのような場合にどこまで開示を遅らせることを認めるべきかは、会社の利益と投資家の利益の調整というきわめてむずかしい問題である。もちろん、現行の日本の適時開示においても、同じ問題は、ある情報がいつ適時開示の適用対象である「会社情報」に該当することになるかというかたちで現れるが、そこでは情報を開示しない会社の正当な利益を保護するという考え方はとられてこなかった。日本においても、会社の正当な利益による適時開示の遅延を正面から認め、どのような利益が「会社の正当な利益」といえるかを議論する必要があるだろう。

　フェア・ディスクロージャー・ルールにおいても、取引関係者から他の取引関係者への情報伝達を上場会社が知った場合に、やむをえない理由により重要情報を公表しないことを認める例外規定が置かれ（法27条の36第3項ただし書）、内閣府令が例外事由を列挙している（→Ⅳ5(2)）。この例外事由は、情報を開示しない会社の正当な利益を保護する観点から選ばれている。例外事由に該当する場合の効果が適時開示の例外と異なるので、もちろん同列に論じることはできないが、このような観点をもつことは重要である。

　第三に、適時開示とフェア・ディスクロージャー・ルールの密接な関係からすると、適時開示規則の執行者とフェア・ディスクロージャー・ルールの執行者を同じ者とし、判断に一貫性をもたせることが必要とされるだろう。したがって、将来的には、適時開示制度を法律上の制度に引き上げ、その執行主体を金融庁とする必要があるのではないかと思われる。

## 4 報道機関に対する情報の開示と適時開示

　今般導入されたフェア・ディスクロージャー・ルールでは、上場会社が取引関係者（市場関係者および株主）以外の者に重要情報を開示しても、当該情報の同時または速やかな公表を求められることはないとされた。その是非については議論があったが、市場関係者および株主以外の者は類型的にみて投資判断のために重要情報を利用するわけではないから（個人的に利用した者はインサイダー取引違反に問われる）、そのような選択的開示は投資家の信頼を害することはないと考えられたからである（→Ⅲ5）。情報受領者から報道機関を除外したことに対しては、上場会社等が新聞記者には話したことをアナリストに話してくれないという不満があるようである。発行者は新聞記者に重要情報を開示してもフェア・ディスクロージャー・ルールの違反にならないとしても、なんら情報開示義務を負わないと解すべきであろうか。

　取引関係者以外の者の典型は、上場会社の「事業上の取引関係者」である。事業上の取引関係者は、上場会社等に対して守秘義務等を負っているか、守秘義務契約は締結していないとしても、当該重要情報を公表しないことに取引上の利益を有している。そのことが、事業上の取引関係者への重要情報の開示にフェア・ディスクロージャー・ルールを適用しない実質的な根拠となる。これに対し、報道機関は、上場会社に守秘義務等を負ったり、重要情報を公表しないことに利益を有したりする者ではない。むしろ、当該情報を報道することにより公衆に情報を知らせることに使命を有している。そこで、報道機関への重要情報の開示にフェア・ディスクロージャー・ルールを適用しない根拠は、当該重要情報が公表の過程に載ったことに求められるのではないだろうか。そうだとすると、上場会社等は、時期はともかくとして、重要情報を報道してよいと考えたからこそ報道機関へ当該情報を開示したのであり、当該情報が適切に市場に公開されるよう、責任をもって行動すべきであるといえる。

　EUのレギュレーションにおいて、発行者の適時開示義務は内部情報が発

生するたびに生じるが、多くの場合、会社の正当な利益を保護するために即時の情報開示は免除される。しかし、当該情報を選択的に開示した場合だけでなく、情報の機密性が確保できないときは免除は解かれ、当該情報をできるだけ早く公表しなければならない（→Ⅱ2(2)）。EUでは報道機関も選択的開示の情報受領者とされているが、そうでなくても、発行者が内部情報を報道機関へ開示したときは、情報の機密性が確保できなかったのであるから、当該情報の適時開示義務が生ずると考えられる。

　3に述べた適時開示とフェア・ディスクロージャー・ルールとの関係は、立法論としてだけではなく、適時開示規則の解釈論としても成り立つであろう。日本では、会社の利益を保護するための情報開示の遅延は形式的には認められていないが、実質的には、適時開示の時期を一律に遅らせることによって実現している。その実質的根拠は、会社の利益を保護することにあり、その条件として情報の機密性を確保することが求められていると考えられる。そうだとすると、上場会社が報道機関に重要情報を選択的に開示し、自ら情報の機密性を放棄したときには、もはや会社の利益を保護する必要はなくなり、会社は当該情報をできるだけ早く開示する適時開示義務を負うと考えられるのである。

　上場会社が報道機関に重要情報を開示し、その内容がスクープ報道として公表されることがある。そのような場合は、まさに会社が企図した情報開示が、情報源を公にしないというややゆがんだかたちで実行されたことになる。したがって、スクープ報道がなされ、その情報源が会社にある場合には、会社は正確な情報を公表する適時開示義務を負うと解すべきである。判例は、情報源を公にしないことを前提とする報道機関への情報の公開はインサイダー取引規制の「公表」とは認められず、また、情報源を公にしない報道がなされても、情報が公知になったことによりインサイダー取引規制の効力が失われることはないとした[33]。これは、スクープ報道がなされてもイン

---

33　最高裁平成28年11月28日決定（刑集70巻7号609頁）。

サイダーと一般の投資家との間に情報の格差が残ることを理由とするものであり、上場会社はそのように不十分なかたちで情報開示が行われたことに責任をもつべきであろう。

　以上のように、フェア・ディスクロージャー・ルールの適用対象から報道機関が除かれたことは、報道機関に対する情報開示ならばどのような態様でも許されるということを意味するものではなく、むしろ、解釈上、発行者の適時開示義務が強化されたといえるのである。

## 5　公表方法

　フェア・ディスクロージャー・ルール違反の効果として上場会社等が行うべき公表の方法は、インサイダー取引規制の「公表」概念に上場会社等のウェブサイトでの開示を加えた形式をとっている。これについては、インサイダー取引の公表概念自体、形式的に過ぎるという批判があるところであり、また、二以上の報道機関に公開してから12時間経過しただけの場合、報道がいっさいされない場合もあるため、フェア・ディスクロージャー・ルールの公表方法としてはふさわしくない。

　公表方法について、アメリカでは媒体を指定する方式を採用していない（→Ⅱ1(2)）。これは、どの媒体を使えば幅広い投資家に情報を行き渡らせることができるかは発行者によって異なるからである。すでに述べたように、SECは、公表規定の解釈として、①発行者の情報伝達の手段として認知されていること、②証券市場一般が当該情報を利用できるような方法で情報が伝達されること、③市場が情報に反応するための合理的な期間が確保されていることという3つの基準を設けた。日本で公表方法を見直すとすれば、媒体を指定する方式ではなく、公表方法として満たすべき上記①から③を要件として定めることが適当であろう。たとえば、代表者のSNSアカウントを発行者の重要情報の公表方法として認めるにしても、一律に認めるのは適当でなく、そのようなアカウントは①の要件を満たす必要があるし、②では当該ア

カウントにアクセスするための登録の要否や実際のフォロワーの数が問題とされ、③の期間は発行者や代表者の知名度によって異なることになる。

　フェア・ディスクロージャー・ルールには、公表方法（効果としての公表）とは別に、ある情報が未公表の重要情報に該当するかどうかを判定する基準となる「公表」（要件としての公表）がある。この公表概念は、性質的にはインサイダー取引の公表概念と同じであり、立法論としては、「ある情報が公表されているとは、当該情報が投資者が容易に知りうる状態にあることをいう」といった一般的な定義規定を置くことが望ましい。この「公表」は必ずしも上場会社等が行う必要はなく、報道によって公知となった場合であってもよいと考えられる。もっとも、インサイダー取引規制において公表概念は取引解禁の要件としても機能するので、行為者にとって明確な要件を加えることも考えられる（現行の「二以上の報道機関に公開してから12時間経過」はそのような趣旨で定められたものであった）。また、適時開示規則は一定の事象が生じた場合に上場会社等に迅速な開示を求めるものであるから、要件としての公表概念は不要であり、効果としての公表方法のみが問題となるが、それは上場会社等が行う必要がある点でフェア・ディスクロージャー・ルールの効果としての公表と共通する。もっとも、適時開示規則では制度の運用を円滑にする必要があるから、現行制度のように公表方法を取引所のウェブサイト等に限定することや、立法論として金融庁に所轄させる場合にEDINETに限定することにも合理性はあると考えられる。

第2章

# フェア・ディスクロージャー・ルールQ&A

# 1 「重要情報」関連

## 1-1 「重要情報」とは

### Q1-1-1 重要情報の判断基準(上場会社)

**Q** 軽微基準がないなかで、ある情報が「投資者の投資判断に重要な影響を及ぼす」か否かを、上場会社はどうやって判断すればよいか。

**A** 基本的に、その情報が公開された場合に、株価に重要な影響を及ぼす(=株価を動かす)かどうかで判断する。

「フェア・ディスクロージャー・ルール・タスクフォース報告―投資家への公平・適時な情報開示の確保のために―」(TF報告)は、重要情報を、インサイダー取引規制の重要事実と、それ以外の確定的な情報であって公表されれば発行者の有価証券の価額に重要な影響を及ぼす蓋然性のあるものととらえている。

つまり、上場会社は、ある情報が投資者の投資判断に重要な影響を及ぼすか否かを、その情報が公開された場合に、株価に重要な影響を及ぼす(=株価を動かす)かどうかで判断すればよい。

どのような情報が株価を動かすのか、を適切に判断することはむずかしい。

ある情報が公開された場合に、株価に重要な影響を及ぼす(=株価を動かす)か否かは、必ずしも、金額、数量などの多寡のみで決まるものではない。フェア・ディスクロージャー・ルールが、インサイダー取引規制の重要

事実にみられるような数値基準（軽微基準、重要性基準）を設けていないのは、重要性の有無は単純な数値基準のみで判断すべきではないとの考えによるものであろう。

　たとえば、インサイダー取引規制では、売上高について、新たに算出した予想値（または当該事業年度における数値）が、公表された直近の予想値（予想値がない場合は、公表された前事業年度の実績値）から10％以上変動した場合に、重要事実に該当すると定めている（有価証券規制府令51条1号）。しかし、現実問題として、変動が10％に達すれば、投資者の投資判断に重要な影響を及ぼして株価が動くが、変動が9.99％にとどまれば、投資者の投資判断に重要な影響を及ぼさず株価も動かない、ということは考えにくい。その意味では、こうした数値基準は、たしかに、基準としてのわかりやすさはあるものの、実態としての重要性を反映したものには必ずしもならないという問題がある。そして、フェア・ディスクロージャー・ルールが「発行者による早期の情報開示、ひいては投資家との対話が促進される」ことを目的とするものである以上、わかりやすくはあっても、実態としての重要性を必ずしも反映しない基準で判断することは好ましいことではない。

　上場会社としては、ある情報の重要性を判断するにあたって、その情報が、自社の運営、業務、財務などにとって、どのような意味、影響をもつのかを適切に把握する必要があるだろう。それに加え、投資家や市場がどのような問題に関心をもっているのか、すでに市場に織り込まれている情報なのか、市場のコンセンサスはどこにあるのか、などについて、理解することも求められるだろう。金融庁が「上場会社等においては、何が重要情報に当たるかについて、投資家と積極的に対話することが期待」されるとしているのも（2018年2月公表「コメントの概要及びコメントに対する金融庁の考え方」（以下、「2月パブリックコメント回答」という）No.1、2）、こうした考え方によると思われる。

　なお、確定的でない情報は、仮に公表すると株価を動かす情報だとしても、重要情報には当たらないことに留意が必要である（Q1-2-2参照）。

## Q1-1-2　重要性に関する独自の数値基準

**Q** ディスクロージャー・ポリシーや社内規程などにおいて、当社独自の重要性に関する数値基準を決めておく必要があるか。

**A** フェア・ディスクロージャー・ルールの導入の背景、経緯をふまえれば、数値基準に頼って重要性の判断を行うこと自体、好ましいこととはいえない。

　フェア・ディスクロージャー・ルール上の重要情報には、インサイダー取引規制上の重要事実における軽微基準、重要性基準のような数値基準は設けられていない。すなわち、金額や数量の多寡が、直ちに重要性を決定するとは限らない、という考え方で整備されている。

　これは、期末時点での決算の見込み等については、数値上は、軽微基準に該当する（重要性基準に該当しない）情報であっても、株価に影響を及ぼすものがあり、こういった情報の伝達行為が2015年から2016年の一部の証券会社に対する行政処分の事案において問題になったことが背景の一つにある。このため、フェア・ディスクロージャー・ルールの整備にあたっては、こうしたインサイダー取引規制上の軽微基準に該当するものであっても、株価に影響を及ぼす情報については、規制の対象とする必要がある、と考えられたのである。

　このようなフェア・ディスクロージャー・ルールの導入の背景、経緯をふまえれば、法令上、重要情報の軽微基準、重要性基準がないからといって、ディスクロージャー・ポリシーや社内規程によって重要性に関する独自の数値基準を決める必要はない。むしろ、そうした数値基準に頼って重要性の判断を行うこと自体、好ましいことではなく、採用には慎重であるべきだとさえいえるだろう。

仮に、重要情報の判定に数値基準を採用する場合であっても、数値上は、インサイダー取引規制の軽微基準に該当する（重要性基準に該当しない）情報であっても、株価に影響を及ぼすものがあるという問題意識を忘れるべきではない。その意味では、安易にインサイダー取引規制上の軽微基準、重要性基準を参考に基準を設定することは好ましくないだろう。基準の設定にあたっては、各種の情報が自社の株価に及ぼす影響という観点から、十分な検証を行ったうえで、適切な水準を見出すことが求められる。それがむずかしいようであれば、数値基準に頼らない重要情報の判定手続を考えるべきだろう。

　加えて、設定した数値基準の運用にあたっても、画一的・機械的に重要情報の該当・非該当、開示・公表の要否を決定することは望ましくないだろう。特に、数値基準をいわゆるホワイトリストとして、すなわち、設定した数値基準に達しないものは、すべて重要情報には該当しない、開示や公表も行わない、という運用は、金商法およびその関連法令が、あえてフェア・ディスクロージャー・ルールの軽微基準（重要性基準）を設けていない趣旨に反するおそれがあると考えられる。

　仮に、どうしても数値基準を採用するのであれば、いわゆるブラックリストとして運用することが1つのアイデアであろう。すなわち、数値の多寡を問わず、すべての情報は重要情報となりうるという大前提のもとで、一定の数値基準に達した情報は、審査するまでもなく、重要情報として取り扱い、開示・公表を積極的に行うという運用である。当然のことながら、この場合、数値基準に達しない情報について、直ちに重要情報に該当しないという取扱いはしない。個別に審査したうえで、有価証券の価額に重要な影響を及ぼす蓋然性が認められれば、重要情報として取り扱い、取引関係者への伝達行為があれば開示・公表する、という運用を行うことが必要となろう。

　たしかに、数値基準はわかりやすく、社内における周知・徹底を図るうえでも、社内で統一的な運用を行ううえでも便利である。また、情報の開示・公表を渋る社内担当部署・担当者に対しても、「数値基準に抵触している」

というのは有効な説得材料になりうるかもしれない。しかし、その一方で数値基準は、画一的・機械的な運用を招きやすく、数値のみが独り歩きして、「何が有価証券の価額に重要な影響を及ぼすのか」という本質を見失わせる危険性がある。そのことを十分に理解して、ディスクロージャー・ポリシー、社内規程、社内体制等の整備にあたるべきだろう。

## Q1-1-3　ガイドラインに依拠した重要情報の管理

**Q**　当社は、ガイドライン（問２）が例示する方法中、②に依拠している。

決算情報を除き、インサイダー取引規制上の重要事実・公開買付け等事実に該当しない限り、重要情報としての管理を要しないと考えてよいか。

**A**　インサイダー取引規制上の重要事実・公開買付け等事実と、フェア・ディスクロージャー・ルール上の重要情報はイコールではない。重要事実・公開買付け等事実に該当しないからといって、直ちに重要情報としての管理を要しないと判断することは、管理方法のいかんを問わず、妥当ではない。

　ガイドライン（問２）は、（答）の冒頭において、「本ルールは、未公表の確定的な事実であって、公表されれば有価証券の価額に重要な影響を及ぼす蓋然性のある情報を対象とするものです」と述べて、重要情報画定に関する根本的な考え方を明らかにする。そのうえで②、③において、決算関連以外の情報に関しては、「インサイダー取引規制の対象となる情報」を管理対象とする方法を、容認している。

　インサイダー取引規制の対象となる情報としては、もとより金商法166条２項の重要事実および同法167条の公開買付け等事実が想定される。②、③の方法が、重要事実・公開買付け等事実を基本とすることは、明らかといえる。しかし、フェア・ディスクロージャー・ルール導入の経緯等に照らし、重要事実・公開買付け等事実に該当する場合と重要情報に該当する場合を、完全にイコールと解することは、適当ではない。

　フェア・ディスクロージャー・ルールを導入した2017年金商法改正（「金

| フェア・ディスクロージャー・ルール | インサイダー取引規制 | 適時開示 | 法人関係情報 | アナリスト取材等ガイドライン |
|---|---|---|---|---|
| 上場会社等の運営、業務または財産に関する公表されていない重要な情報であって、投資者の投資判断に重要な影響を及ぼすもの | ①決定事実（注2）<br>②発生事実（注2）<br>③業績の修正（注2）<br>④上場会社等の運営、業務または財産に関する重要な情報であって投資者の投資判断に著しい影響を及ぼすもの（バスケット条項）<br>⑤公開買付け等事実（①～④を総称して「重要事実」） | ①決定事実（注2）<br>②発生事実（注2）<br>③業績の修正（注2）<br>④上場会社の運営、業務もしくは財産または当該上場株券等に関する重要な事項／事実であって投資者の投資判断に著しい影響を及ぼすものの決定／発生（バスケット条項） | ①上場会社等の運営、業務または財産に関する未公表の重要な情報であって顧客の投資判断に影響を及ぼすと認められるもの（包括条項）<br>②公開買付け、これに準ずる株券等の買集めおよび公開買付けの実施または中止の決定に係る未公表の情報 | ①アナリストが担当会社および社内の他部門等から入手した情報、または審査担当者がアナリスト・レポートの審査にあたり入手した情報であって次に掲げるもの<br>a 法人関係情報<br>b a以外の未公表情報であって投資者の投資判断に重大な影響を及ぼすと考えられるもの<br>②公表等前のアナリスト・レポートの内容等であって投資者の投資判断に重大な影響を及ぼすと考えられるもの<br>③協会員がアナリスト・レポートの公表等を制限した場合における当該制限を行ったこと |

（注1） 上場投資法人等に関する規制は、ここでは考慮していない。
（注2） 同じ決定事実／発生事実／業績の修正であっても、インサイダー取引規制と適時開示制度とでは、その具体的な内容は同じではない。
（出所） 各種法令、東証規則、日本証券業協会規則・ガイドラインをもとに大和総研金融調査部制度調査課作成

融商品取引法の一部を改正する法律」（平成29年法律第37号））に先立ち金融庁に設置されたフェア・ディスクロージャー・ルール・タスクフォースでは、複数のメンバーにより、「重要情報の投資判断に及ぼす影響は、重要事実・公開買付け等事実と同程度まで高度であることは要しないが、法人関係情報よりは高いことを要する」との趣旨が、繰り返し述べられた。この趣旨は、関係条文の対比上も、明らかといえる。いわゆるバスケット条項（包括条項）の重要事実を定義した金商法166条2項4号・8号、フェア・ディスクロージャー・ルールの重要情報を定義した同法27条の36第1項、法人関係情報の定義規定である金商業等府令1条4項14号は、文言的にきわめて類似している。しかし、投資判断に及ぼす影響に関しては、金商法166条2項4号等が「著しい」ことを、同法27条の36第1項が「重要な」ことを、各々、要求するのに対し、金商業等府令1条4項14号はその程度に関し限定を加えていない。「著しい」「重要な」、限定なし、という条文の文言の対比から、重要情報は、重要事実・公開買付け等事実と法人関係情報との間に位置し、どちらかといえば、より前者に近接した点に位置づけられるものと考えられる。

　同時に、重要情報は、重要事実・公開買付け等事実に比し、定性的・定量的にも、また時系列においてもより広汎に画定されるべきことも明らかと考えられる。したがって、「インサイダー取引規制上の重要事実・公開買付け等事実に該当する場合は、即フェア・ディスクロージャー・ルール上も重要情報としての管理を要すること」は当然であるが、逆は真ならずというべきである。

## Q1-1-4 親子上場の場合における「重要性」の判断（上場会社）

**Q** 親会社Aと子会社Bがどちらも上場している（親子上場）。

親会社AのIR担当者が、親会社Aの連結決算情報（公表ずみ）の説明に関連して、上場子会社Bの単体の決算情報（未公表）に言及したとする。この場合、上場子会社Bは、フェア・ディスクロージャー・ルールに基づく公表義務を負うか。

**A** フェア・ディスクロージャー・ルールに基づく法令上の公表義務に関する限り、上場子会社Bは、当該情報の公表義務を負わないものと思われる。しかし、情報アクセスの公平性の観点からは、速やかな情報の開示・公表が望ましい。

決算情報の内容によっては、適時開示義務やインサイダー取引規制の適用関係についても検証が必要となる。さらに、上場子会社Bのみならず、親会社Aにおけるフェア・ディスクロージャー・ルールの適用関係についても検討する必要がある。

---

上場子会社Bにおけるフェア・ディスクロージャー・ルールの適用関係を整理すると、上場子会社Bまたはその役員、代理人、使用人その他の従業員（役員等）が、その業務に関して、取引関係者に未公表の重要情報を伝達した場合に、上場子会社Bに当該重要情報の公表義務が課されるということになる。

これをふまえて、質問のケースについて検討すると、まず、情報の伝達を行った親会社AのIR担当者（X）が、上場子会社Bとの兼務者でないとすれば、Xは、上場子会社Bの役員等には該当しないこととなる。

たしかに、直接、上場会社の役員等に該当しない場合であっても、金融庁の2月パブリックコメント回答No.22では、たとえば、「上場会社の主要な事業子会社の管理部門の従業員が、当該上場会社の「投資者に対する広報に

係る業務」のための説明の一部として当該事業子会社の状況を説明する役割を負っているような場合、当該従業員によるフェア・ディスクロージャー・ルールの対象となる重要情報の伝達は、当該上場会社の役員等からの指示に基づく伝達としてフェア・ディスクロージャー・ルールの対象となり得る」との見解が示されている。

　しかし、これが親会社Ａの決算説明会であるとすれば、Ｘは、あくまでもＡの「投資者に対する広報に係る業務」として説明を行っているのであり、Ｂの「投資者に対する広報に係る業務」として説明を行っているとは考えにくい。

　したがって、質問のケースでは、上場子会社Ｂにフェア・ディスクロージャー・ルールに基づく公表義務が課されることはないように思われる。

　もっとも、上場子会社Ｂにとっては、同社の決算に関する情報が、公表前に一部の取引関係者のみに伝達されてしまったことと、それにより情報アクセスの公平性の観点から重要な問題が生じていることは疑いのない事実である。その意味では、フェア・ディスクロージャー・ルールの適用の有無にかかわらず、速やかな情報の開示・公表が望まれるだろう。

　ここでの質問事項には、直接、入っていないが、問題となっているのが上場子会社Ｂの売上高、経常利益、純利益の数値に関する情報であって、直近の予想値（予想値がない場合は、全事業年度の実績値）から一定の変動がある場合には、インサイダー取引規制上の重要事実に該当し、金融商品取引所の適時開示の対象にもなることを忘れるべきではない。

　これらの点は上場子会社Ｂのみならず、親会社Ａにとっても同じである。その意味では、親会社Ａに対するフェア・ディスクロージャー・ルールの適用の有無についても、検討する必要があるだろう。

　今後、こうした事態が生じることのないように、事前に親会社ＡのＩＲ担当者との間で、フェア・ディスクロージャー・ルールの対応や、情報開示のプロセスなどについて、十分に調整を行っておくことが求められる。

　なお、上場子会社のＩＲ活動等については、**Ｑ４-３**も参照されたい。

## 1-2　「確定的な情報」

### Q1-2-1　中期経営計画の達成の見通し（上場会社）

**Q**　中期経営計画（数字自体は公表ずみ）に対して、「どれくらいの確度で達成できそうか」「計画達成の見込みは」などの質問が経営者に対してなされることがある。これに、経営者が「達成する自信があります」などと回答したとしても、意気込みを示したにすぎないことから「確定的な情報」とはいえず、重要情報に該当しないと考えてよいか。

**A**　「確定性」は、内容が「ほぼ固まっている」か否かで判断する。
　ある程度達成の蓋然性のある予想値である中期経営計画について、その達成の確度を追認したとしても、通常、投資判断への影響は限定的だろう。

　中期経営計画として数値を公表している以上、一般にその数値は単なる目標ではなく、ある程度達成の蓋然性のある予想値であると考えられ、達成の見込みがあることも含めて、公表されているとみることができる。そのため、その達成の確度に関する情報をあらためて示したとしても、すでに達成の見込みがあることは示されているのであるから、通常、投資判断にとっての重要性を欠くと考えられる。
　さらにある程度遠い将来の数値への意気込みを示したとしても、通常、それは達成の確度を示したものとはいえず、確定性を欠くと考えられる。
　質問のケースでは、重要性・確定性の両方を満たさず、重要情報に該当し

ない可能性が高いと考えられる。

　ただし、このことから、将来に関する見通しなどが、すべて確定的ではないと考えるべきではない。確定的かどうかは、単純にその情報が過去のものか、将来のもの（予想など）かによって判断されるべきではないのである。

　「確定的」の判断は、合理的な根拠に基づいて期待できる程度に確実なものであるかどうか、言い換えれば、内容が「ほぼ固まっている」かどうかによって判断されるべきだと考えられる。たとえば、将来に関する予想値であったとしても、会社が算定したものであり、かつ、会社の責任において第三者に伝達したとしても問題がない程度にその数値が「ほぼ固まっている」のであれば、確定的と判断される可能性が高いものと思われる（Q1-2-3）。

　同様に、まだ正式な機関決定には至っていないものの、上場会社として、そのまま公表することを予定している情報であれば、当該情報の公表の時期にもよるが、確定的と判断される可能性が高いと考えられる。

　外部への公表を予定していない社内向けの情報であったとしても、仮に、会社の責任において第三者に伝達したとしても問題がない程度に内容が「ほぼ固まっている」ものであれば、確定的と判断される可能性が高いと思われる。

　なお、確定的な情報であったとしても、重要性の要件を満たしていない場合は、フェア・ディスクロージャー・ルール上の重要情報には該当しない。重要性の要件を満たすかどうかは、その時にすでに公表されている情報に照らして、伝達しようとする情報自体が投資判断にとって重要か否かにより判断することになるだろう。そして、ある情報が投資者の投資判断に重要な影響を及ぼすか否かは、その情報が公開された場合に、株価に重要な影響を及ぼす（＝株価を動かす）かどうかで判断することになる（Q1-1-1）。

### Q1-2-2　次の中期経営計画のディスカッションなど（上場会社）

**Q** 機関決定は経ていないが、ほぼ内容は固まっている未公表の中期経営計画を、特定のアナリスト・投資家にみせて、意見を求めることは、フェア・ディスクロージャー・ルールに抵触するか。次の中期経営計画の立案に向け、まだ固まっていない素案について意見を求める場合はどうか。

**A** 未公表の中期経営計画（案）の内容が「ほぼ固まっている」場合には確定性の要件を充足し、「まだ固まっていない」場合には確定性の要件は充足しないと考えるしかない。

　重要情報に該当するかは、重要性の要件、確定性の要件から判断する。

　特定のアナリスト・投資家にみせる中期経営計画が、営業利益・純利益等に関する具体的な計画内容であれば、それ自体、通常、投資判断上、重要であると考えられ、重要性の要件を充足すると考えられる。

　確定性の要件についてガイドライン（問4）①の（答）は、公表の直前に伝達するような場合には要件を充足するという。しかし、これは一例にすぎず、基準となるべきは公表を予定する時期というよりも、むしろ、内容がどの程度確定的かである。ある情報が、確定的か否かは、その情報が、合理的な根拠に基づいて期待できる程度に確実なものであるかどうか、言い換えれば、内容が「ほぼ固まっている」かどうかによって判断されるべきだと考えられる。

　したがって、質問のケースでは、提示された未公表の中期経営計画（案）の内容が「ほぼ固まっている」場合には確定性の要件を充足し、「まだ固まっていない」場合には確定性の要件は充足しないと考えるしかない。

　具体的に、どの程度固まっていれば「確定的」と判断されるかについては、発行者の主観によって判断するしかないだろう。提示された未公表の中

期経営計画（案）が、立案のどの段階にあるのか、まだ素案の段階にすぎないのか、最終版に近い状態にあるのかを、客観的に判断することはむずかしいからである。

　たとえば、その中期経営計画（案）が、まだ素案の段階にあって、伝達相手のアナリスト・投資家の意見によって内容を変更する意図・予定が発行者にあるのであれば、「まだ固まっていない」とみる余地があろう。

　他方、その中期経営計画（案）が、最終版、あるいは、それに近い状態にあって、伝達相手のアナリスト・投資家の意見によって内容を変更する意図・予定は発行者にはなく、伝達した相手の反応をみるためにこっそり相談しているのであれば、「ほぼ固まっている」と判断され、確定性の要件を満たすことになると思われる。

　なお、ここで「発行者の主観によって判断する」というのは、発行者が恣意的に決定できるという趣旨ではない。発行者が、自社の意思決定・機関決定プロセスに照らして、真に立案のどの段階にあると認識しているのか、によって判断するということである。その判断は、各発行者の実態等に即して具体的、客観的になされなければならない。たとえば、CEOが了承した内容が、取締役会等で覆った先例がない発行者であれば、CEOの了承（あるいはそれ以前）の段階で確定的であると考えられるだろう。他方、CEOが了承した内容が、しばしば取締役会等で覆される（あるいは大幅に修正される）発行者であれば、CEOの了承の段階では、まだ確定的とはいえないということもありうるだろう。

　仮に、アナリスト・投資家にみせた中期経営計画（案）、あるいは、これに盛り込まれている情報が、確定性の要件を満たすとしても、重要性の要件を満たさない、すなわち、公表されたとしても有価証券の価額に重要な影響を及ぼす蓋然性がないのであれば、フェア・ディスクロージャー・ルール上の重要情報には該当しない。伝達された情報が重要情報に該当し、フェア・ディスクロージャー・ルールに抵触するのは、確定性の要件と重要性の要件のいずれも満たした場合である。

## Q1-2-3　業績の見通し（上場会社）

**Q**　X1年期の決算説明会（X1年期の数字自体は公表ずみ）で、公表していないX2年期（通年）の見通しについて質問されて、現時点での見解を回答したとしても、最終的な決算の数字が出るのは、まだ1年も先のことであり、不確定要因も多く、何も固まっていない状態なので、「確定的な情報」とはいえず、重要情報には該当しないと考えてよいか。

**A**　「確定的な情報」は過去の情報に限られない。X2年期（通年）の見通しであっても、会社が算定した業績予想として「ほぼ固まっている」といえる場合、「確定的な情報」に該当する。

　一般論としては、真に何も固まっていない状態であれば、「確定的」とはいえず、フェア・ディスクロージャー・ルール上の重要情報には該当しないだろう。

　ただし、確定的か否かは、その情報が過去の情報か、将来の情報かで決まるものではない。回答したX2年期（通年）の見通しは、もちろん、過去の決算に関する情報ではないものの、会社が算定した業績予想として「ほぼ固まっている」といえる場合、たとえば、「公表直前」の状態にあるような場合は、「確定的な情報」に該当すると考えられる。

　仮に、営業利益・純利益等に関するX2年期の見通し（数値）が、会社が算出したといえるものであり、かつX1年期の実績値と一定の隔たりがあるような場合には、そもそも取引所の適時開示規則上、算出した来期の見通しを開示（公表）する義務が生じる。加えて、直接、開示義務と結びついているわけではないが、インサイダー取引規制上の重要事実にも該当しうることも忘れるべきではないだろう（法166条2項3号）。

このような適時開示規則に基づく開示（公表）が義務づけられているような業績予想については、そもそも「公表直前」の状態にあると考えられ、「確定的な情報」に該当するものと考えられる。この場合、その「公表直前」の状態にある業績予想を伝達する行為は、ガイドラインが指摘する中期経営計画の内容として公表が予定されている営業利益等をその公表直前に伝達するのとなんら変わるところがないと考えられる。

　なお、ここでいう「公表直前」とは、実際に公表を予定・計画していることを意味しているわけではない。あくまでも会社の責任において第三者に伝達可能な程度まで情報が「ほぼ固まっている」ことを意味している。つまり、実際に公表を予定・計画していない情報であっても、「ほぼ固まっている」のであれば、ここでは「公表直前」の状態にあることとなり、「確定的な情報」に該当するものと考えられる。

　たとえば、X1年期の実績値との乖離が一定以下であり、取引所の適時開示規則に基づく開示（公表）の義務がない場合であっても、その予測値が、会社の算出したものであり、かつ、会社の責任において第三者に伝達できる状態にあるのであれば、仮に公表する予定や意図がないとしても、やはり「公表直前」の状態にあると考えられる。その数字が、会社による業績予想として「ほぼ固まっている」状態にあることに違いはないからである。

　他方、会社が算定したとはいえないものであり、会社の責任においてはとても第三者に伝達するに値しないような予想、見通しの数字であれば、そもそも「情報」として「まだ固まっていない」状態にあるといえるだろう。このような情報は、「確定的な情報」には該当しないと考えられる。

## Q1-2-4　M&A戦略（上場会社）

**Q**　社長が「M&Aに関心はありますか」と質問されて、「○○分野を中心に、よい案件があれば、前向きに検討したい」と回答した。

具体的なM&A案件は存在しないとすれば、これは中長期的なM&A戦略を語ったにすぎず、重要情報の伝達には該当しないと考えてよいか。

**A**　質問のケースは、通常、社長が中長期的なM&A戦略を大雑把に語ったにすぎず、重要情報には該当しないものと思われる。

ただし、これまでの方針を大きく転換するケースや、ターゲットとなりうる具体的な企業名がほぼ特定できるようなケースなどは、重要情報に該当するおそれがある。

　質問のケースは、社長が、その上場会社の中長期的なM&A戦略を大雑把に語ったにすぎないと評価できるので、ガイドライン（問4）①の考え方をふまえ、原則として、重要情報には該当しないものと思われる。

　もっとも、ガイドライン（問4）①も指摘するように、中長期的な企業戦略・計画等であっても、未公表の「それ自体として投資判断に活用できるような、公表されれば有価証券の価額に重要な影響を及ぼす蓋然性のある情報」を伝達するような場合には、重要情報の伝達があったと判断される可能性がある。

　これを質問のケースに当てはめて、「○○分野を中心に、よい案件があれば、前向きに検討したい」という社長の回答に、「それ自体として投資判断に活用できるような、公表されれば有価証券の価額に重要な影響を及ぼす蓋

然性のある情報」が含まれているのはどのような場合かを検討してみる。

　たとえば、これまで、投資家・アナリストからM&Aを通じた事業展開を勧められても、この上場会社および社長は、断固として自前主義を貫くといって拒否してきたとしよう。こうした前提のもとで、上記の回答が飛び出したとすれば、従来、M&Aに後ろ向きであった上場会社およびその社長が、これまでの方針を転換して今後は積極的なM&A戦略に打って出るという意味をもつこととなる。このような場合、社長の発言内容は、M&Aを推奨してきた投資家・アナリストから好感され、公表されれば有価証券の価額に重要な影響を及ぼす蓋然性がある、といえるように思われる。

　ほかにも、社長が関心をもっているという「○○分野」においてM&Aのターゲットとなりうる具体的な企業名がほぼ特定できてしまうようなケースが考えられる。この場合、実質的に個別のM&A案件の進捗を伝達しているのと同視され、「それ自体として投資判断に活用できるような、公表されれば有価証券の価額に重要な影響を及ぼす蓋然性のある情報」を伝達していると判断される可能性があるように思われる。

　もちろん、この質問のケースでは、あくまでも「具体的なM&A案件は存在しない」という前提を置いている。それでも、社長の回答内容は、単なる中長期的な戦略にとどまらない、今後、特定の企業を相手にM&A交渉を積極的に進めていくという短期的な方針・予定の表明として受け止められる可能性がある。もしも、実際に短期的なM&Aの方針・予定を表明する意図があったのであれば、これは重要情報の伝達があったと認定されるおそれがあるだろう。他方、そうした意図がないのだとすれば、こうしたミスリーディングな回答は避けるべきであろう。

## Q1-2-5　仮定に基づく事業シミュレーション（上場会社）

**Q** アナリストXから、一定の前提条件を示され、この前提条件に基づく事業シミュレーションについて問合せがあった。提示された前提条件に基づいた事業シミュレーションについて回答することはフェア・ディスクロージャー・ルールに抵触するか。

提示された前提条件はアナリストXが設定したものであり、当社は、いっさい、関与していないし、その実現可能性についてもコメントしていない。

**A** 単に与えられた一定の前提条件に基づく事業シミュレーションを機械的に回答するものである限り、フェア・ディスクロージャー・ルール上の重要情報に該当しないものと思われる。

ただし、単なる前提条件に基づく事業シミュレーションの機械的な伝達にとどまらず、実質的に重要情報の伝達があったと認定される場合がありうることに留意する必要がある。

この質問で問題となるのは、上場会社が自ら予測したわけではない、アナリストからの依頼に応じて実施した、与えられた一定の前提条件に基づく事業シミュレーションが、重要情報、すなわち、「未公表の確定的な情報であって、公表されれば有価証券の価額に重要な影響を及ぼす蓋然性のある情報」（ガイドライン（問2））に該当するのか、である。

単に与えられた一定の前提条件に基づく事業シミュレーションを機械的に回答するものである限り、会社が算定し、会社の責任において第三者に伝達することができる予想値とは明らかに異なるものだと考えられる。

加えて、会社が事業シミュレーションを回答する行為自体は、その前提条

件や、その前提条件に基づくシミュレーション結果が実現する確度や可能性について、なんらの見解等を表明しているものとはいえない。

したがって、アナリストからの求めに応じて、事業会社が提示された前提条件に基づいて事業シミュレーションを行い、その結果について回答を行ったとしても、その回答内容は、「確定性」に欠けるものであり、フェア・ディスクロージャー・ルール上の重要情報には該当しないものと思われる。

もっとも、事業シミュレーションのプロセスで利活用された数値やデータなどのなかに、フェア・ディスクロージャー・ルール上の重要情報が含まれており、かつ、事業シミュレーション結果が伝達されれば、その伝達された結果から逆算するなどによって当該重要情報を容易に割り出すことが可能である場合などについては、単なる前提条件に基づく事業シミュレーションの機械的な伝達にとどまらず、実質的に当該重要情報の伝達と認定されるおそれがあることには留意する必要がある。

その他にも、事業シミュレーションの結果だけではなく、事業シミュレーションのプロセス（演算方法、プログラムなど）そのものを伝達しているのと同視できるような場合も、重要情報の伝達と認定される可能性があるだろう。

なお、与えられた前提条件に基づく事業シミュレーションの結果の伝達が、仮にフェア・ディスクロージャー・ルールに抵触しない場合であったとしても、ある特定のアナリストからの要望には応じて回答する一方、他のアナリストからの要望には応じないといった行動は、情報アクセスの公平性の観点から、IRや対話の姿勢として不適切であることはいうまでもない。

## Q1-2-6　主要株主の異動と重要情報

**Q** 　10％あまりの議決権を保有する大株主が、政策保有株式削減の一環として、一部売却を打診してきた。売却が実現した場合、議決権の保有割合は７％程度となる予定である。社長は、いまだ結論は示していないが、時流を考慮して承諾の方向と思われる。売却打診を受けたことは、重要情報に該当するであろうか。

**A** 　質問のケースは、社長の承諾により主要株主異動が実現する蓋然性が高い状況といえ、フェア・ディスクロージャー・ルール上の重要情報に該当すると考えるべきであろう。

　主要株主異動（発生事実）がどの時点で重要事実（法166条２項２号）と認定されるかに関しては、刑事はもとより課徴金事例もない。学説でも、必ずしも定説というべきものはないが、一般に課徴金実務等でも、発生事実（同項２号・６号）は、決定事実（同項１号・５号）に比し、遅く認定される傾向にある。しかしフェア・ディスクロージャー・ルールにおいて、「インサイダー取引規制上の重要事実に該当するまでは、同ルール上の重要情報にも該当しない」と短絡的に考えるべきではない。これは、重要情報の範囲画定に際し、ガイドライン（問２）②、③の方法による場合も、同様というべきである。②、③の方法は、重要情報の範囲画定に際し、インサイダー取引規制上の重要事実・公開買付け等事実を基本・出発点とすることを意味すると解すべきである。これらの方法による場合も、重要情報への該当性は、最終的には有価証券の価額に重要な影響を及ぼす蓋然性および確定性というガイドライン（問２）が示す基本的考え方にできる限り即して判断されるべきである。

まず、当該事項・項目が金商法166条2項に重要事実として具体的に列挙されていることは、同法が有価証券の価額に、重要な影響を上回る重大な影響を及ぼす蓋然性を擬制しているといえよう。この観点から、質問の主要株主異動に関しても、まず、有価証券の価額に重要な影響を及ぼす蓋然性は肯定し、そのうえで確定性の有無の検討に進むこととなろう。

　それでは、主要株主の打診を受けいまだ社長が諾否を明確にしていない状況で、確定性があるといえるであろうか。

　参考となるのは、2月パブリックコメント回答No.5が示す「親会社等による売出し等により「主要株主の異動」が発生する可能性がある」という情報の取扱いであろう。同回答は、一応、「当面、重要情報として管理しないことも考えられます」としつつも、「ただし、取引関係者から、これらの情報が上場会社等の有価証券の価額に重要な影響を及ぼす蓋然性があるものとして、重要情報に該当するのではないかとの指摘を受けたときには、問3の（答）のような対応を取ることが考えられます」として、重要情報に該当する可能性も示唆している。換言すれば、発生の可能性の段階でも該当の可能性があることを示しているといえ、少なくとも主要株主の異動に関しては、確定性はかなり幅広に解されているといえる。

　まして、質問のケースは、諸般の状況から、社長の承諾により主要株主の異動が実現する蓋然性が高い状況といえる。

　加えて、企業開示府令19条2項4号は、主要株主の異動が現実に発生したことに加え、提出会社等の業務執行機関が異動を決定したことも、臨時報告書提出事由として規定している。主要株主の異動は、金商法166条2項の構成上、同項2号の発生事実の一つであるが、開示規制上は実質的に決定事実の一つと位置づけられているともいえる。決定事実としてみた場合、現状は、すでに業務執行機関による正式決定直前の状況ということができる。

　上記の諸点を総合すると、質問の主要株主の異動は、確定性を有しフェア・ディスクロージャー・ルール上の重要情報に該当すると考えるべきである。

## 1-3 ブレークダウン情報

### Q1-3-1 決算説明会での質疑応答（上場会社）

**Q** 決算説明会の資料はすでに公表ずみである。決算説明会での質疑応答は、原則、この公表資料に関するブレークダウン情報と考えてよいか。

**A** 質疑応答が公表資料の内訳や補足説明にとどまる限り、重要情報の伝達には該当しない。しかし、公表資料を超えて、それ自体として投資判断に重要な影響を及ぼす場合には、ブレークダウン情報であっても、重要情報に該当しうる。

すでに公表された情報の詳細な内訳や補足説明、いわゆるブレークダウン情報は、一般には、それ自体ではフェア・ディスクロージャー・ルール上の重要情報に該当しない。

個別のブレークダウン情報が、フェア・ディスクロージャー・ルール上の重要情報に該当するか否かは、基本的にガイドライン（問4）①、②の（答）に従って判断される。

ブレークダウン情報であっても、質疑応答での回答内容自体が、決算説明会資料としてすでに公表された数値とは別に、投資判断に重要な影響を及ぼす情報であり、かつ、確定的性質を有する情報であれば、当該情報はフェア・ディスクロージャー・ルールの適用対象になる。

質疑応答での回答が、分析の素材としての内訳や補足説明にとどまるものか、それとも、公表された決算説明会資料を超えた、それ自体として、投資判断に重要な影響を及ぼすものかを適切に判断する必要があるだろう。

具体的な判断の方法については、個別の事例に即して考える必要があるが、たとえば、次のように考えることが可能ではないかと思われる。

　生産・販売・輸出実績の合計額を毎月公表している会社があるとする。この会社がアナリストに対してのみこれらの国別内訳資料を提供しているような場合、公表情報の詳細な内訳を提供しているだけであり、通常は、重要情報の伝達に当たるとは考えにくいだろう。しかし、たとえば、国別内訳のなかの特定の国における販売実績をみれば、その企業全体の業績変化を予測できるというような場合、その特定の国における販売実績情報は、単なるブレークダウン情報にとどまらない、それ自体、投資判断に重要な影響を及ぼす情報であると判断される可能性が高いだろう。

　その他にも、ガイドライン（問4）②の（答）では、補足情報として提供された業績と為替予約レートの関係に関する情報が、それ自体、投資判断に重要な影響を及ぼす情報になりうることが示されている。しかし、このガイドラインの（答）は、企業の業績変化を予測できるという点が核心なのであり、為替予約の状況それだけで業績変化を予測できないような場合には、重要性の要件を満たさないと考えられる。

　たとえば、為替が1円円高になるとその会社の損失がどれくらいになるか（いわゆる為替感応度）が提供されている場合、為替予約レートが明らかになると、現状の為替の数字と勘案することで、たしかに為替による損失がどの程度かはある程度みえてくる。しかし、為替による損失がみえたところで、それだけでは会社全体の損益の行方がわかるとは限らない。仮に、為替による損失が判明したところで、それだけでは会社全体の業績の行方はわからないという状況であれば、有価証券の価額に重要な影響を及ぼす情報とは考えにくく、通常、重要情報には該当しないと思われる。

## Q1-3-2　子会社情報（上場会社）

**Q** 連結ベースの業績は四半期短信によりすでに公表ずみである。アナリストから、この内容に関連して、子会社単体の業績を質問されることがある。重要情報に該当するか。

**A** 子会社の業績はブレークダウン情報の典型例であって、重要情報に当たらないと考えられる。
　　ただし、連結業績がよいのに子会社単体の業績が悪く、当該子会社の業績のトレンドが将来の連結業績を判断するのに重要な影響を与えるなどの特別な事情があれば、子会社の業績が重要情報に該当する可能性は高い。

　すでに公表された情報の詳細な内訳や補足説明、いわゆるブレークダウン情報は、フェア・ディスクロージャー・ルール上の重要情報に該当しない。
　子会社の業績はブレークダウン情報の典型例であって、原則として重要情報に当たらないと考えられるので、アナリストからの個別の質問に回答しても、フェア・ディスクロージャー・ルールに抵触することはないと思われる。
　同様に、すでに公表された連結業績予想の内訳として、子会社の業績予想を提供することも、それが連結業績予想に説得性をもたせるような性質を有する情報、いわば補足説明にとどまる限り、重要情報には当たらないと思われる。
　さらに、子会社の業績を、すでに公表された所在地別・セグメント別業績の補足情報として提供するような場合も、公表情報の補足説明であり、通常は、重要情報に当たらないと考えられる。
　もっとも、ガイドライン（問4）①、②が示すように、ブレークダウン情

報であっても、このケースでは、子会社単体の業績自体が、四半期短信としてすでに公表された連結ベースでの業績とは別に、投資判断に重要な影響を及ぼす情報であり、かつ、確定的性質を有する情報であれば、当該情報はフェア・ディスクロージャー・ルールの適用対象になる。

具体的には、たとえば、連結業績がよいのに子会社単体の業績が悪く、かつ、当該子会社の業績のトレンドが将来の連結業績を判断するのに重要な影響を与えるような性質を有しているなどの場合には、公表された連結業績とは別に、当該子会社の業績それ自体が、投資判断にとっての重要性があると判断され、子会社の業績が重要情報に該当する可能性が高いものと考えられる。

同様に、グループ全体の事業状況とは別に、特定の子会社の動向が注目されているようなケース、たとえば、大型のM&Aで子会社化したものの、その後、当該子会社をめぐるトラブルが浮上し、市場の関心を集めているような場面を想定した場合、当該子会社単体の情報を伝達する行為は、すでに公表された連結ベースの情報の単なる内訳、補足説明にとどまらない、それ自体が、投資判断に重要な影響を及ぼす情報と判断され、フェア・ディスクロージャー・ルールの適用対象とされることも考えられるだろう。

なお、この質問とは直接関係しないが、いわゆる親子上場のケースについては、親会社におけるフェア・ディスクロージャー・ルールの遵守、情報アクセスの公平性の確保に加えて、上場子会社におけるフェア・ディスクロージャー・ルールの遵守、情報アクセスの公平性の確保についても、考慮する必要がある（Q1-1-4参照）。

## 1-4　モザイク情報

### Q1-4-1　モザイク情報とは（上場会社）

**Q**
(1) 「モザイク情報」とは何か。
(2) 具体的に、どのような情報が「モザイク情報」に当たるのか。

**A**
(1) モザイク情報とは、他の情報と組み合わせることによって投資判断に影響を及ぼしうるものの、その情報のみでは、直ちに投資判断に影響を及ぼすとはいえない情報を意味する。
(2) ガイドラインでは、工場見学や事業別説明会で一般に提供されるような情報が例として掲げられている。

### (1) モザイク情報とは

　TF報告では、モザイク情報とは、他の情報と組み合わせることによって投資判断に影響を及ぼしうるものの、その情報のみでは、直ちに投資判断に影響を及ぼすとはいえない情報を指すとされている。金融庁のガイドラインでも同じ意味で用いられている（2月パブリックコメント回答No.16）。

### (2) モザイク情報の具体例

　モザイク情報の例として、ガイドライン（問4）では、工場見学や事業別説明会で一般に提供されるような情報が掲げられている。
　モザイク情報であればフェア・ディスクロージャー・ルールの対象とならないが、そのために必要な、組み合わされる「他の情報」とは何かの判定は

むずかしい。

　1つの例として、2月パブリックコメント回答No.17では、商品の販売実績の販売件数と平均単価のどちらか一方のみの情報を伝達する場合には、相手方が過去の実績を知っている場合でも、伝達される情報のみでは当期の売上高や利益の額ないし前期と比較した増減を推定するには足りない場合、ルールの対象とならないとの理解でよいかとの質問に対し、正面から答えていないように読める。

　これについて考えてみると、まず、伝達の相手方が商品の平均単価を知っているときに、商品の販売件数の情報を伝達すれば、当然、相手方は当該商品の売上高を知ることができる。このとき、当該商品が当該上場会社の主力商品であるとすると、実質的に未公表の主力商品の売上高情報の伝達が行われたのとなんら変わらないといえよう。

　このとき、販売件数の伝達がフェア・ディスクロージャー・ルールの適用を免れるのは、平均単価が公表されておらず、かつ、相手方が平均単価を知っていることを発行者が知らない場合に限られると解すべきであろう。

　すでに公表されている、一般に知られている情報と組み合わせると重要情報になる情報は、当該情報のみで投資判断上、重要であるといえる。一般に知られていない情報と組み合わせて重要情報になる情報であっても、相手方がその一般に知られていない情報を知っていることを発行者が知っているときには、実質的に重要情報の伝達と同視できよう。つまり、相手方が平均単価を知っていることを上場会社が知っているときには、販売件数の伝達は売上高の伝達と同視でき、発行者はそれ自体で投資判断上、重要情報を伝達しているといえるからである。

　モザイク情報、あるいはその基礎となるモザイク理論が広く知られる1つの契機となったのは、2000年、アメリカでのフェア・ディスクロージャー・ルール導入にあたり、最終規則が制定された際に、監督当局（米国証券取引委員会）が行った、次の説明だろうと考えられる。

> 「同時に、発行者が、重要ではない情報のピースをアナリストに提供することは、仮に、そのピースの助けによって、そのアナリストが、発行会社に知られずに、情報の「モザイク」で重要性のあるものを、寄せ集めて完成させるとしても、禁じられない」(Securities and Exchange Commission "Final Rule : Selective Disclosure and Insider Trading" 17 CFR Parts 240, 243, and 249 Release Nos. 33-7881, 34-43154, IC-24599, File No. S7-31-99)

　最終的に美しいモザイク画ができあがるとしても、その素材であるタイルやガラスや貝殻などのピースだけからでは、それが、どのような図像となるのか、まったくわからない。このことをふまえて、仮に、他の情報と組み合わせることによって投資判断に影響を及ぼしうる情報が帰結されるとしても、その情報だけからでは、直ちに投資判断に影響を及ぼすとはいえないような情報の伝達は、フェア・ディスクロージャー・ルールのもとでも可能であると、比喩的に説明しているといえよう。モザイク情報のことを、「ジグソーパズルの1ピース」になぞらえる説明も見受けられるが、趣旨は同様であろう。

　もっとも、この比喩において重要なのは、伝達された情報が、全体の一部分（1ピース）にとどまっているということだけではない。最終的にモザイク画（投資判断に影響を及ぼす情報）を完成させるのは、あくまでもアナリストの創意であることが前提となっていることも忘れるべきではない。この比喩において上場会社は、それがどのように使われるのかも十分理解しないまま、単に素材のタイルやガラスや貝殻を提供している立場にすぎないのである。

　また、海外におけるモザイク情報の具体的な事例として、やはり2000年にアメリカがフェア・ディスクロージャー・ルールを導入した際に、監督当局（証券取引委員会）の担当官のスピーチで紹介された「投資先として検討して

いるコンピュータ会社について、その採用している防火システムを調べる」というものがよく知られている（"Speech by SEC Staff: Regulation FD — An Enforcement Perspective" by Richard H. Walker, November 1, 2000）。つまり、伝統的なスプリンクラーであれば、いったん作動すれば倉庫は水浸しになり、製品などにも大きな影響が及ぶおそれがある。そのため、コンピュータ会社への投資を判断するにあたり、製品に害を与えないドライタイプの化学ベースの防火システムを採用していることを条件としている運用会社があるとする。その運用会社からの質問に対して、上場会社が自社の防火システムを説明したとしても、それはモザイク情報に該当し、フェア・ディスクロージャー・ルールに抵触しないという趣旨であろう。

　もっとも、この考え方が成り立つ前提は、ある運用会社がコンピュータ会社に対する投資判断を行ううえで、採用している防火システムの種類が重要だと考えているとしても、それは当該運用会社の独自の視点、考え方に基づくものであって、必ずしも多数の投資家が共有する意見ではない、ということだと考えられる。逆に、仮にほとんどの投資家が、採用している防火システムの種類をコンピュータ会社に対する投資の判断基準にしているとすれば、これをモザイク情報と呼ぶことはむずかしいだろう。このスピーチが行われた2000年前後には、まだ防災対策、ITセキュリティ、個人情報保護などに対する認識は、今日ほどには高まっていなかったという時代背景も考慮する必要がある。

　ある個性的な投資家・アナリストが独自の視点、切り口から行う質問に対する回答は、通常、それだけで有価証券の価額に重要な影響を及ぼすとは考えにくい。仮に、質問してきた投資家・アナリストにのみ伝達したとしても、投資家一般に対する公平性の観点からの弊害は限定的であろう。他方、多数の投資家・アナリストが関心をもっている質問に対する回答は、それだけで有価証券の価額に重要な影響を及ぼす蓋然性が高く、質問してきた者にのみ伝達することはフェア・ディスクロージャー・ルールに抵触するおそれが大きいものと思われる。

以上の考え方を総合すれば、1つの考え方として、「モザイク情報」とは、単に「細切れになった情報」を意味するものではないと整理することが可能だと思われる。言い換えれば、「モザイク情報」とは、「生の素材」のままでは使い物にならないが、しかるべき人（たとえば、アナリスト）が、その知識、能力、経験、技術などを注ぎ込んで加工することで、高い付加価値をもった存在に生まれ変わるような情報である、と説明することも可能であろう。

　このようなケースにおいて、公正、公平な情報伝達の観点から重要になるのは、そのままでは使い物にならない「生の素材」の上場会社による伝達のあり方ではなく、加工されて生まれ変わった高付加価値情報のアナリストによる発信のあり方（たとえば、アナリスト規制）だと考えられるからである。もちろん、上場会社が伝達するアナリストを恣意的に選別すること（たとえば、同じ質問を受けたにもかかわらず、あるアナリストには回答し、別のアナリストには回答しないなど）はしない、というのが前提である。

## Q1-4-2　個別工場の稼働率（上場会社）

(1) 投資家・アナリスト向けの工場見学会の際に、当該工場の稼働率について質問を受けることがある。これに回答することは、特段の事情（当社の主力工場である、多額の投資・借財をして開設した新鋭工場であるなど）がない限り、モザイク情報の提供であって、フェア・ディスクロージャー・ルールに抵触しないと考えてよいか。
(2) 「他の工場の稼働率も似たようなものですね？」と追加質問されて、これに「まあ、似たようなものです」と回答することは、フェア・ディスクロージャー・ルールに抵触するおそれがあると考えたほうが無難か。

(1) 特段の事情がない限り、フェア・ディスクロージャー・ルールには抵触しない。
(2) 未公表の工場全体の稼働率を推し測ることができる場合には、重要情報に該当するおそれがある。

### (1)　個別工場の稼働率

　ガイドラインは、他の情報と組み合わせることで投資判断に活用できるものの、その情報のみでは、直ちに投資判断に影響を及ぼすとはいえない、いわゆる「モザイク情報」については、フェア・ディスクロージャー・ルールの対象である重要情報に該当しないとしている。

　このケースでの個別工場の稼働率は、当社の主力工場である、多額の投資・借財をして開設した新鋭工場であるなどの特段の事情がない限り、モザイク情報であると考えられる。したがって、質問に回答したとしてもフェ

ア・ディスクロージャー・ルールには抵触しないと思われる。

### (2) 他の工場での稼働率

「他の工場の稼働率も似たようなものですね？」との追加質問に対して、「似たようなものです」と回答することにより、未公表の工場全体の稼働率を推し測ることができる場合には、重要情報に該当するおそれがあると考えられる。

　もちろん、「似たようなものです」という回答には、正確な工場全体の稼働率に関する情報が含まれているわけではない。しかし、ある程度の幅があるとはいえ、工場全体の稼働率が、当該工場見学会が開催された工場の個別の稼働率の前後におさまるという情報が伝達されていることは間違いない。金融庁は、2月パブリックコメント回答No.4のなかで「決算に関する定量的な情報のみならず、増収見込みである旨などの定性的な情報も、「決算情報」に該当する」との見解を示している。この考え方をふまえれば、ある程度の幅をもたせた伝達方法であっても、有価証券の価額に重要な影響を及ぼす蓋然性のある情報を推し測ることができる場合には、重要情報の伝達があったと考えるべきだろう。

　なお、質問に答えて稼働率について述べたのが、IR担当者ではなく、工場長等の場合であってもフェア・ディスクロージャー・ルールに抵触しうる。

　すなわち、まず、伝達相手について、相手がアナリストであれば、「投資家に対する広報に係る業務」で伝達する場合に限らず、「業務に関し」伝達した場合に、その行為は取引関係者に対する重要情報の伝達に該当する。

　加えて、伝達主体は、当該取引関係者に情報を伝達する職務を行う者であれば足り、IR・広報関係者である必要はないと考えられる。工場長は、たしかに常時、取引関係者情報を伝達する職務を行っているわけではないが、工場見学会に参加したアナリストなどに話をする役割を担っているのであれば、それは職務に関し工場の稼働率を取引関係者に対して伝達しているということに当たり、フェア・ディスクロージャー・ルールの対象になる。

## Q1-4-3 別の者に伝達した内容があわさると重要情報となってしまう場合

**Q** 1対1のミーティングでA氏から「販売件数」について質問された。別の1対1のミーティングではB氏から「平均単価」について質問された。どちらの情報も一方のみでは、公表されても有価証券の価額に重要な影響を及ぼす蓋然性はないが、両方の情報がそろうと当期の売上高を推定させて、有価証券の価額に重要な影響を及ぼすこととなる。

この場合、A氏、B氏それぞれの質問に個別に回答しても、モザイク情報の提供と認められるか。なお、当社は、A氏とB氏が互いの情報を交換しているようすはないものと認識している。

**A** 重要情報を分割すれば伝達が許されるというものではない。現時点ではA氏とB氏が情報を交換しているようすはないとしても、実際に両氏が互いの情報を持ち寄って重要情報を割り出せば、実質的に重要情報の伝達があったと認定されるおそれがある。

たしかに、理論上は、A氏とB氏が情報交換をしない限り、上場会社が両氏に伝達した情報は、いずれも「他の情報と組み合わせることで投資判断に活用できるものの、その情報のみでは、直ちに投資判断に影響を及ぼすとはいえない情報」(モザイク情報)にとどまっていると主張する余地はあるかもしれない。

しかし、フェア・ディスクロージャー・ルールの適用の有無は、個々の情報伝達行為のみを断片的にみるべきではない。当該伝達行為で提供された情報と、「過去に提供されたその他の情報とを一体として見た場合、上場会社

等の業績を容易に推知し得るような場合には、フェア・ディスクロージャー・ルールの対象となる可能性」があることをふまえて（2月パブリックコメント回答No.17）、総合的に判断する必要がある。

　質問のケースについて検討すると、現時点では、「販売件数」を伝達したＡ氏と、「平均単価」を伝達したＢ氏が、互いの情報を交換しているようすはなく、両氏とも「当期の売上高」（＝「販売件数」×「平均単価」）という重要情報を入手してはいないかもしれない。しかし、この状態が永続すると期待することは必ずしも妥当ではないだろう。Ａ氏とＢ氏は、会社側の知らないところで、すでに接点をもっているかもしれないし、将来、接点をもつことになるかもしれない。仮に、両氏が、お互いの情報を持ち寄って、重要情報（「当期の売上高」）を割り出したとしよう。その場合、その算定の根拠となる数値（「販売件数」「平均単価」）は、結果的に、いずれも上場会社自身が提供したということになる。これを評価して、「一体として見た場合、上場会社等の業績を容易に推知し得るような」状況をつくりだしており、もはや、モザイク情報とは呼べず、フェア・ディスクロージャー・ルールの適用対象となると指摘される危険性は否定できない。

　フェア・ディスクロージャー・ルール上、モザイク情報の伝達が許容されるのは、それが特別な知見、技術、能力などをもったアナリストにとっては、分析などを行ううえで有益な情報であっても、一般の投資家にとっては、とるに足りない情報にすぎないからだと考えられる。少なくとも、細かく分割すれば、重要情報の伝達が許されるという意味ではない。

　上場会社としては、質問のケースのように、重要情報を単に構成要素に分解しただけの情報については、仮に、当該分割された情報が、定義上、モザイク情報に該当する場合であっても、その伝達には慎重に対処すべきだろう。とりわけ、仮に、伝達相手は別々の取引関係者であったとしても、その伝達した個々の情報を持ち寄って組み合わせれば、それだけで重要情報を割り出すことができるような状況は、好ましいものではなく、できれば避けるべきだと考えられる。

もし、上場会社として、重要情報を算出できるだけの要素を取引関係者に伝達できる状態にあるのだとすれば、むしろ、重要情報そのものを公表することを真剣に検討するべきだと思われる。

### Q1-4-4　鍵となる情報をもっていることが疑われる場合

**Q**　１対１のミーティングでアナリストＡ氏から当社の主力商品の「販売件数」について質問された。Ａ氏は、そのレポートを読む限り、確証はないものの、当社の主力商品の「平均単価」に関する情報を有していることが疑われる。しかも、その数値は、あくまでも推測の域を出ないが、当社のもつ社内数値と大きな乖離はないようにも感じられる。「販売件数」情報のみでは、公表されても有価証券の価額に重要な影響を及ぼす蓋然性はないが、「販売件数」と「平均単価」の両方の情報がそろうと当社の主力商品の当期の売上高を推定させて、有価証券の価額に重要な影響を及ぼすこととなる。

　この場合、当社が、Ａ氏の質問に回答する行為は、モザイク情報の提供と認められるか。

---

**A**　Ａ氏が「平均単価」に関する情報を本当にもっているか否か、それは上場会社から提供された情報に基づくものか、Ａ氏が独自の取材や分析等を通じて推計したものか、などによって判断が分かれるだろう。いずれにせよ慎重な検討が求められる。

　質問のケースについて、理論上は、Ａ氏に「販売件数」を伝達すること自体は、「他の情報と組み合わせることで投資判断に活用できるものの、その情報のみでは、直ちに投資判断に影響を及ぼすとはいえない情報」（モザイク情報）の提供にとどまっていると主張する余地はあるかもしれない。しかし、フェア・ディスクロージャー・ルールの適用の有無は、個々の情報伝達行為のみを断片的にみるべきではない。当該伝達行為で提供された情報と、

「過去に提供されたその他の情報とを一体として見た場合、上場会社等の業績を容易に推知し得るような場合には、フェア・ディスクロージャー・ルールの対象となる可能性」があることをふまえて（２月パブリックコメント回答No.17）、総合的に判断する必要がある。

ここでまず議論の前提として、「販売件数」について質問してきた相手（アナリストＡ氏）が、「販売件数」と組み合わせることで重要情報（「当期の売上高」）を導き出すことができる「平均単価」の情報を有している場合についての考え方を整理したい。

仮に、Ａ氏が有する「平均単価」の情報は上場会社が提供したものではなく、かつ、Ａ氏が「平均単価」の情報を有していることを当該上場会社がそもそも知らない場合、当該上場会社が、Ａ氏の質問に応じて「販売件数」を答えたとしても、モザイク情報の提供に該当し、フェア・ディスクロージャー・ルールの適用を受けないものと思われる（Ｑ１-４-１参照）。

逆に、Ａ氏が有する「平均単価」の情報は上場会社が提供したものである、または、Ａ氏が「平均単価」の情報を有していることを当該上場会社が知っている場合、実質的に未公表の主力商品の売上高情報の伝達が行われたのとなんら変わらないことから、モザイク情報の提供に該当せず、フェア・ディスクロージャー・ルールの適用を受けるものと思われる（Ｑ１-４-１参照）。

さて、質問のケースは、これよりさらに複雑である。つまり、Ａ氏が「平均単価」の情報を有している疑いがあるものの、上場会社としては確証をもつことができないという事例である。

最終的には個別事案ごとに実態に即して判断すべきものだが、まず、上場会社自身が、過去にＡ氏に対して「平均単価」やその算定のための基礎情報などを提供していないか精査すべきであろう。その結果、提供の事実が判明した場合、「一体として見た場合、上場会社等の業績を容易に推知し得る」ケースに該当し、フェア・ディスクロージャー・ルールの適用対象となるものと考えられる。他方、提供の事実はないと確証をもっていえるのであれ

ば、A氏が独自の取材や分析などを通じて「平均単価」を推計しただけである可能性が高いものと思われる。独自の取材や分析などを基にさまざまな数値を推計することは、アナリストの一般的な活動だと考えれば、当該上場会社が、A氏の質問に応じて「販売件数」を答えたとしても、フェア・ディスクロージャー・ルールの適用を受けないと解する余地があるように思われる。むしろ、A氏の推計結果がたまたま正確だからといって回答を拒否することは、黙示的・追認的に「平均単価」の情報を伝達したとみられる危険性もあるだろう。

　いずれにせよ、質問のケースは上場会社としてむずかしい判断が求められる。重要情報そのものの公表も視野に入れ、慎重な検討が必要だろう。

## 1-5 アナリストの誤解・勘違い

**Q1-5** アナリストの誤解・勘違いを正す／反論する（上場会社）

**Q**
(1) 決算説明会での説明を聞いたアナリストが、その内容を誤解・勘違いしてレポートを作成することがある。このアナリストに対して、それが誤解・勘違いである旨を指摘、説明する行為は、フェア・ディスクロージャー・ルールに抵触するか。
(2) いわゆる空売りレポートに関して、「あれは事実誤認である」と他の機関投資家に説明する行為はどうか。
(3) 仮に、これらの行為がフェア・ディスクロージャー・ルールに抵触するとした場合、アナリストのレポートが事実誤認に基づくものである旨を説明した文書を公表すれば、フェア・ディスクロージャー・ルール上の義務は果たしたと考えてよいか。

**A**
(1) 説明会およびその後の誤りの指摘の際、重要情報を伝達していない限り、フェア・ディスクロージャー・ルールに抵触することは考えにくい。
(2) レポートに記載された特定の事実が誤りであることを示す場合で、その特定の事実の存否そのものが、重要情報に該当するときは、フェア・ディスクロージャー・ルールの適用対象となる可能性がある。
(3) たとえば、当該空売りレポートの主張が依拠した事実は会社が伝達したものではなく、そのような事実は存在しない旨

> などを他の投資家に伝え、かつ、公表するのが無難だろう。

## (1) アナリストに対する誤りの指摘

　情報を示してアナリストの誤解・勘違いを正す行為がフェア・ディスクロージャー・ルールに抵触するかどうかは、アナリストに伝えられるべきであった情報が重要情報に該当するかどうかによって決まるものと考えられる。

　まず、上場会社がアナリストに提供した情報が重要情報に該当しない場合、アナリストの誤解の原因がその上場会社になければ、その上場会社は当該情報を公表する義務もアナリストのレポートを訂正する義務も負わないと考えられる。アナリストが自分のミスで勘違いしたことによって、上場会社が情報の公表を義務づけられるのは不合理だからである。

　上場会社が、アナリストに対して、レポートの誤りを任意で指摘したとしても、アナリストに提供した情報が重要情報に該当しない限り、フェア・ディスクロージャー・ルールに抵触することは考えにくい。上場会社はアナリストのレポートが事実誤認に基づくものであることを（アナリスト本人に直接指摘するだけではなく）公表してもよいが、それは任意の公表であって、フェア・ディスクロージャー・ルール上の義務として行われるものではない。

　仮に、アナリストによる事実誤認の背後に公表されていない上場会社の重要情報があったとしても、「レポートの内容は事実誤認に基づく」と表示すること自体は、重要情報の伝達に該当することは考えにくく、アナリスト本人に直接指摘するのであれ、公表するのであれ、上場会社に重要情報そのものを公表する義務を発生させないものと思われる。

　もちろん、上場会社としては、アナリストのレポートが事実誤認に基づくものであることに説得力をもたせるために、その背後にある重要情報を公表してもかまわない。しかし、それは任意の公表であって、フェア・ディスク

ロージャー・ルール上の義務に基づくものではない。

　なお、アナリスト本人に事実誤認を直接指摘するにあたって、たとえば、「どうして事実誤認なのか」という質問に答えるかたちで、当該アナリスト本人にだけ背後にある重要情報を伝達すれば、その時点でフェア・ディスクロージャー・ルールに抵触することとなる。それが意図的な伝達であれば同時に、意図的でない伝達であれば速やかに、上場会社は、当該重要情報を公表しなければならない。

　他方、上場会社がアナリストに提供した情報が重要情報に該当する場合、上場会社は、その重要事実をアナリストに提供した時点でフェア・ディスクロージャー・ルールの適用を受ける。したがって、アナリストのレポートが事実誤認に基づくものであると否とを問わず、上場会社は当該重要情報を、意図的な伝達であれば同時に、意図せざる伝達であれば速やかに公表する義務を負う。

　この場合、上場会社はそのレポートが事実誤認に基づくものだと公表するだけではフェア・ディスクロージャー・ルールの義務を果たしたとはいえない。伝達した当該重要情報そのものを、上場会社は公表しなければならないと考えられる。

## (2) 空売りレポートに対する反論

　近年、上場会社の経営上の問題点や、不祥事の疑いなどを指摘して、当該上場会社の発行する株式の空売りを推奨するいわゆる空売りレポートが発信されるケースがある。上場会社は、こうした空売りレポートが指摘する経営上の問題点や不祥事の疑いなどを否定・反論し、他の投資家に対して当該空売りレポートの内容を信用しないように説得したいところであろう。

　空売りレポートについて、上場会社が、当該空売りレポートを執筆したアナリストなどに重要情報を伝達しておらず、当該レポートの事実誤認の原因が上場会社にない場合、その上場会社は訂正義務を負わない。

　仮に、空売りレポートの影響が無視できないことから、上場会社が他の投

資家に対し、その空売りレポートが「事実誤認である」と任意に説明するとき、その説明・反論の方法によって、大きく2つの場合があると思われる。

> ①　レポートに記載された特定の事実（たとえば、「〇〇円相当の簿外債務がある」）が誤りであることを示す場合
> ②　すでに公表された事実に基づく推論（たとえば、「今期の赤字により、ビジネスモデルがサステナブルでないことが明らかになった」）が誤っていることを示す場合

このうち、②の説明・反論（たとえば、「レポートの推論は、〇〇を考慮しておらず、××の点で論理に飛躍がある」）には、通常、重要情報の伝達は含まれていないことからフェア・ディスクロージャー・ルールの適用対象ではないと考えられる。

他方、説明・反論が①の場合にあたり（たとえば、「簿外債務の事実はない」「空売りレポートが簿外債務の存在の根拠とする〇〇は、実は××のことである」）、かつ、レポートに記載された特定の事実の存否そのものが、重要情報に該当するときは、当該説明により重要情報を伝達したと評価されることがありうる。この場合は、フェア・ディスクロージャー・ルールの適用対象となる可能性がある。

## (3)　反論方法とフェア・ディスクロージャー・ルール上の対応

空売りレポートを読んだ投資家を説得し、その誤解を解くためには、単に当該空売りレポートが事実誤認に基づくものであることを主張するだけでは足りず、重要情報の伝達に該当するような①の説明・反論を上場会社がしなければ、その投資家が納得しないことも考えられる。

その場合、フェア・ディスクロージャー・ルール上、伝達した当該重要情報（レポートに記載された特定の事実の存否）を明示した公表が必要となり、

レポートが事実誤認に基づくものである旨を説明した文書を公表するだけでは足りないと考えられる。

　実務対応としては、たとえば、当該空売りレポートの主張が依拠した事実は会社が伝達したものではなく、そのような事実は存在しない旨などを他の投資家に伝え、かつ、公表するのが無難だと思われる。

　なお、決算説明会や株主総会で話したというだけでは、フェア・ディスクロージャー・ルール上、公表したことにはならない。公表には、適時開示や自社ウェブサイトへの掲載など所定の手続を行う必要がある。

　いずれにせよ、事実誤認に基づくレポートによって生じた株主、投資家、市場の誤解を解くためには、上場会社自身が丁寧な説明を行うよりほかはないものと考えられる。その際、フェア・ディスクロージャー・ルール上の公表義務の有無にかかわらず、個別の株主、投資家に対する説明だけではなく、市場全体を意識した説明、すなわち、積極的な情報開示に取り組むことが重要である。

## 1-6 フェア・ディスクロージャー・ルールとスチュワードシップ責任

### Q1-6 重要情報に該当するおそれのある情報に関する質問とスチュワードシップ責任（機関投資家）

**Q**
(1) 機関投資家は、重要情報に該当するおそれのある情報に関する質問は、上場会社等のフェア・ディスクロージャー・ルール違反を引き起こす危険性があることに鑑みて、自粛すべきか。
(2) 上記の理由で質問を自粛することは、スチュワードシップ責任の観点から正当化できるか。

**A**
(1) 機関投資家は、各種の規制を遵守し、かつ、意図的に上場会社等のフェア・ディスクロージャー・ルール違反を誘引するものでない限り、対話において、自由に質問することが許されるべきである。
(2) 機関投資家が、上場会社の立場を過度に忖度して、必要な質問を自粛することは、むしろ、最終受益者に対する受託者責任やスチュワードシップ責任の観点から問題であると考えられる。

### (1) 重要情報に該当するおそれのある情報に関する質問は自粛すべきか

たしかにフェア・ディスクロージャー・ルールは上場会社等に対する規制であって、直接、機関投資家になんらかの義務を課すものではない。しかし、上場会社から情報を受領する機関投資家に対しても、金商法に基づくイ

ンサイダー取引規制が課されている。仮に、機関投資家が、上場会社との対話のなかで、インサイダー取引規制上の重要事実を入手してしまった場合、そのまま売買等を継続すれば、原則、インサイダー取引規制違反として、刑事罰や課徴金などのペナルティを受けることとなる。

加えて、ここでの機関投資家が内閣総理大臣の登録を受けた金融商品取引業者であれば法人関係情報規制、さらに第一種金融商品取引業者（証券会社）に該当すれば、日本証券業協会の自主規制に基づくアナリスト規制（「アナリスト・レポートの取扱い等に関する規則」「協会員のアナリストによる発行体への取材等及び情報伝達行為に関するガイドライン」など）に服する必要がある。その他、各社が独自に定める社内の情報管理規程なども存在する。こうした規制やルールを遵守したうえで、機関投資家は、上場会社との対話に臨む必要があろう。

逆にいえば、これらの規制を適切に遵守している限り、かつ、意図的に上場会社等のフェア・ディスクロージャー・ルール違反を誘引するものでない限り、機関投資家は、上場会社等との対話において、自由に質問することが許されてしかるべきだと考えられる。

そもそも、機関投資家といえども、上場会社等との間には情報の非対称性が存在する。したがって、機関投資家が、これから質問しようとする事項について、上場会社からの回答を想定したうえで、その回答に含まれる情報の「確定性」や「重要性」について適切に予測することは困難である。つまり、意図的な場合を除けば、機関投資家の側に、上場会社がフェア・ディスクロージャー・ルールに抵触しないように配慮を求めること自体に無理があるといわざるをえない。

## (2) スチュワードシップ責任との関係

機関投資家が、上場会社の立場を過度に忖度して、必要な質問を自粛することは、むしろ、最終受益者に対する受託者責任やスチュワードシップ責任の観点から問題であると考えられる。特に、スチュワードシップ・コードを

受け入れている機関投資家の場合、たとえば、同コード原則3により「機関投資家は、投資先企業の持続的成長に向けてスチュワードシップ責任を適切に果たすため、当該企業の状況を的確に把握すべき」こと、同コード原則4により「機関投資家は、投資先企業との建設的な「目的を持った対話」を通じて、投資先企業と認識の共有を図るとともに、問題の改善に努めるべき」ことが求められている。必要な質問を自粛する行為は、これらの原則に反するおそれがあると思われる。

## 1-7 フェア・ディスクロージャー・ルールと社債

### Q1-7　普通社債の場合

**Q** 当社は投資運用業者であるが、某上場会社とのエンゲージメントに際し、会話の弾みで決算情報の開示を受け、発表までの間の秘密保持・売買等禁止を約した。
同社発行の普通社債も、売買等禁止の対象か。

**A** 価額に及ぼす影響の違いから、対象となる重要情報の範囲が株式等と異なる可能性があるが、普通社債についても売買等禁止義務の対象となりうるものと考えられる。

### (1) 有価証券の種類による重要情報の範囲の違い

　当該上場会社の重要情報画定方法も考慮の必要があるが、決算情報の内容いかんでは禁止の対象となる可能性は低くないと思われる。

　2月パブリックコメント回答No.6は、重要情報の範囲が有価証券の種類により異なることを、肯定する。同回答は、明らかに株式・CB等のエクイティ証券と普通社債等のデット証券との差異を考慮したものと推測される。そして、フェア・ディスクロージャー・ルールのインサイダー取引規制の補完的な側面を色濃く反映したものともいうことができる。

　普通社債等も、一応、金商法166条のインサイダー取引規制の対象とはなる。しかし、同条6項6号により有価証券規制府令58条所定の事実（デフォルト情報）以外の重要事実は、すべて適用除外とされる。なお、法人関係情報関連の規制との関係では、普通社債等であっても、デフォルト情報に限定

されないとするのが、金融庁の見解である。

　仮に、金商法166条6項、167条5項の適用除外取引は当然に同法27条の36各項の売買等からも除外されるとすれば、問題は一挙に解決であろう。

　しかし、重要情報公表府令3条のもとでは、このような考え方には、明らかに無理がある。実務では、現行法令・ガイドラインの考え方を正しく理解したうえで、対応を検討する必要がある。

## (2)　普通社債等に関する重要情報の範囲の考え方

　普通社債等に関する重要情報の範囲は、ガイドライン（問2）②、③の方法をとる場合、決算情報を除き、前記有価証券規制府令58条所定のデフォルト情報を基本・出発点とすることは認められるべきと思われる。すなわち、（問2）②、③はいずれも「インサイダー取引規制の対象となる情報＋決算情報」との画定方法を容認している。ここでいうインサイダー取引規制の対象となる情報は、ガイドラインに特段の記載もない以上、普通社債等の場合、有価証券規制府令58条所定の事実（いわゆるデフォルト情報）と考えられる。

　もちろん、「普通社債等に関しては、決算情報を除き、有価証券規制府令58条所定の重要事実に該当しない限り、フェア・ディスクロージャー・ルール上の重要情報に該当する懸念は、いっさいない」というような短絡的思考は禁物であるが、同条所定の事実を基本・出発点とすることは、許容されるべきである。

## (3)　決算情報の取扱い

　他方、決算情報に関しては、もとよりインサイダー取引規制上の重要事実を基本とすることは認められない。質問の売買等禁止の範囲も、フェア・ディスクロージャー・ルールの趣旨にさかのぼり、両当事者の合理的意思も推測のうえ、判断するほかないと思われる。仮に、両当事者間の売買等禁止の約束に際し、普通社債等の取扱いに関しなんらかの合意がなされているならば、当該合意がフェア・ディスクロージャー・ルールに抵触しない限り、

これに則して行動すべきと考えられる。しかし、実務上、そこまでの詳細な合意がなされることはまれであり、結局、フェア・ディスクロージャー・ルールの趣旨にさかのぼり、当事者の合理的意思を画定するほかないと思われる。ガイドライン（問2）は、決算情報の定義に関しては、エクイティ証券と普通社債等を特に区別していない。このことと、前記パブリックコメント回答との関係をどのように判断すべきか。

　まず、重要情報の範囲画定に際し、上場会社等がガイドライン（問2）①（諸外国のルールも念頭に、独自の基準を設ける方法）、②（インサイダー取引規制の対象となる情報＋決算情報であって有価証券の価額に重要な影響を与える情報を管理する方法）のいずれかの方法をとる場合、いずれも有価証券の価額に重要な影響を及ぼす蓋然性が問われる。この蓋然性の判断に際しては、エクイティ証券と異なる普通社債等の属性が、考慮されるべきである。端的にいうと、決算情報が価額に重要な影響を及ぼす蓋然性を有する場合は、普通社債等ではエクイティ証券に比し、相当程度、限定されるかと思われる。たとえば、諸般の状況から、当該決算情報が、当該普通社債等を発行する上場会社等の格付や継続性などに影響を及ぼす可能性が低いことが明らかと思われるよう状況であれば、多くの場合、その価額に対する影響も重要とはいえないであろう。

　他方、重要情報の範囲画定に際し（問2）③の方法（インサイダー取引規制の対象となる情報＋公表前の確定的な決算情報をすべて対象として管理する方法）をとる場合、決算情報に該当する限り、有価証券の価額に対する個別具体的影響を問わないと解すほかないであろう。その結果、普通社債の性質に鑑み、当該決算情報がその価額に重要な影響が明らかに低いと推認される場合にも、重要情報として取り扱わざるをえなくなる事態も、想定される。

　一般論としては、上場会社等が（問2）③の方法を採用し有価証券の価額への影響を問うことなく決算情報全般を重要情報として管理したとしても、伝達を受けた取引関係者が当然に守秘義務・売買等禁止義務を負うべき理由はない。しかし、取引関係者が上場会社等と一定の信頼関係のもとに情報伝達を受け秘密保持・売買等禁止に合意した場合は、一見して明白に不合理で

ない限り、当該上場会社等の側の判断を尊重せざるをえない場合が多いかと思われる。質問のケースは、このような場合の一つといえるであろう。

まずは、上場会社等にその重要情報画定方法を確認し、そのうえで、ガイドライン（問3）に即し当該決算情報が普通社債等に関しても重要情報に該当するか否かに関し議論を深めることが肝要であろう。今後の対応としては、売買等禁止に合意するに先立ち、各種の情報が普通社債等の売買等に及ぼす影響も確認すれば、ベターといえよう。

なお、ここでの質問は、「金商業等府令117条1項16号（法人関係情報に基づく売買等の禁止）が直接及ばない第一種金融商品取引業者以外の金融商品取引業者（たとえば、投資運用業者）が、重要事実・公開買付け等事実に該当しない法人関係情報を知った際に、どの範囲で売買等の制限を受けるか」という重要な論点も含んでいる。フェア・ディスクロージャー・ルール導入に伴い、金商法27条の36各項の公表義務の例外となる売買等禁止義務との関係で、議論された点である。

**普通社債等についてインサイダー取引規制の対象となる重要事実**（いわゆるデフォルト情報）

---

○解散（合併による解散を除く）（法166条2項1号ワの事実）
○破産手続開始、再生手続開始または更生手続開始の申立て（施行令28条8号の事実）
○債権者その他の当該上場会社等以外の者による破産手続開始、再生手続開始、更生手続開始または企業担保権の実行の申立てまたは通告（施行令28条の2第5号の事実）
○手形もしくは小切手の不渡り（支払資金の不足を事由とするものに限る）または手形交換所における取引停止処分（施行令28の2第6号の事実）

---

## 2 「取引関係者」(情報受領者)関連

### 2-1 守秘義務等

#### Q2-1-1 守秘義務等の範囲(上場会社)

**Q**
(1) 「法令」に基づく守秘義務等の例として、ガイドラインには証券会社の投資銀行部門があげられているが、ほかにはどのようなものが考えられるか。
(2) たとえば、公務員の場合、国家公務員法や地方自治法上、守秘義務を負っていると考えてよいか。
(3) 「法令」に基づく有価証券等に係る売買等の禁止義務については、どのようなものがあるか。

**A**
(1) 守秘義務には、情報を他に伝達しない義務のほか、情報を投資判断に利用しない義務が含まれている。たとえば、第一種金融商品取引業者が有価証券の売買の受託に関して重要情報を受領する場合、法令上、守秘義務を負うと考えてもよい。
(2) 公務員であれば直ちに守秘義務を負っているとはいえない。ただし、公務員が職務上、重要情報の伝達を受けた場合には、「法令上の守秘義務」の要件を満たす。
(3) たとえば、法人関係情報に基づく有価証券の売買等の禁止規定は法令上の売買禁止義務とみることができよう。他方、インサイダー取引禁止規定は、法令上の売買禁止規定に当た

> らないと解すべきである。

## (1) 守秘義務

　守秘義務の意味は、単に情報を他に伝達しない義務のほか、情報を投資判断に利用しない義務が含まれていると解すべきである。法令による守秘義務の例として、ガイドライン（問7）①の（答）は、証券会社の投資銀行部門に関して、体制整備義務を定める金商法40条2号と金商業等府令123条1項5号、および日本証券業協会の「協会員における法人関係情報の管理態勢の整備に関する規則」をあげている。ガイドラインは、協会の規則が法令をふまえて制定されていると理解して、これを法令に基づく守秘義務に含めている。

　ガイドライン（問7）②の（答）は、信用格付業者に係る法66条の33第1項と金商業等府令306条1項12号をあげる。この規定は、業務に関し知りえた情報および秘密を目的外に利用しないことを確保するための措置をとるよう求めるものであり、これのみで守秘義務を含んでいるといえる。

　しかし、目的外利用の禁止が売買等禁止義務を含むものであるかどうかは疑問があり、もし含まないとすると、このような法令の規定だけでは重要情報の伝達が許容されないのではないかとの疑問が残る。

　金融商品取引業者が、業務上、上場会社の重要情報を受け取る場面としては、次の場合等が考えられる。

> ①　第一種金融商品取引業者が有価証券の売買等の受託に関して受領する場合
> ②　投資運用業者が投資運用業務の受託に関して受領する場合
> ③　投資助言業者が投資助言業務の受託に関し受領する場合
> ④　投資運用業者の担当者がスチュワードシップ活動の過程で受領する場合

①については、上記のような法令の定めと日本証券業協会の規則により、守秘義務が定められているといってよい。

②から④については、金商業等府令123条1項5号の適用はあるが、自主規制機関において法人関係情報の管理に関する特段の定めをしているものは見当たらない。

金商業等府令の趣旨を法人関係情報の不当な利用を禁止するものととらえ、社内規則等で、たとえば法人関係情報を利用した助言や運用を行わない旨を規定した場合、(a)あくまでも社内規程によるものであり法令上の守秘義務を課したとはいえないとみるか、(b)全体として法令上の守秘義務を課しているとみることができるかは、見解が分かれるだろう。

## (2) 公務員と守秘義務

金商法27条の36第1項2号の取引関係者には一般の投資家も含まれている。そこで、たとえば公務員や地方公務員は、国家公務員法または地方公務員法上、守秘義務を負っているから、法令上の守秘義務の要件を満たすようにも思える。しかし、これらの法律は、「職務上知ることができた秘密を漏らしてはならない」と規定しており、職務上でなく知った秘密に守秘義務は及ばない。したがって、公務員らは職務上、重要情報の伝達を受けた場合に限り、「法令上の守秘義務」の要件を満たすことになる。

具体的には、ある企業の許認可権をもっている公務員が、その企業に対してなんらかの指摘・指導を行い、それに基づく報告を受けるケース、もしくは公的資金の注入などで国や自治体がある企業の株主になり、株主の立場で報告を受けたり帳簿閲覧権を行使するケースなどは、その公務員は職務上重要情報を知ったことになり、守秘義務が課せられている。

## (3) 売買等禁止義務

ガイドライン（問7）①の（答）は、証券会社の職員が、法令上、法人関係情報に基づく当該情報に係る有価証券の取引を禁じられていることから、

証券会社の職員が職務上得た重要情報については、法令上の売買等禁止義務が適用されているとみている。

　他方で、法人関係情報と重要情報を同視できるかという点について、2月パブリックコメント回答No.8は、上場会社等や金融商品取引業者等によって管理する情報の範囲が異なりうることなどから、一概にはいえないが、法人関係情報の範囲に重要情報が含まれる例が多いものと考えられるとする。

　法人関係情報の定義は、「上場会社等の運営、業務または財産に関する公表されていない重要な情報であって顧客の投資判断に影響を及ぼすもの」を含んでいるから、「投資者の投資判断に重要な影響を及ぼすもの」である重要情報より範囲が広いといえる。

　したがって、法人関係情報に基づく有価証券の売買等の禁止規定をもって法令上の売買等禁止義務とみることができる。

　他方、インサイダー取引禁止規定（法166条から167条の2）をもって、法令上の売買禁止規定とみることができるかについては、法令上の売買禁止とみることはフェア・ディスクロージャー・ルールの趣旨に反するものと思われる（第1章5(2)参照）。

　加えて、インサイダー取引規制の趣旨から検討してみると、重要情報の範囲はインサイダー取引の重要事実の範囲よりも広いから、重要事実に該当しない重要情報を伝達した場合、インサイダー取引禁止規定は法令上の売買等禁止義務の根拠とはならない。

　重要事実に該当する重要情報を伝達する相手が、法人関係情報に基づく売買禁止規定が適用される取引関係者であれば、わざわざインサイダー取引規制を持ち出さなくても、ガイドライン（問7）の考え方をふまえれば、重要情報を伝達することが許されよう。

　仮に、インサイダー取引禁止規定が売買等禁止義務の根拠になるとして、それによって初めて情報伝達が認められる取引関係者とは、法人関係情報の規制が適用されない、まさに重要情報を用いて売買を行う蓋然性が高い者ではないだろうか。そのような者に対して、契約により売買を禁止せず重要事

実を伝達することは、上場会社が利益を得させる目的で行う違法な情報伝達にほかならないとみられてもやむをえないのではないだろうか。

インサイダー取引規制（法167条の２、売買によって利益を得させる目的で重要事実を伝達する行為の禁止）の趣旨から、インサイダー取引禁止規定は法令上の売買等禁止義務に当たらないと解すべきである。

以上をふまえて、売買等禁止義務に該当するか否かは、その法令本来の趣旨をふまえながら、慎重に考えていかなければならない。

## Q2-1-2　守秘義務の遵守状況の確認（上場会社）

**Q**　法令または契約に基づく守秘義務等を負っている取引関係者が、これらの義務に違反したことを知った場合、上場会社等は、その取引関係者に伝達した重要情報を公表しなければならない。

上場会社等としては、どの程度の注意を払って、取引関係者の守秘義務等の遵守状況を確認する必要があるか。

**A**　守秘義務等の違反を知ったときに公表義務を果たす以上には、法令上、取引関係者による守秘義務等の遵守状況を積極的に確認する義務を上場会社等は負わないと解される。

ただし、情報管理、リスク管理の観点からは、少なくとも、守秘義務等違反を疑われる事情を検知した場合には、その遵守状況の確認を行うことが望ましい。加えて、平時から、情報漏えい防止や迅速な公表・開示手続などの態勢を整備することが期待される。

　金商法27条の36第3項は、上場会社等が、未公表の重要情報を伝達した取引関係者が、法令または契約により、守秘義務・売買等禁止義務を負っていることを理由に、当該重要事実の公表義務を免れている場合において、次の①または②の事実を「知ったとき」は、当該上場会社等は、当該重要情報の公表義務を負うとされている。

①　未公表の重要情報の伝達を受けた取引関係者が、その守秘義務に違反して、当該重要情報に関する秘密を（守秘義務・売買等禁止義務を負わない）別の取引関係者にもらしたこと

② 未公表の重要情報の伝達を受けた取引関係者が、その売買等禁止義務に違反したこと

　この規定は、上記①または②の事実を「知ったとき」における上場会社等の公表義務を定めたものである。上場会社等に、重要情報の伝達相手である取引関係者による守秘義務・売買等禁止義務の遵守状況の監視義務や確認義務を課す趣旨ではない。したがって、上場会社等は、重要情報を伝達した取引関係者による守秘義務・売買等禁止義務の違反を知ったときに、公表義務を果たせば足り、それ以上に取引関係者による守秘義務・売買等禁止義務の遵守状況を積極的に監視、確認する義務は負わないと考えられる。

　もっとも、法令上の義務がないからといって、取引関係者の守秘義務・売買等禁止義務の遵守状況に注意を払わなくてよいということにはならない。

　たとえば、上場会社等の情報管理、リスク管理の観点からは、未公表の重要情報を伝達した取引関係者の守秘義務等の遵守状況に無関心でいることは適切ではない。少なくとも、取引関係者による守秘義務等違反を疑われる事情を検知した場合には、その遵守状況の確認を行うことが望ましい。

　加えて、フェア・ディスクロージャー・ルール上も、取引関係者による重要情報の漏えい（守秘義務違反）に関しては、その状況によって、当該重要情報の公表の要否が異なっている。たとえば、漏えいの相手方も取引関係者に該当するか否か、当該重要情報が進行中のM&A等に関する情報に該当するか否か（「やむを得ない理由により当該重要情報を公表することができない場合」）などである。そのため、取引関係者からの重要情報の漏えいが疑われる場合、その状況の把握が重要となる。

　以上をふまえると、上場会社は、平時から、未公表の重要情報を伝達した取引関係者と協力して情報漏えいを防止するとともに、万が一、漏えいした場合には、迅速かつ的確に状況を把握したうえで、速やかな公表手続を実施できるような態勢を構築することが期待される。

## Q2-1-3　重要情報の該当性に関する上場会社と機関投資家の見解の相違と守秘義務・売買等禁止義務契約

**Q**　(1)（機関投資家の立場）当社（機関投資家）が、投資先の上場会社とエンゲージメントを行った。その際に、相手の上場会社から「いま、対話した内容にフェア・ディスクロージャー・ルール上の「重要情報」が含まれていた」として、守秘義務・売買等禁止義務に関する契約にサインするように要求された。当社（機関投資家）の見解としては、対話した内容にフェア・ディスクロージャー・ルール上の「重要情報」は含まれていないと判断している。どのように対応すればよいか。

　　当社（機関投資家）は、相手方上場会社から受領した決算関連の情報に関し、株価等に実質的影響を及ぼす可能性はほとんどないと判断している。他方、相手方は「決算情報は、有価証券の価額への影響を問わず、すべて重要情報として管理している」とする。不本意であっても、相手方の判断を尊重するほかないか。

(2)（上場会社の立場）当社（上場会社）が、株主である機関投資家とエンゲージメントを行った。その際の対話の内容にフェア・ディスクロージャー・ルール上の重要情報が含まれていることに気がついたため、相手の機関投資家に対して、守秘義務・売買等禁止義務に関する契約にサインするように要求した。ところが、機関投資家からは「重要情報に関する見解が違う」として、守秘義務・売買等禁止義務に関する契約のサインに応じてもらえない。どのように対応すればよいか。

> A (1) 上場会社とさらに対話を行い、そのうえで、両者の見解が相違し、合意がみられない場合には、財務局等に連絡することが考えられる。なお、仮に当該情報が重要情報に該当するとしても、機関投資家が、当然に守秘義務・売買等禁止義務を負う必要はない。
> (2) 伝達した重要情報の開示・公表を真摯に検討すべきである。検討の結果、どうしても当該重要情報を開示・公表することができない客観的かつ合理的な理由がある場合に限り、機関投資家に対してその理由を丁寧に説明し、納得を得るように努めるべきだろう。

　機関投資家と上場会社において、ガイドライン（問3）の考え方をふまえて、さらに対話を行い、そのうえで、両者の見解が相違し、合意がみられない場合には、「上場会社等が有価証券報告書等を提出している財務局等に連絡すること」が考えられよう。

　ただ、一方的に自分の見解を主張するだけでは、対話は成り立たない。相互に相手を理解するよう努めることが対話の大前提である。

## (1) 機関投資家

　機関投資家は、上場会社自身ほどには、その上場会社の内部事情に精通しているわけではなく、ある情報の「確定性」や「重要性」を正確に判断するために必要な材料を、十分に保有しているわけではないことを自覚すべきだろう。

　金融庁のガイドライン（問2）では、上場会社における情報管理の範囲について、①から③の三方法を併記している。これは、上場会社それぞれの事業規模や情報管理の状況に応じて、少なくとも3つの方法からの選択は認める趣旨であると考えられる。言い換えれば、フェア・ディスクロージャー・

ルールの対象として管理すべき情報の判断基準は、各社の置かれた個別事情によって異なるのである。

その意味で、上場会社が、当該情報が重要情報に該当すると判断する理由について、首尾一貫した合理的な説明を行う限り、その判断を尊重することが期待されよう。

もっとも、重要情報の伝達を受けた機関投資家は、当然に守秘義務・売買等禁止義務を負担するものではない。もちろん、当該重要情報が重要事実・公開買付け等事実に該当する場合、伝達を受けた機関投資家が当該上場会社の株式を売買すれば、インサイダー取引規制(法166条、167条)に違反することになるだろう。しかし、重要情報該当性をめぐり機関投資家と上場会社の見解が分かれるのは、ほとんどの場合、当該重要情報が、重要事実・公開買付け等事実に該当しないことが明らかな場合かと思われる。

仮に、機関投資家が、伝達を受けた情報が重要情報に該当することを受け入れるとしても、上場会社に対して、フェア・ディスクロージャー・ルールの本旨に基づいて、速やかな公表を求めることは、当然、許容されるべきである。機関投資家としては、たとえば、守秘義務・売買等禁止義務契約へのサインに応じるかわりに、その条件として、当該重要情報の速やかな公表を要求することも考えられよう。

逆に、上場会社の説明に合理性がない場合には、機関投資家としては、伝達を受けた情報が重要情報に該当することを受け入れる必要はなく、守秘義務・売買等禁止義務契約にサインする理由もない。むしろ、上場会社に対して、真に重要情報に該当すると考えるのであれば、フェア・ディスクロージャー・ルールの本旨に従って速やかに公表すべきと要求することも、機関投資家として正当な行為であると思われる。

なお、ガイドライン(問2)(答)③に沿って、「決算情報は、有価証券の価額への影響を問わず、全て重要情報として管理している」という説明は、単に自社の情報管理方法を説明したにすぎず、伝達された情報の重要情報該当性についての合理的な説明には当たらないものと考えられる。

## (2) 上場会社

　上場会社は、まず、取引関係者に対し、当然に守秘義務・売買等禁止義務を負担させる権利は存在しないことを自覚すべきだろう。上場会社が、自らが選択した方法に即し画定した重要情報を、意図せずに取引関係者に伝達した以上、金商法27条の36第2項に従い、速やかな開示を行うほかないというのが大原則である。

　加えて、上場会社は、機関投資家にとって売買等禁止義務がどれだけ大きな活動の制約になるのかについて、認識すべきである。

　とりわけ、質問のケースでは、上場会社の側が、伝達した情報が重要情報であると認識していたにもかかわらず、不注意により伝達してしまった事例であると考えられる。自らの不注意が招いた事態でありながら、相手に売買等禁止義務という大きな活動の制約を負わせようとすることは、そもそも適切な行動だとはいえないだろう。

　本来、フェア・ディスクロージャー・ルールの趣旨は、上場会社による公平かつ適時な情報開示の確保であって、守秘義務等を通じた情報の秘匿の促進ではない。法令上も、意図せず未公表の重要情報を取引関係者に伝達した場合の原則的な対応は、当該重要情報の公表である。たしかに、ガイドライン（問3）が定めるように、重要情報の伝達から事後的に守秘義務・売買等禁止義務を負ってもらうことで上場会社が公表義務を免れることは可能である。しかし、TF報告書がこうした例外規定を提言した趣旨は、（重要情報の）「提供を正当な事業活動として行うことが必要な状況が想定される」点にある。不注意で伝達した重要情報の公表を免れさせることを想定したものではない。

　以上をふまえて、上場会社は、まず、伝達した重要情報の開示・公表を真摯に検討すべきである。検討の結果、どうしても当該重要情報を開示・公表することができない客観的かつ合理的な理由がある場合に限り、機関投資家に対してその理由を丁寧に説明し、納得を得たうえで、守秘義務・売買等禁

止義務の同意を求めるべきだろう。

　この場合、売買等禁止義務の期間、すなわち、当該重要情報を公表できるタイミングについて、明確な説明が求められる。これがなければ、機関投資家としては、半永久的に売買等が禁止されることにもなりかねないことを上場会社は理解すべきである。

### (3) 事前の確認等の重要性

　建設的な対話を進めるにあたって、守秘義務・売買等禁止義務の有無・範囲等をめぐり、上場会社・機関投資家間で紛議が生じることは、本来、好ましくない。

　対話に先立ち、両者間で、重要情報伝達の可否等に関し、明確に確認・合意を行うことが望ましい。特に機関投資家側は、意図せず重要情報を伝達され、守秘義務・売買等禁止義務契約へのサインを要求されることを望まない場合は、必ず事前に告げるべきであろう。対話に先立ち、投資家がインサイダー取引規制上の重要事実・公開買付け等事実の伝達を避けるよう要請することは、従来からしばしばみられたと思われる。フェア・ディスクロージャー・ルールが施行された今日においては、その範囲を重要情報まで拡大することが考えられる。

　あわせてＱ３−７も参照されたい。

## Q2-1-4　黙示による守秘義務・売買等禁止義務契約

**Q**
(1) フェア・ディスクロージャー・ルールに基づく公表義務の例外が認められる守秘義務・売買等禁止義務契約は、書面によることが求められるのか。黙示による契約も含まれるか。
(2) 黙示による契約も含まれるとすれば、それはどのような場合に認められるか。

**A**
(1) 上場会社・取引関係者間で秘密保持・売買等禁止義務に関する黙示的合意が認定されれば、理論上、フェア・ディスクロージャー・ルールの公表義務の適用除外が認められるものと思われる。
(2) 黙示の守秘義務・売買等禁止義務に関する合意の有無は、諸般の事情を総合のうえ、最終的には公平の観点を加味して慎重に判断すべきであろう。

### (1) 黙示による契約の可否

　金商法27条の36第1項は、未公表の重要情報を取引関係者に伝達した場合であっても、当該取引関係者が、法令または契約により守秘義務・売買等禁止義務を負う場合は、上場会社はフェア・ディスクロージャー・ルールに基づく公表義務を負わないという適用除外措置を定めている。
　法令または契約に、守秘義務・売買等禁止義務に関する明文の定めがある場合は、特に問題は生じない。注意を要するのは、契約は明示的なものに限らず、黙示的なものも包含しうることである。すなわち、諸般の状況を総合して、上場会社・取引関係者間で、守秘義務・売買等禁止義務に関する黙示的合意が認定されれば、理論上、フェア・ディスクロージャー・ルールの公

表義務の適用除外が認められるものと思われる。このことは、2月パブリックコメント回答No.27で示されている金融庁の次の見解からも推察することができる。

「金融機関が、上場会社等との間で黙示の合意や商慣習等により守秘義務を負う場合については、改めて守秘義務契約を締結する必要はないものと考えられます。」

## (2) 黙示的合意の有無の認定

黙示の守秘義務・売買等禁止義務に関する合意の有無は、諸般の事情を総合のうえ、最終的には公平の観点を加味して判断すべきであろう。

すなわち、取引関係者の属性、重要情報伝達に至る経緯等を総合し、上場会社側の当該重要情報の不本意な開示（法27条の36第2項所定の開示）による不利益と、当該重要情報の伝達を受けた取引関係者の秘密保持・売買等禁止に伴う不利益との比較考量も経て判断されるべきであろう。

たとえば、上場会社が主催して多数の投資家を集めた会社説明会であれば、主催者側の不用意な発言に起因して多数の出席者に守秘義務・売買等禁止義務を負担させることは、到底、当事者の合理的意思にも公平にも適合するとは考えられない。

他方、自ら積極的に個別の建設的対話を求めた機関投資家がその質問等により上場会社側の不用意な発言を誘発したような場合に、もちろん、当該質問等が行われた状況などにもよるが、「当該上場会社側の重要情報画定基準を尊重し、一定期間の守秘義務・売買等禁止義務を受忍する意思」を推定できるケースもありうる。このようなケースでは、上場会社・取引関係者間で、守秘義務・売買等禁止義務に関する黙示的合意があったものと認められる可能性も否定できない。

いずれにせよ、上場会社・取引関係者間での秘密保持・売買等禁止義務に関する黙示的合意の有無は、個別事案ごとに実態に即して慎重に判断されるべきものである。上場会社として公表したくないから、取引関係者がすでに

有価証券の売買をしてしまったからといったように、関係者の利害によって、恣意的に合意の認定がなされるべきではないことはいうまでもない。

## Q2-1-5 インサイダー取引規制の適用除外取引と売買等禁止義務

**Q** 取引関係者に重要情報を伝達したが、この取引関係者は守秘義務・売買等禁止義務を負っていることから、伝達した重要情報は公表していない。

仮に、この取引関係者が取引を行ったとしても、インサイダー取引規制の適用除外取引であれば、フェア・ディスクロージャー・ルール上、売買等禁止義務に違反したことにはならず、伝達した重要情報の公表は必要ないと考えてもよいか。

**A** インサイダー取引規制上の適用除外取引に該当するからといって、当然にフェア・ディスクロージャー・ルール上の売買等禁止義務の「売買等」から除外されるとの解釈には無理がある。「売買等に当たらないもの」を定める重要情報公表府令3条に照らして、個別に精査する必要がある。

---

重要情報を取引関係者に伝達する場合であっても、当該取引関係者が、法令または契約により守秘義務・売買等禁止義務を負う場合には、フェア・ディスクロージャー・ルール上、上場会社に当該重要情報の公表義務は課されない。この質問で問題となっているのは、売買等禁止義務の「売買等」の範囲である。

フェア・ディスクロージャー・ルールは、もとより開示規制の一環として導入されたが、実質的にインサイダー取引規制の補完的性格も帯びることは否めない。したがって、金商法166条6項、167条5項の適用除外取引を当然に売買等からも除外することも、制度論的には十分、考えうる。2017年12月公表の「コメントの概要及びコメントに対する金融庁の考え方」(以下、「12月パブリックコメント回答」という) No.204の質問者も同様の思いであったと

推測される。しかし、現行法令の解釈論としては、当然に除外されるとの解釈には、無理があるといわざるをえない。

　金商法27条の36第1項ただし書は売買等からの除外を内閣府令に委ね、これを受けた重要情報公表府令3条が、その1から4の各号で、具体的に除外される取引を列挙している。同条は、その柱書にも各号にもいわゆるキャッチオール的規定は設けず、限定列挙主義をとると解される。さらに同条は、その柱書において「情報の開示に対する投資者の信頼を損なうおそれが少ないこと」との要件も規定し、1から4の各号に該当する取引に関しても、さらに絞込みをかけている。フェア・ディスクロージャー・ルールの趣旨を重視し、売買等から除外される取引の範囲を厳しく限定する姿勢の現れといえる。金融庁も、12月パブリックコメント回答No.204およびこれに続くNo.205、206の各回答において、当然に除外されるとの解釈を否定したと考えられる。

　重要情報公表府令3条のもとでは、金商法166条6項、167条5項の適用除外取引が売買等から除外されるにも、まず、重要情報公表府令3条1号から4号のいずれかに該当することが求められる。

　この内、重要情報公表府令3条1号・2号・4号は、該当要件をきわめて具体的に規定している。

　金商法166条6項、167条5項所定の適用除外取引中、新株予約権・オプション行使および特別事情に基づく売買等は重要情報公表府令3条1号に、法令上の義務に基づく売買等は同条2号に、各々、含めることが可能と思われる。合併等による承継で軽微基準により適用除外とされる場合は、同条4号に該当するであろう。これら取引に関しては、同条柱書の「情報の開示に対する投資者の信頼を損なうおそれ」の大小に関するスクリーニングを経て、売買等からの除外の可否が決せられることとなる。

　重要情報公表府令3条1号・2号・4号のいずれにも該当しないインサイダー取引規制の適用除外取引が売買等からの除外を受けるには、まず同条3号に該当すること、すなわち次の各要件を充足することが求められる。

> ・投資者を保護するための法令上の手続に従い行う行為であること
> ・情報伝達の合理的理由および公表することができない理由があること

　そのうえで、前記柱書による「投資者の信頼を損なうおそれ」の大小によるスクリーニングを受けることとなる。金商法166条6項、167条5項所定の適用除外取引に関し、同法27条の36所定の売買等からの除外が認められる要件等については、今後のさらなる検討および実務の積重ねが待たれる。

## 2-2 マスメディア

### Q2-2-1 対象から除外された理由（上場会社）

**Q** ディスクロージャーワーキング・グループにおける審議などでも、一部のメディアに対して批判があったにもかかわらず、マスメディアがフェア・ディスクロージャー・ルールの対象から除外されたのはなぜか。

**A** マスメディアの機能は、取材した情報を投資判断に利用することではなく、取材した情報を社会に発信することにあると考えられるためである。

フェア・ディスクロージャー・ルールの適用対象となる情報受領者（取引関係者）の範囲は、次の①または②と定められている。

① 有価証券に係る売買や財務内容等の分析結果を第三者へ提供することを業として行う者（金融商品取引業者、登録金融機関、信用格付業者、アナリストなど）
② 発行者から投資者に対する広報に係る業務に関して得られる情報に基づいて発行者の有価証券を売買することが想定される者（株主、適格機関投資家、証券投資を主たる目的とする法人その他の団体など）

マスメディアは、通常、これら①、②のいずれにも該当しないことから、上場会社がマスメディアの取材に応じて未公表の重要事実を伝達したとしても、フェア・ディスクロージャー・ルールの適用はないものと考えられる。

TF報告は、フェア・ディスクロージャー・ルールが、発行者による公平かつ適時な情報開示に対する市場の信頼を確保するためのルールであり、金商法が資本市場にかかわる者を律する法律であることをふまえて、情報受領者（取引関係者）の範囲を限定したと説明している。

　これをふまえれば、フェア・ディスクロージャー・ルールの対象となる情報受領者（取引関係者）からマスメディアが除外された理由を、次のように理解できる。

　上場会社がだれに向けて最初に重要情報を発することが公平なのか、という議論はあまり意味がない。上場会社が重要情報を特定の者に伝達し、それが市場に到達するまでに一部の者しか当該重要情報を投資判断に利用できないという不公平さが問題なのである。

　こうした不公平さを解決するという観点からは、重要情報を投資判断に利用する機関投資家やアナリストに選択的に伝達・提供することを規制すれば足りる。

　マスメディアの機能は、取材した情報を投資判断に利用することではなく、取材した情報を社会に発信することにある。その意味では、マスメディアへの情報の伝達・提供は、むしろ市場にその情報が到達するための手段であって、情報の選択的開示の規制対象ではないと考えられる。

　ただし、この議論が成り立つには、本来、複数の報道機関へ情報を同時に伝達しなければならない。各報道機関が競争して当該情報を公表・報道することが期待できるからである。逆に、１つの報道機関にしか重要情報を伝達・提供しない場合、その報道機関が報道しない限り、当該重要情報は市場に到達しない。当該重要情報が、１つの報道機関による独占的な報道となる場合、その報道機関にアクセス可能な投資家、すなわち、特定の新聞の購読者、特定の情報サービスの購入者しか、当該重要情報を投資判断に利用できないという不公平さが残ることも否定できない。

## Q2-2-2　マスメディア対応（上場会社）

**Q** マスメディアはフェア・ディスクロージャー・ルールの対象（取引関係者）から除外されているので、上場会社は株主・投資家対応とマスメディア対応を分けて考えるべきか。

**A** フェア・ディスクロージャー・ルール上の公表義務の有無とは関係なく、マスメディアへの情報伝達ないし対応についても、原則として公表前の重要情報を伝達することは避け、報道を前提とした重要情報の伝達を行うときは、タイムリー・ディスクロージャーの観点から、マスメディアが報道する時期にあわせてプレスリリースを発表するなど、同時公表を心がけるべきである。

　マスメディアはフェア・ディスクロージャー・ルールの対象である取引関係者から除外されているので、上場会社がマスメディアの取材に応じて重要情報を伝達しても、フェア・ディスクロージャー・ルール上の公表義務を負うことはない。

　しかし、このことは、上場会社が、開示義務・公表義務を気にすることなく、マスメディアに対して恣意的に情報のリークなどを行うことが許容されるという意味ではない。マスメディアへの情報伝達ないし対応についても、タイムリー・ディスクロージャーの観点から適正に行うべきである。

　フェア・ディスクロージャー・ルールそのものではないが、政令、内閣府令に関する12月パブリックコメント回答No.235にもあるように、公表前に重要情報が報道された場合には、上場会社は、上場先の金融商品取引所の適時開示規則により、不明確な情報の真偽を明らかにする開示を求められることになる。

東京証券取引所（東証）における対応を例にとれば、不明確な情報の発生が、「投資者の投資判断に重大な影響を与えるおそれがある」と判断されれば、東証は、その有価証券の売買を停止することができる（東証業務規程29条、売買停止）。実務上、東証が情報の発生を確認した時点から売買が停止され、原則、その上場会社が（発生している情報に関する）適時開示を行ってから15分経過後に売買が再開される取扱いとなっている。
　東証は、必要があると判断すれば、流布されている情報の真偽などを上場会社に対して照会することができる。照会を受けた上場会社は、「直ちに照会事項について正確に報告する」ことが義務づけられている（東証・有価証券上場規程415条1項）。そして、その照会に関する事実について、その上場会社が開示を行うことが「必要かつ適当」と東証が判断した場合には、東証の要請に基づき、その上場会社は「直ちにその内容を開示する」ことが求められるのである（同条2項）。
　上場会社のマスメディア対応としては、原則として公表前の重要情報を伝達することは避け、報道を前提とした重要情報の伝達を行うときは、マスメディアが報道する時期にあわせてプレスリリースを発表するなど、同時公表を心がけるべきであると考える。
　さらに、マスメディアが上場会社から伝達を受けた重要情報を報道すれば、当然、投資家やアナリストの目にも触れることとなる。報道を目にした投資家・アナリストは、その上場会社に対するこれまでの投資判断を変更すべきか否かを検討するため、報道内容の真偽や詳細について、上場会社のIR担当者に問合せを行うこととなろう。この問合せに対する対応は、上場会社のIR担当者による取引関係者に対する重要情報の伝達に該当し、まさに、フェア・ディスクロージャー・ルールの適用対象そのものであることも忘れてはならないだろう。

## Q2-2-3 スクープ報道（上場会社）

**Q** フェア・ディスクロージャー・ルールの導入に伴い、いわゆるスクープ報道があった際、上場会社は対応を見直す必要があるか。たとえば、情報漏えい源の特定や、従来よりも詳細な内容の開示が要求されるようになるか。

**A** スクープ報道がされる経緯によって、フェア・ディスクロージャー・ルール上の公表の要否は異なってくる。上場会社としては、社内の情報源や取引関係者における情報漏えい源を特定する必要がある。

スクープ報道がされる経緯としては、次のような場合などが考えられる。

① 上場会社の役員や広報担当がオフレコで話した内容が報道されてしまった場合
② 役員・広報担当が指示してマスメディアに情報源を明らかにしない報道をさせた場合
③ 取引関係者に守秘義務を負わせないかたちで伝達した重要情報が取引関係者からマスメディアに伝わり報道された場合
④ 取引関係者に守秘義務等を負わせるかたちで伝達した重要情報が取引関係者の守秘義務違反からマスメディアに漏えいし、報道された場合
⑤ 上場会社に原因がない場合

タイムリー・ディスクロージャーの観点から、①や②は望ましくなく、上場会社としては、当該情報が報道されるような状況をつくりだした以上、詳

細かつ正確な内容の適時開示が求められると考える（Ｑ２-２-２参照）。

　③の場合はフェア・ディスクロージャー・ルールが適用され、上場会社は、（スクープ報道ではなく）取引関係者に伝達した重要情報について、当該情報の即時または速やかな公表を求められる。

　④の場合、取引関係者が守秘義務に違反して情報を漏えいさせた先がマスコミのみである場合には、法令上、上場会社にフェア・ディスクロージャー・ルールは適用されない。上場会社が重要情報の速やかな公表を求められるのは、取引関係者が守秘義務に違反して他の取引関係者に秘密をもらした場合だからである（金商法27条の36）。

　もっとも、（守秘義務等を負う）取引関係者から他の（守秘義務等を負わない）取引関係者を経由してマスコミに情報が漏えいした場合には、フェア・ディスクロージャー・ルールが適用される。したがって、上場会社としては、フェア・ディスクロージャー・ルールの適用とそれに基づく公表の要否を確認するために、情報の伝達経路を調査する必要がある。加えて、再発防止のために取引関係者との間の厳格な情報管理も必要になる。

　⑤の場合、上場会社は情報の公表義務を負わないが、そもそも「上場会社に原因がない」という事実の確認は必要であろう。

　当該スクープ報道が、①から⑤のいずれに該当するものなのかによって、フェア・ディスクロージャー・ルール上の公表の要否が異なってくるので、上場会社としては、いずれにしても社内の情報源や取引関係者における情報漏えい源を特定する必要があると考えられる。フェア・ディスクロージャー・ルール上の観点のみならず、情報管理やリスク管理等の観点からも情報漏えい源の特定等は重要であろう。

　そして、フェア・ディスクロージャー・ルールに基づく公表が求められる場合には、単に報道を肯定または否定するだけでは足りず、伝達した重要情報そのものの公表が必要となる。

　なお、フェア・ディスクロージャー・ルール上の公表義務が発生するか否かにかかわらず、現実にスクープ報道が市場に一定の影響を及ぼしている場

合には、極力、速やかな情報開示・公表を行うべきであることはいうまでもない。上場先の金融商品取引所からも情報開示を求められる可能性が高いだろう（Ｑ２-２-２参照）。

## Q2-3　株主総会での回答（上場会社）

**Q**　株主総会での株主の質問に対する回答であっても、その回答内容が重要情報に該当すれば、フェア・ディスクロージャー・ルールに基づく公表が必要か。

**A**　実務上は、保守的な対応として、株主総会での説明・回答等はすべてフェア・ディスクロージャー・ルールの対象との前提で臨むことが望まれる。

　会社法上、上場会社等を含む株式会社は、定時株主総会において、事業報告・計算書類の概要等の法定事項に関し、報告義務を負う。また、株主総会の場で出席株主から会議の目的に関連する質問を受けた場合、同法314条により、拒否すべき正当な理由がない限り、所要の説明を行う義務を負う。

　こうした株主総会での説明・回答等がフェア・ディスクロージャー・ルールの規制対象となるか、より端的には、会社法上の義務としての回答を、「広報に係る業務」と考えるべきか、という疑問が生じる。

　会社法上の義務であることを重視する観点から、株主総会での株主質問に対する回答は「広報に係る業務」に該当しないと考えたい心情は、ある程度理解はできる。しかし、金融庁は、2月パブリックコメント回答No.26において、このような考え方を否定した。

　「株主総会において、広報に係る業務として情報が提供される際に、当該情報が(a)未公表の確定的な情報であって、(b)公表されれば有価証券の価額に重要な影響を及ぼす蓋然性がある情報である場合には、フェア・ディスクロージャー・ルールの対象になるものと考えられます。」

　ここで金融庁は、フェア・ディスクロージャー・ルールの対象となる要件として「広報に係る業務」としての情報提供を掲げている。反対解釈をすれ

ば、株主総会での回答等が「広報に係る業務」に該当しなければ、フェア・ディスクロージャー・ルールの対象外とも考えうる。しかし、「広報に係る業務」に関し明確な該当基準は存せず、金融庁は広汎に解する傾向にあること（2月パブリックコメント回答No.27等）、フェア・ディスクロージャー・ルールの理念・趣旨、「開かれた総会」運営などをふまえれば、株主総会の開催・運営に「広報に係る業務」としての要素がまったくないと断言することはむずかしい。その意味では、実務上は、やや保守的な対応として、株主総会での説明等はすべてフェア・ディスクロージャー・ルールの対象との前提で臨むことが望まれよう。

　株主総会での株主の質問に対しても、正当な理由がある場合は、会社側は回答を拒否できる。たとえば、インサイダー取引規制上の重要事実への該当は、正当な理由と考えられる。フェア・ディスクロージャー・ルール抵触の蓋然性も、正当な拒否理由との見解が定説化している（会社法314条、同法施行規則71条4号）。会社法の解釈としては、正当といえる。

　ただし、総会での質問等には、フェア・ディスクロージャー・ルールの根本趣旨に即した対応が求められる。フェア・ディスクロージャー・ルールの根本は公平開示の促進であり、その裏返しとして、公平性を欠く選択的開示が規制されると考えられる。

　多くの場合、株主総会での回答・説明に関し金商法27条の36第1項所定の即時公表が不可能な以上、重要情報該当の蓋然性が高い場合には、回答拒否することはやむをえない。しかしその場合も、フェア・ディスクロージャー・ルールの趣旨を懇切丁寧に説明し、同時に適切な時期に公平開示を実現する姿勢も明らかにし、理解を求めるべきであろう。たとえば、3月決算会社の6月定時株主総会で第1四半期決算につき、質問を受けた場合には、「フェア・ディスクロージャー・ルールの趣旨に即し、全投資家の方に公平に情報を提供させていただきたいと存じます。7月下旬に四半期決算を発表の予定ですので、どうぞそれまでお待ちください」というような回答が考えられる。

不用意な選択的開示を避けようとするあまり、重要情報該当の蓋然性が高くない情報まで、予防的に回答を拒否するような姿勢は好ましくない。

　12月パブリックコメント回答No.219は、建設的対話の際のうっかり漏えいに関し、意図しない伝達として、金商法27条の36第2項に従い速やかに公表すべき旨を明言する。

　株主総会に臨んでは、意図しない伝達の可能性を想定し、終了後の速やかな開示・公表を実現できる用意は怠るべきでない。この場合の時間的期限に関しては、金商法27条の36第2項および関係政府令に明文は存しないが、「as soon as possible」での対応、遅くとも総会当日の立会終了後を原則とすべきであろう。

## Q2-4　採用活動の会社説明会（上場会社）

**Q**
(1) 当社（A社）は、採用活動として会社説明会を開催した。その会社説明会に参加した入社希望者Bからの質問に回答するかたちで、未公表の財務情報を伝達した。採用活動としての会社説明会は、「上場会社等の運営、業務または財産に関する情報を特定の投資者等に提供することを目的とした会合」には該当せず、フェア・ディスクロージャー・ルール上の公表義務は生じないと考えてよいか。
(2) 事後的に、その入社希望者Bが当社の株式の売買を行っていることが判明した場合、Bについてのインサイダー取引規制違反に加え、当社（A社）にフェア・ディスクロージャー・ルール上の公表義務が生じる可能性はあるか。

**A**
(1)、(2)いずれも、原則、A社にフェア・ディスクロージャー・ルール上の公表義務が生じるとは考えにくい。もっとも、フェア・ディスクロージャー・ルールに抵触するか否かにかかわらず、不用意な重要情報の伝達は、情報管理上、問題がある。

## (1) 採用活動の会社説明会での重要情報の伝達

　フェア・ディスクロージャー・ルールが対象とする情報受領者（取引関係者）の範囲には、(イ)有価証券に係る売買や財務内容等の分析結果を第三者へ提供することを業として行う者（金融商品取引業者、アナリストなど）のほか、(ロ)発行者から投資者に対する広報に係る業務に関して得られる情報に基づいて発行者の有価証券を売買することが想定される者も含まれる。(ロ)に該

当する者としては、次の者が掲げられている。

> ① 当該上場会社等に係る上場有価証券等の保有者（株主など）
> ② 適格機関投資家
> ③ 有価証券に対する投資を行うことを主たる目的とする法人その他の団体
> ④ 上場会社等の運営、業務または財産に関する情報を特定の投資者等に提供することを目的とした会合の出席者（当該会合に出席している間に限る）

　質問のケースについてみると、通常、採用活動としての会社説明会は、④の「上場会社等の運営、業務または財産に関する情報を特定の投資者等に提供することを目的とした会合」に該当するとは考えにくい。したがって、リクルート活動の一環として会社を訪問した入社希望の学生が、取引関係者に該当するケースとしては、理論上、①の「当該上場会社等に係る上場有価証券等の保有者（株主など）」に該当する場合くらいであろう。

　次に、その学生Ｂが、上場会社Ａの株主であったとしても、株主に対する重要情報の伝達がフェア・ディスクロージャー・ルールの適用を受けるのは「投資者に対する広報に係る業務」に関して伝達を受ける場合である。採用活動としての会社説明会での説明や質疑応答は、通常、「投資者に対する広報に係る業務」に該当するとは考えにくい。したがって、上場会社Ａが、その学生Ｂの質問に回答するかたちで、未公表の財務情報を伝達したとしても、原則として、その上場会社Ａにフェア・ディスクロージャー・ルール上の公表義務が生じるとは考えにくい。

## (2) 事後的に株式の売買を行っていたことが判明した場合

　事後的に、その入社希望の学生Ｂが、会社説明会で質問した情報に基づいて、その上場会社Ａの株式の売買を行っていることが判明した場合であって

も、以上と同様に解することができる。

　もっとも、その入社希望の学生Bが、自社の株主であることを疑わせる事情がある場合や、会社説明会の最中に株式の売買を行っていることを疑わせる事実が確認された場合にまで、不用意に重要情報の伝達を行うことは、情報管理上、問題がある。

　加えて、伝達した重要情報が、インサイダー取引規制上の重要事実にも該当するような場合には、その学生Bがインサイダー取引規制違反で摘発されるだけではなく、上場会社Aも、Bの違反行為の幇助や、(インサイダー取引規制の)情報伝達・取引推奨規制違反に問われる可能性があるだろう。

　上場会社Aは、フェア・ディスクロージャー・ルールに抵触するか否かにかかわらず、不用意な重要情報の伝達を行わないように、必要な情報管理体制等を整備すべきである。

## Q2-5 海外投資家／クロスボーダーでの金商法の適用（上場会社）

**Q** 海外IRのように、海外に拠点を置く者に対する、海外における情報伝達であっても、わが国の金商法（フェア・ディスクロージャー・ルール）は適用されるのか。

**A** わが国の金商法に基づくフェア・ディスクロージャー・ルールの規制が適用されると解するべきだと思われる。

わが国の金商法のクロスボーダーでの適用、いわゆる域外適用をめぐってはさまざまな議論がある。ただ、フェア・ディスクロージャー・ルールを規定する同法27条の36は、文言上、上場会社等およびその役員等が、その業務に関して行う重要情報の伝達行為を幅広く規制している。その伝達行為の行為地を特に日本国内に限定していない。

加えて、フェア・ディスクロージャー・ルールの規制対象となる情報受領者である「取引関係者」についても、日本国内に拠点を置く者や日本法により設立されたものに対象を限定してはいない。たとえば、「外国の法令に準拠して設立された法人で外国において金融商品取引業、登録金融機関業務、信用格付業…中略…と同種類の業務を行う者」なども「取引関係者」として定められている（重要情報公表府令4条7号）。

海外IRのように、日本国外に拠点を置く者に対する、日本国外における情報伝達行為であっても、上場会社等またはその役員等が、その業務に関して行うものである限り、わが国の金商法に基づくフェア・ディスクロージャー・ルールの規制が適用されると解するべきだと思われる。

なお、ここでいう上場会社等とは、文言上、株券などの一定の有価証券であって、日本の金融商品取引所に上場している（または店頭売買有価証券もしくは取扱有価証券に該当する）ものの発行者と定義されている（法27条の36第

1項、施行令14条の16)。

　したがって、日本企業であっても、日本の金融商品取引所には上場しておらず（店頭売買有価証券、取扱有価証券にも該当せず）、もっぱら、海外の取引所にのみ上場している場合には、わが国の金商法に基づくフェア・ディスクロージャー・ルールは適用されないこととなる。この場合、上場先の取引所の所在地国のフェア・ディスクロージャー・ルールまたはそれに類する規制の適用を受ける可能性がある。

　逆に、外国企業であっても、その発行する証券・証書で株式などの性質を有するものを、日本の金融商品取引所に上場している（または店頭売買有価証券もしくは取扱有価証券に該当する）場合には、原則、わが国の金商法に基づくフェア・ディスクロージャー・ルールが適用されるものと思われる（施行令14条の16第3号から5号）。

　ただし、これらのうち、指定外国金融商品取引所と重複上場しているものについては、わが国の金商法に基づくフェア・ディスクロージャー・ルールの適用はなく、指定外国金融商品取引所の所在地国のフェア・ディスクロージャー・ルールまたはそれに類する規制が、一次的に適用されることとなると解されている（12月パブリックコメント回答No.203）。ちなみに、指定外国金融商品取引所とは、金融商品取引所に類するもので外国の法令に基づき設立されたもののうち、上場されている有価証券およびその発行者に関する情報の開示の状況ならびに売買高その他の状況を勘案して金融庁長官が指定するもののことである（施行令2条の12の3第4号ロ）。本稿執筆時点では、ニューヨークストックエクスチェンジ（ニューヨーク証券取引所）、ナスダックオーエムエックス、ドイチュボース（ドイツ取引所）、ユーロネクストアムステルダム、ユーロネクストパリ、ユーロネクストブリュッセル、ロンドンストックエクスチェンジ（ロンドン証券取引所）、シンガポールエクスチェンジ、ホンコンストックエクスチェンジなどが指定されている（金融庁告示「金融商品取引法施行令第二条の十二の三第四号ロに規定する外国の金融商品取引所を指定する件」）。

# 3 「公表関連」

## Q3-1　英文ウェブ公表（上場会社）

**Q**　海外株主・海外投資家の公平なアクセスの観点に照らせば、重要情報をウェブ公表する場合、日本語だけではなく、英文でも掲載したほうがよいか。

**A**　フェア・ディスクロージャー・ルールに基づく重要情報の公表にあたって、英文によるウェブ公表は、法令上の義務にはなっていない。

　もっとも、情報アクセスの公平性の観点からは、海外株主が多い会社の場合、法令上の義務の有無にかかわらず、任意での英文によるウェブ公表をあわせて実施することが望ましい。

　フェア・ディスクロージャー・ルール上の公表方法を定める重要情報公表府令10条5号は、重要情報のウェブ公表の方法について、「上場会社等がそのウェブサイトに重要情報を掲載する方法（当該ウェブサイトに掲載された重要情報が集約されている場合であって、掲載した時から少なくとも1年以上投資者が無償でかつ容易に重要情報を閲覧することができるようにされているときに限る。）」とだけ定めており、特段、英文による公表を求めていない。

　さらに、金融庁の12月パブリックコメント回答No.233においても、「上場会社等がそのウェブサイトに重要情報を掲載する方法は、通常、日本語により掲載されるものと考えられます」との見解が示されている。したがって、日本語だけによるウェブ公表であっても、法令上、重要情報の公表義務は果

たしたものと考えられる。

　もっとも、情報アクセスの公平性の観点からは、特に、海外株主が多い会社の場合、法令上の義務の有無にかかわらず、任意での英文によるウェブ公表をあわせて実施することが望ましい。それが、コーポレートガバナンス・コード補充原則3-1②が求める「上場会社は、自社の株主における海外投資家等の比率も踏まえ、合理的な範囲において、英語での情報の開示・提供を進めるべきである」の趣旨・精神にも合致するといえるだろう。

　ところで、重要情報の英文によるウェブ公表を、日本語と並行して実施する場合、その公表のタイミングが問題となりうる。もちろん、重要情報の英文によるウェブ公表は、あくまでも任意の手続であり、いつまでに公表しなければならないという法令上の義務はない。ただ、情報アクセスの公平性の観点からは、日本語と同時に公表できれば、それが理想的だろう。

　しかし、現実には、英文によるウェブ公表には、日本語による公表内容の翻訳などといった作業が必要となる。そのため、日本語による重要情報の公表の後、英文による公表までの間、合理的な範囲でタイムラグが生じることは許容されるべきだろう。

　逆に、英文によるウェブ公表が可能になるまで、日本語による重要情報の公表を遅延させることは、重要情報の意図的な伝達の場合は「同時に」、意図的でない伝達の場合は「速やかに」公表することを求めるフェア・ディスクロージャー・ルールの法令上の義務に違反するおそれがあるものと考えられる。

　なお、質問のケースとは逆のパターンとなるが、重要情報を、外国語のみでウェブサイトに掲載しても、原則、重要情報の公表手続とは認められないと解されている（12月パブリックコメント回答No.233）。ただし、いわゆるプロ向け市場の上場会社については、金融商品取引所の規則に基づく適時開示について英文のみによる開示が容認されている。ウェブ公表についても「英語のみによる掲載を認めることが適当な場合の有無等については、今後検討していきます」との方針が示されている（同回答前段）。

## Q3-2　公表手続の選択（上場会社）

**Q**　公表手続のうち、適時開示とウェブ公表の使い分けをどのように考えるべきか。

基本的な考え方としては、大きく次の2つがあるように思われる。

① インサイダー取引規制上の重要事実の該当性（特にバスケット条項）を判断することはむずかしいので、フェア・ディスクロージャー・ルール上の公表も、基本的には、適時開示で対応したい。

② 適時開示は、社内規則上、取締役会決議などの重い手続が必要となり、機動性に欠けるので、明らかに重要事実に該当するものを除き、ウェブ公表で対応したい。

**A**　インサイダー取引規制上の重要事実については適時開示、インサイダー取引規制上の重要事実には該当しないフェア・ディスクロージャー・ルール上の重要情報についてはウェブ公表といった使い分けが考えられるだろう。

加えて、フェア・ディスクロージャー・ルール上、「同時」あるいは「速やか」な公表が求められていることから、ウェブ公表と適時開示を併用する方法など、迅速かつ機動的な公表・開示態勢を工夫することが望ましい。

フェア・ディスクロージャー・ルール上の公表手続としては、次の4つが定められている。

① 臨時報告書などの提出による法定開示

② 二以上の報道機関に公開して12時間が経過（いわゆる12時間ルール）
　③ 金融商品取引所規則に基づく適時開示
　④ 上場会社のウェブサイトに掲載（ウェブ公表）

　これらのうち、一般的には、③または④の方法が用いられることが多いものと思われる。
　③の適時開示であれば、フェア・ディスクロージャー・ルール上だけでなく、インサイダー取引規制上も公表手続として認められている。他方、④のウェブ公表の場合は、フェア・ディスクロージャー・ルール上は公表手続として認められているものの、インサイダー取引規制上は公表手続として認められていない。その結果、取引関係者に伝達した重要情報が、インサイダー取引規制上の重要事実にも該当する場合、④のウェブ公表を行っただけでは、フェア・ディスクロージャー・ルール上は公表義務を果たしたことになるものの、インサイダー取引規制上は「未公表」状態のままということになってしまう。
　これをふまえれば、インサイダー取引規制上の重要事実またはその疑いがある情報については適時開示、インサイダー取引規制上の重要事実には該当しないがフェア・ディスクロージャー・ルール上の重要情報に該当する情報についてはウェブ公表といった使い分けが考えられるだろう。
　他方、フェア・ディスクロージャー・ルール上、重要情報の意図的な伝達の場合は「同時に」、意図的でない伝達の場合は「速やかに」、その重要情報を公表することが上場会社等に義務づけられている。意図的な伝達の場合は、事前に伝達する内容やタイミングなどを把握できることから、①から④のいずれの手続をとるにせよ、伝達する情報の内容やタイミングなどにあわせて公表手続の準備を進めることとなろう。それに対して、意図的でない伝達の場合、予定外の重要情報の伝達が判明した後、これに即応できる公表手続が求められることとなる。
　この点、上場会社によっては、社内規則上、③の適時開示を行うためには

取締役会決議など重い承認手続が必要となり、公表方法としての機動性に欠ける場合もあるようだが、こうした上場会社の場合、意図せざる重要情報の伝達が判明してから、適時開示のための承認手続を開始したのでは、フェア・ディスクロージャー・ルールで要求される「速やか」な公表がむずかしいことも考えられる。こうした問題に対処するためには、たとえば、ウェブ公表と適時開示を併用する方法や、適時開示を機動的、迅速に実施できるような手続の見直しなどを検討することが望ましい。

## Q3-3 フェア・ディスクロージャー・ルール上の「公表」とウェブサイトの掲載方法

**Q**
(1) 上場会社がウェブサイト上に、ニュースリリース欄と別個に「株主向け情報」の欄を設けている。この「株主向け情報」欄は、株主に限らず、だれでもアクセス可能である。同欄への情報掲載には、公表の効力は認められるか。
(2) この「株主向け情報」の欄に全文掲載している定時総会招集通知に記載の情報についてはどうか。

**A**
(1) ウェブサイトの「株主向け情報」の実態などに照らせば、通常、フェア・ディスクロージャー・ルール上の公表の効力が認められると考えられる。
(2) ウェブサイト上の「株主向け情報」として掲載された株主総会招集通知記載の情報について、フェア・ディスクロージャー・ルール上の公表の効力を肯定してさしつかえないと思われる。

### (1) 「株主向け情報」欄を通じた重要情報の公表

近年、上場会社が「IR・株主向け情報」「投資家向け情報」などの大見出しのもと、株主総会招集通知・決議通知等の株主向け情報をホームページ（ウェブサイト）上に掲載することは、通例化している。

かかる掲載が公表に該当するには、いうまでもなく、重要情報公表府令10条5号所定の要件を充足する必要がある。

重要情報公表府令10条5号所定の要件中、「掲載した時から少なくとも一年以上投資者が無償でかつ容易に重要情報を閲覧することができる」との要件は、大半の上場会社において、充足されると思われる。

第2章 フェア・ディスクロージャー・ルールQ&A

株主向け情報と銘打っても、株主以外のアクセスを排除している例、たとえば所定のパスワードを入力しなければアクセスできないような措置を講じている例は、ほとんどないといえる。株主以外の投資家も、「IR・株主向け情報」「投資家向け情報」等の大見出しから、容易に株主向け情報に到達し、閲覧することができる。
　加えて、いったん、掲載された情報は、数年間掲載され続けるのが通例であり、通常の場合、「少なくとも1年以上」の要件は充足すると考えられる。
　次に、前記重要情報公表府令所定の要件中、「重要情報が集約」であるが、12月パブリックコメント回答No.229は、「投資家が重要情報を閲覧しやすいよう、上場会社等のウェブサイト上で見やすく、まとめて提供されている状態」とし、たとえばタイトルに「IR情報」とあるカテゴリー中にすべての情報が掲載されている場合は、原則的に集約の要件を満たすとする。
　上記のホームページ（ウェブサイト）上への株主向け情報掲載の実態および金融庁見解等に照らせば、多くの場合、掲載には公表の効力が認められると考えられる。

## (2) 株主総会招集通知の場合

　それでは、当該欄に数十頁に及ぶ株主総会招集通知の全文が掲載されているような場合も、同様に解してさしつかえないか。この場合、株主がその欲する情報に到達するには、数十頁の通知のなかで該当箇所を特定することを要し、集約性およびアクセスの容易性に関し、若干、議論が生じる可能性はある。しかし、招集通知には、会社法・同法施行規則・会社計算規則等に従い、株主総会参考書類、事業報告、連結計算書類、計算書類、監査報告等が順序正しく記載され、事業報告内部の配列等も、通常、規則に即したものとなっている。上場会社等の定時株主総会招集通知の配列・記載方法等に関しては、これら関係法令の規定と実務の集積が相まってスタンダードフォームともいうべきものが確立しており、最近では、個人株主等にも配慮し、その理解を促進するための実務的配慮・工夫も、種々、施されている。かかる状

況に鑑み、前記重要情報公表府令10条5号との関係において、情報の集約性とアクセスの容易性を肯定してさしつかえないと思われる。

## Q3-4 ウェブキャスト

**Q** 株主総会や決算説明会の模様をウェブキャスト（動画配信等）で同時中継することで、万が一、予定外の発言があっても、同時公表されるようにしたい。ウェブキャストを行ううえで必要なことはあるか。

**A** あらかじめ日時等が周知されており、投資家が容易に視聴できる措置がとられているなどの要件を満たす必要がある。

重要情報公表府令10条5号は、フェア・ディスクロージャー・ルール上の公表手続として、いわゆるウェブ公表を認めている。具体的には、「上場会社等がそのウェブサイトに重要情報を掲載する方法（当該ウェブサイトに掲載された重要情報が集約されている場合であって、掲載した時から少なくとも一年以上投資者が無償でかつ容易に重要情報を閲覧することができるようにされているときに限る。）」と定められている。

具体的な重要情報のウェブサイトでの公表の方法については、12月パブリックコメント回答No.230からNo.232において、「文章のみに限られず、映像や音声による方法も含まれます」としたうえで、次のような方法を例示している。

> ・取引関係者への伝達と同時にウェブサイトでその動画を流すようなウェブキャストによる方法については、予めウェブキャストによる公表が行われる日時等が投資家に周知されており、投資家が容易に視聴できる措置が取られている場合

つまり、株主総会や決算説明会の模様をウェブキャストで同時中継するこ

とでも、フェア・ディスクロージャー・ルール上の公表手続（ウェブ公表）として認められる。ただし、通常のウェブ公表と異なり「予めウェブキャストによる公表が行われる日時等が投資家に周知されており、投資家が容易に視聴できる措置が取られている」ことが要件となる。

これは、せっかく、ウェブキャストにより同時中継が行われても、そもそも株主総会や決算説明会の開催日時や、ウェブキャストの視聴方法が周知徹底されていなければ、情報にアクセスすることができないためであろう。

逆に、これらの要件を満たしているのであれば、予定外発言による意図しない重要情報の伝達に備えるという、この質問のケースだけではなく、意図的な重要情報の伝達の同時公表を行う場合にも活用できるものと思われる。

ウェブキャストを通じた同時中継は、重要情報を不特定多数の投資者に向けて発信する便利な手法ではあるが課題もある。たとえば、情報アクセスの公平性の観点から、ウェブキャストの同時中継をみることができなかった人が、情報を入手する機会をどのように確保するか、という問題である。この点について、12月パブリックコメント回答No.230からNo.232は、取引関係者との会合の模様を録画・録音した映像・音声を会合後に掲載する場合、少なくとも1年以上、ウェブサイトに掲載する必要があるとしている。

> ・取引関係者との会合後に当該会合についての映像・音声をウェブサイトに掲載する方法については、少なくとも1年以上、当該映像・音声をウェブサイトに掲載している場合

この文言からは必ずしも明らかではないが、ウェブキャストによる同時中継についても、当該中継後、収録した動画・音声情報は、引き続き1年以上、ウェブサイトに掲載する必要があるように思われる。法令上も、前記重要情報公表府令10条5号がウェブ公表の要件として、「掲載した時から少なくとも一年以上投資者が無償でかつ容易に重要情報を閲覧することができるようにされているときに限る」と明記されているのである。

そのほか、重要情報に関する発言を確認するためには、長い映像・音声をすべて視聴する必要がある、というのも、利用者利便に反するだろう。なんらかの工夫が求められよう。加えて、質問者、特に株主総会における個人株主のプライバシーの観点からの配慮も求められよう。たとえば、画像・音声を加工し、個人が特定できないようにする（もちろん、内容は改変しない）などの対応が考えられよう。

## Q3-5　IR資料の事前開示（公表）

**Q** 　海外IRの資料を実際にミーティングなどが行われる前に開示（公表）する事例がある。フェア・ディスクロージャーの観点からは、こうした対応は必須なのか。

**A** 　法令上の義務として要求されているわけではない。
　しかし、取引所の適時開示制度や投資家との対話促進などの観点から、今後、重要情報を積極的に前倒しで開示、公表することが、これまで以上に強く求められるようになるだろう。

　法令上の義務としてフェア・ディスクロージャー・ルールが求めるのは、上場会社が重要情報を取引関係者に伝達した場合に、それが意図的な伝達であれば同時の、意図せざる伝達であれば速やかな、当該重要情報の公表である。「事前」に公表することまで求めているわけではない。
　これをIR資料について当てはめるとすると次のように整理できるだろう。まず、上場会社が、投資家とのIRミーティングで用いる資料に掲載している情報は、仮に、プレゼンテーションで直接言及する予定のないものであったとしても、通常、相手方の投資家（取引関係者）に対して伝達する意図があると判断されるだろう。そのうえで、当該上場会社が、その情報が重要情報に該当すると知っていれば、フェア・ディスクロージャー・ルール上、重要情報の意図的な伝達として、IRミーティングの相手方の投資家への伝達と「同時」に当該重要情報を公表することが要求されるものと考えられる。
　ただ、この場合であっても、IRミーティングの相手方の投資家への伝達の前に、当該重要情報を開示、公表することまでは、法令上、求められてはいない。もちろん、積極的な情報開示は、フェア・ディスクロージャーの精神からも、コーポレートガバナンス・コード基本原則3（適切な情報開示と

透明性の確保）の観点からも、高く評価されるべきものである。しかし、投資家（取引関係者）への伝達の前に重要情報を開示・公表する行為は、あくまでも上場会社の任意によるものであって、法令上の義務によるものではない。

　もっとも、資料に掲載した重要情報をIRミーティングの相手方である投資家に伝達したタイミングが、常に、IRミーティングの開催時点と判断されるとは限らない。たとえば、IRミーティングの事前に内容を予習しておきたいという投資家の希望に応えるかたちで、上場会社が事前に資料（あるいはそのドラフト・素案）を送信することも考えられる。この場合、資料に掲載された重要情報の伝達のタイミングは、IRミーティングの開催時点ではなく、資料の送信時点と判断されるものと思われる。その結果、フェア・ディスクロージャー・ルール上、当該重要情報は、資料の送信と同時に公表することが求められることとなろう。

　さらに、IRミーティングの開催が海外となる場合、時差や通信・連絡手段などの関係で、IRミーティングの開催と同時に、公表手続（適時開示、ウェブ公表など）を実施することが困難なこともありうるだろう。このようなケースにおいて、保守的に対応し、IRミーティングで伝達を予定している（伝達の可能性がある）重要情報を前倒しで開示、公表しておくことは、上場会社のコンプライアンスとして合理的なものであると考えられる。

　海外に目を転じると、EUにおいてフェア・ディスクロージャー・ルールを定める市場阻害行為レギュレーションのもとでは、そもそも発生した重要な情報について、発行会社は、原則、適時開示を行う義務が課されている（MAR17条1項、第1章Ⅱ2(2)参照）。

　もちろん、これは、わが国の金商法に基づくフェア・ディスクロージャー・ルールのもとでは必須ではない。しかし、わが国においても金融商品取引所の規則として、適時開示制度が導入されている。その意味では、法令上の義務ではないものの、上場会社は、重要な情報を積極的に前倒しで開示することが求められているといえる。

フェア・ディスクロージャー・ルールの導入につき、金融庁は「発行者による早期の情報開示、ひいては投資家との対話が促進されるといった積極的意義」を指摘している。今後、法令上の「同時」公表、「速やかな」公表にこだわることなく、重要情報を、それが開示、公表可能となった時点で、積極的に前倒しで開示、公表することが、これまで以上に強く求められるようになることは十分考えられる。

## Q3-6 取引先からの情報漏えい

**Q** 当社（A社）の株価が不自然な動きを示していたので調査したところ、取引先B社から投資家（取引関係者C）への当社（A社）に関する重要情報の漏えいが確認された。

当社（A社）としては、フェア・ディスクロージャー・ルール上、その重要情報について公表が求められるか。

なお、取引先B社は、フェア・ディスクロージャー・ルール上の取引関係者に該当しない。

**A** A社やその役員等による伝達に該当しないことから、A社は、法令上、フェア・ディスクロージャー・ルールに基づく公表義務を負わないものと考えられる。

もっとも、現に情報漏えいの悪影響が市場に発生している以上、積極的な情報開示が望まれる。加えて、再発防止の観点から、B社との間で情報管理体制などの点検や確認を実施すべきだろう。

法令上、フェア・ディスクロージャー・ルールに基づく公表が義務づけられるのは、上場会社等またはこれらの役員等が、その業務に関して、取引関係者に対して未公表の重要情報の伝達を行った場合である。

これをふまえて質問のケースを検討すると、まず、上場会社A社から重要情報の伝達を受けた取引先B社は、フェア・ディスクロージャー・ルール上の取引関係者に該当しない。取引関係者C（投資家）へ当該重要情報を漏えいしたのは、上場会社A社ではなく、取引先B社である。この場合において、当該取引先B社が、上場会社A社の取引関係者（投資家）に対する情報伝達を請け負っているなどの特別な事情がない限り、当該重要情報の取引関係者

C（投資家）への漏えいは、フェア・ディスクロージャー・ルールの適用対象とはならないものと考えられる。したがって、質問のケースについて、当該上場会社A社は、フェア・ディスクロージャー・ルール上、当該重要情報の公表義務は課されないものと考えられる。

　もっとも、現に株価が不自然な動きを示すなど、重要情報の漏えいによる悪影響が市場に発生している以上、仮に、当該上場会社A社に、フェア・ディスクロージャー・ルール上の公表義務はないとしても、当該重要情報の開示・公表が、いっさい、不要であると解することは妥当ではないだろう。

　たとえば、当該上場会社A社に対しては、適時開示制度に基づき、市場に流布している不明確な情報の真偽を明らかにする開示（適時開示）が、上場先の金融商品取引所から求められることも想定される（Q2-2-2参照）。

　また、株価の不自然な動きや、漏えいした重要情報のうわさを耳にした他の投資家から、当該上場会社A社のIR担当者宛てに、事実関係を確認する問合せがなされることも想定できる。ここでの問合せに対する対応は、まさにフェア・ディスクロージャー・ルールがカバーする領域である。

　さらに、コーポレートガバナンス・コード基本原則3（適切な情報開示と透明性の確保）は、上場会社に対して「法令に基づく開示を適切に行うとともに、法令に基づく開示以外の情報提供にも主体的に取り組むべきである」としている。フェア・ディスクロージャー・ルールに抵触しない限り、重要情報の公表には応じない、という姿勢は、このコーポレートガバナンス・コード基本原則3の趣旨・精神に反するものだといえるだろう。

　以上の点をふまえ、質問のケースにおいては、上場会社A社は、フェア・ディスクロージャー・ルールの適用があるか否かに関係なく、漏えいした重要情報について積極的な情報開示を行うことが望まれよう。加えて、今後の再発防止の観点から、取引先B社との間で情報管理体制などの点検や確認を実施することも期待されるだろう。

## Q3-7 投資家と発行会社で重要情報の認識に違いが生じた場合(機関投資家)

**Q**
(1) 当社(運用会社)は、投資先企業Xとのエンゲージメントにおいて入手した情報が法人関係情報に該当すると判断し、情報管理を行い、社内ルールに基づき、X社株式の売買を停止した。ところが、X社は、当該情報をフェア・ディスクロージャー・ルール上の重要情報と認識せず、公表もしていない。このような状況のもとで、当社がとりうる方策はあるか。
(2) 当社がインサイダー取引規制上の重要事実に該当すると判断するものにつき、X社がフェア・ディスクロージャー・ルール上の重要情報としか認識しなかったため、X社ウェブサイトにしか掲載されず、インサイダー取引規制上の公表手続(適時開示など)がなされていない場合はどうか。

**A**
(1) 運用会社は、伝達を受けた情報が重要情報に該当すると考える旨を、速やかに当該上場会社に連絡すべきだろう。仮に上場会社が当該情報を重要情報と認識しない場合、1つの方策として、当該上場会社が有価証券報告書等を提出している財務局等に連絡することが考えられる。
(2) 運用会社のとりうる方策としては、上場会社に対し適時開示の手続をとるよう要請することしかできないと考えられる。

## (1) 上場会社が伝達した情報を重要情報と認識していない場合

運用会社は当該情報が重要情報に該当すると考える場合、その旨を速やか

に当該上場会社に連絡すべきである。連絡を受けた上場会社が当該情報を重要情報と認識した場合は、当該情報の公表を行うか、運用会社と守秘義務等の契約を締結して、当分の間公表を行わないかのいずれかを選択せねばならず、上場会社が当該情報を公表せず、かつ、守秘義務等契約も締結しない場合はフェア・ディスクロージャー・ルール違反となる。

運用会社が連絡したにもかかわらず、上場会社が当該情報を重要情報に該当すると認識せず、重要情報該当性について両者間に合意が形成されない場合の対応については、まずフェア・ディスクロージャー・ルールは上場会社に対する義務であり、取引関係者になんらかの義務を課すものではないことを押さえておく必要がある。

当事者間で認識が一致しなかった場合、当該情報が重要情報に該当するかは客観的に決定され、重要情報に該当する場合には当該上場会社のフェア・ディスクロージャー・ルール違反となる。当該上場会社は伝達時には重要情報に該当することを知らなかったとしても、運用会社の指摘により重要情報該当性を知ったので、速やかに当該情報を公表しなければならないのである（法27条の36第2項）。

このとき、上場会社による重要情報の公表を促すため、運用会社がとりうる方策の一つとしては、2月パブリックコメント回答No.9にあるように「上場会社等が有価証券報告書等を提出している財務局等に連絡すること」が考えられる。

なお、フェア・ディスクロージャー・ルール上の重要情報と、金融商品取引業者が管理すべき法人関係情報は必ずしも一致しない。当該情報が重要情報に該当しないとしても、法人関係情報に該当する以上、金融商品取引業者である運用会社としてはその管理を行う必要などが生じる。

## (2) 上場会社が伝達した情報をインサイダー取引規制上の重要事実と認識していない場合

インサイダー取引規制上の重要事実の該当性は、客観的に判定され、当事

者の合意により決定される余地はない。上場会社から伝達された情報がインサイダー取引規制上の重要事実に該当する場合、仮に運用会社が当該上場会社の株式の売買等を行えば、当該上場会社ではなく、運用会社がインサイダー取引規制違反を問われることとなる。

　このとき、運用会社のとりうる方策としては、上場会社に対し適時開示の手続をとるよう要請することしかできないと考えられる。

　あわせてＱ２-１-３も参照されたい。

## Q3-8 法人関係情報の「公表」と重要情報の「公表」の関係（金融商品取引業者）

**Q** 法令上、法人関係情報についての「公表」の明確な定義はなく、これまで実務上、インサイダー取引規制上の「公表」と同じと解していた。フェア・ディスクロージャー・ルール導入後は、フェア・ディスクロージャー・ルール上の「公表」（特に自社ウェブサイトへの掲載）と同じと解してもよいか。

**A** 法人関係情報の定義上の「公表」をフェア・ディスクロージャー・ルール上の「公表」と同じ（つまり、「ウェブ公表」も含まれる）と解してもよいと思われる。

　フェア・ディスクロージャー・ルール、インサイダー取引規制、法人関係情報規制は、いずれも未公表の重要性の高い情報をめぐる規制である。

　フェア・ディスクロージャー・ルールでは、上場会社等が取引関係者に対して未公表の「重要情報」を伝達した場合に、当該重要情報の公表を求める。

　インサイダー取引規制では、上場会社等の会社関係者に対して、未公表の「重要事実」を職務等により知った場合に、当該「重要事実」が公表されるまでは、当該上場会社等の株券等の売買を禁止する。

　法人関係情報規制では、金融商品取引業者に対して、未公表の「法人関係情報」に関して、適切な情報管理、「法人関係情報」を提供した勧誘の禁止、「法人関係情報」に基づく自己売買等の禁止（第一種金融商品取引業者の場合）などが定められている。

　質問は、法人関係情報規制上の「公表」について法令上明確な定義がないなかで、インサイダー取引規制上の「公表」とフェア・ディスクロージャー・ルール上の「公表」のどちらと同様に解するべきか、というもので

ある。より具体的には、フェア・ディスクロージャー・ルール上は認められるものの、インサイダー取引規制上は認められない「ウェブ公表」をもって、法人関係情報規制上の「公表」と認められるか、ということである。

厳密には、同じフェア・ディスクロージャー・ルールのなかでも、重要情報が公表ずみか未公表かを判定するうえでの「公表」と、取引関係者に伝達した重要情報の公表手続における「公表」が同一か否かについては、必ずしも明確ではない。重要情報公表府令で定めるフェア・ディスクロージャー・ルール上の公表の方法とは、上場会社が金商法27条の36第１項から３項までの規定により重要情報を公表する場合の方法であり、同条１項の重要情報の定義に含まれる「公表されていない」の「公表」の意義ではない。

しかし、同じ条文中の同じ語は同じ意味に解すべきであるから、重要情報の定義における「公表」の意義も重要情報公表府令で定める方法がとられたことを意味すると解される。

これをふまえれば、①法人関係情報の定義における「公表」は「公表されていない重要な情報であって」という、フェア・ディスクロージャー・ルールの重要情報の定義と同じ語句中で使われていること、および、②フェア・ディスクロージャー・ルールの公表方法がインサイダー取引規制の公表方法よりも広く、合理的であるところから、法人関係情報の定義上の「公表」をフェア・ディスクロージャー・ルール上の「公表」と同じ（つまり、「ウェブ公表」も含まれる）と解してよいのではないかと思われる。

# 4 エンフォースメント、上場会社に必要な対応など

### Q4-1 エンフォースメントの実効性（上場会社、機関投資家）

**Q** 違反者に公表を促すだけのエンフォースメント（法執行。罰則や処分等を通じて法令等に強制力をもたせること）で、フェア・ディスクロージャー・ルールは本当に実効性があるのか。

**A** 当局からの公表命令違反に対する罰則適用によってフェア・ディスクロージャー・ルールの実効性が確保される。ただし、現実には、ウェブサイトへの掲載を含む開示・公表をリアルタイムで監視することはむずかしく、実効性は乏しいといわざるをえない。

　上場会社がフェア・ディスクロージャー・ルールに違反して重要情報を公表しない場合、すなわち「公表されるべき重要情報が公表されていないと認めるとき」、内閣総理大臣は上場会社に対し、当該情報の公表その他の措置をとるよう指示することができる（法27条の38第1項）。上場会社が、上記指示があったにもかかわらず、正当な理由なく公表その他の措置をとらなかった場合には、内閣総理大臣は公表その他の措置をとる旨を命ずることができ（法27条の38第2項）、この命令に対する違反があれば罰則が適用される（法205条6号の5）。

　最終的には、この罰則適用によってフェア・ディスクロージャー・ルールの実効性が確保される。

　しかし、ウェブサイトへの掲載を含む開示をリアルタイムで監視すること

第2章　フェア・ディスクロージャー・ルールQ&A　195

がむずかしいことから、監督当局ができるのは、例外的な場合を除き、上場会社の情報開示が遅れたことを発見すること、すなわち重要情報の公表後にフェア・ディスクロージャー・ルールの違反があったことを発見することぐらいではないかと思われる。

　この場合には、「公表されるべき重要情報が公表されていないと認めるとき」に当たらないので、監督当局は公表の指示を出すことができず、このような過去の違反についての制裁も定められていない。

　この意味で、フェア・ディスクロージャー・ルールの実効性は乏しいといわざるをえない。

　もっとも、監督当局が、重要情報が公表されていない段階で、フェア・ディスクロージャー・ルールの違反を発見することができる場合をいくつか想定することは可能である。

　第一に、上場会社から重要情報の伝達を受けた運用会社が、当該上場会社は、当該情報をフェア・ディスクロージャー・ルール上の重要情報と認識せず、公表もしていない、と財務局等に連絡してきたような場合があげられる（Q3-7）。この場合、2月パブリックコメント回答No.9にあるように、「財務局等も含めて検討した結果、当該情報が重要情報に該当し、公表すべきものである場合」には、「上場会社等にまずは情報の速やかな公表を促し、これに適切な対応がとられなければ、行政的な指示・命令を行うこと」が想定されている。

　第二に、市場における売買状況や価格形成に異常が検知され、インサイダー取引規制違反などの疑いから監督当局の調査が行われる場合があげられる。当該調査の結果、上場会社が取引関係者に重要事実（フェア・ディスクロージャー・ルール上の重要情報にも該当）を伝達しながら、これを公表していないという事実が明らかになれば、当該重要事実の伝達を受けて売買を行った取引関係者がインサイダー取引規制違反で摘発される一方、上場会社に対して当該重要事実の公表が指示・命令されることが考えられるだろう。

　第三に、重要情報の伝達を受けた取引関係者からの情報漏えいにより、ス

クープ報道やネットを通じた情報拡散が生じた場合である。この場合、第一義的には、金融商品取引所の適時開示規則に基づく開示要請が行われるものと考えられるが（Ｑ2-2-2）、上場会社がこれに応じない場合や、応じたとしても、伝達された重要情報そのものの開示がなされないような場合（「当社が発表したものではありません」「当社において決定した事実はありません」など）には、伝達された重要情報そのものを公表するよう監督当局による行政的な指示・命令が行われることも考えられる。

## Q4-2　必要な対応（上場会社）

**Q**
(1) フェア・ディスクロージャー・ルールの導入を受けて、上場会社として行うべき対応としては何が考えられるか。たとえば、次のような対応は必要か。
　① 役職員等への周知・徹底
　② 社内の情報管理体制、情報開示体制の整備（「投資者に対する広報に係る業務」の対象者の特定などを含む）
　③ ディスクロージャー・ポリシー、IR基本方針その他社内諸規程の整備
　④ 情報の洗い直し
(2) 対応にあたって、気をつけるべきポイントは何か。

**A**
(1) これらの対応はすべて必要であると考えられる。
(2) 事前の対応策のほか、意図せずに重要情報を伝達してしまった場合の手続など、事後の対応策も練っておく必要があろう。

## (1) フェア・ディスクロージャー・ルールに必要な対応

　フェア・ディスクロージャー・ルールの導入を受けて、上場会社としては、役職員等への周知・徹底、社内の情報管理・開示体制の整備、ディスクロージャー・ポリシー、IR基本方針その他社内諸規則の整備、情報の洗い直しなどの対応はすべて必要であると考えられる。

　上場会社の実務として、明らかな重要情報を、守秘義務契約等を締結することなく取引関係者に伝達することはまれで、フェア・ディスクロージャー・ルールが問題となるケースの多くは、重要情報と知らずに伝達し

た、取引関係者と知らずに伝達した、意図せず重要情報を伝達してしまったというような場合であろう。

たしかに、これらの場合には、法令上、意図しない重要情報の伝達を上場会社が知ってから、速やかに当該情報を公表すればよいとされている。しかし、これは受け身の姿勢で事後的に対応すればよいことを意味するものではない。上場会社のディスクロージャー実務、コンプライアンス実務などに照らせば、十分な準備なしにフェア・ディスクロージャー・ルールが要求する対応を円滑に進めることは、決して、容易ではないものと考えられる。

上場会社で第一義的にフェア・ディスクロージャー・ルールに対する理解が要求されるのは、直接、取引関係者との対話やディスクロージャー（情報開示・公表）に取り組む可能性が高い経営トップを含む役員、IR・広報担当者、株主総会の事務局担当者などということになる。加えて、コンプライアンス、財務・経理、内部統制、情報セキュリティなどの担当者も、上場会社のフェア・ディスクロージャー・ルール対応において重要な役割を担うものと考えられる。これらの関係者については、研修や勉強会の実施などを通じて、フェア・ディスクロージャー・ルールの内容および当該上場会社における対応方針、対応手続などに関して、十分に周知・徹底を図ることが求められる。

それ以外の役職員等が重要情報の範囲（ブレークダウン情報やモザイク情報との区分）、取引関係者の範囲を知らなくてよいということにはならない。必要な情報開示・公表のための情報提供や、開示・公表前の情報漏えい防止などは、上場会社（その子会社なども含む）のすべての役職員等に関係してくる問題だといえる。

実際に社内体制、社内手続などを整備するにあたっては、どういう情報が重要情報に当たるのかを各社の事情に応じて、洗い直すことが最も重要であると考える。

そして、こうした重要情報に対する考え方や、重要情報は開示・公表しなければならないという意識を、社内で共有し、周知・徹底するという観点か

ら、たとえば、社内規則・社内規程のかたちで文書化することは有益であろう。なお、社内規則・社内規程としては、従前の情報管理規程や内部者取引防止規程などを活用することも考えられる。もっとも、規程の内容が、情報漏えい防止や社員による自社株式売買の規制に重点がある場合には、重要情報の公表を中核とするフェア・ディスクロージャー・ルールとは必ずしも親和性は高くないかもしれない。その場合には、別途、情報開示・公表や情報提供・伝達のあり方に重点を置いた、たとえば、情報開示規程などを整備することも検討に値する。

　さらに、社内で共有、周知・徹底するだけではなく、対外的にも発信し、上場会社からの市場に対するある種のコミットメントとするという意味では、ディスクロージャー・ポリシーの策定も有意義だと考えられる。こうしたポリシーが対外的に発信されることで、上場会社と取引関係者との重要情報に対する考え方の共有や建設的な対話も円滑に進むことが期待される。なお、策定するディスクロージャー・ポリシーの内容については、2018年2月28日に一般社団法人日本IR協議会が定めた「情報開示と対話のベストプラクティスに向けての行動指針―フェア・ディスクロージャー・ルールを踏まえて―」が、次の事項を例示しているのが参考になる（基本原則4）。

---

(1)　「重要情報」の定義や考え方、開示の要件、「重要情報」か否かを判断するための基準や仕組み（情報開示委員会の設置等）

(2)　公表前の「重要情報」を「取引関係者」に伝えた場合の取扱いの方針と手続

(3)　上場企業を代表して投資家等と対話するスポークスパーソンズの考え方（人物を特定するか否かの方針等）

(4)　投資家等からよく聞かれる財務情報等についての開示・説明方針

(5)　関連部署の連携体制や情報開示と対話方針の理解度向上

---

　フェア・ディスクロージャー・ルールに関する社内規則・社内規程やディ

スクロージャー・ポリシーなどは、一度つくれば、それで終わりというものではない。金融庁の2月パブリックコメント回答No.1、2でも「上場会社等と投資家との対話の中で、実務の積上げを図っていくことが望ましい」としている。これをふまえれば、上場会社としては、策定した社内規則・社内規程やディスクロージャー・ポリシーなどに基づいて投資家との対話を進めながら、対話における議論や指摘事項をふまえて、適宜、修正を行っていくこと、いわばPDCAサイクルを回していくことが期待されているといえるだろう。

## (2) 気をつけるべきポイント

　上場会社は、フェア・ディスクロージャー・ルールへの抵触を防止する事前の対応策のほか、取引関係者から、伝達を受けた情報が重要情報に該当するとの指摘を受けた場合の手続、意図せずに重要情報を伝達してしまった場合の手続など、事後の対応策を練る必要がある。こうした事態は、突然、発生するものである。事が起きてから慌てないためにも、平時に、対応策を決めておくことは重要だと考えられる。具体的には、重要情報の該当性をだれがどのような手続で判断するのか、伝達した相手が取引関係者に該当するか否か、取引関係者に該当する場合、守秘義務・売買等禁止義務を負っているか否かをだれがどう判定するのか、公表方法の選択をだれがどう決定するのか、といったプロセスは、最低限、定める必要がある。

　なお、フェア・ディスクロージャー・ルールは、上場会社と取引関係者との対話により、ベストプラクティスとして、重要情報の範囲を確定することを認めている。これは、どのような情報が有価証券の価額に重要な影響を及ぼす蓋然性があるかは、個々の上場会社の事業、業種、規模などによって異なってくることから、上場会社と取引関係者の知見を総合することを通じて、重要情報の範囲をより適切に把握し、共有することを期待したものだと思われる。上場会社として公表したくないから、取引関係者としてすでに有価証券の売買をしてしまったからといったように、関係者の利害によって重

要情報該当性の判断を変えることのないような運用を確保することが望まれる。

## Q4-3　上場子会社のIR活動への関与（上場会社）

**Q**
(1) 当社子会社中の数社は上場し、これら上場子会社は独自にIR活動も展開している。IR対象の投資家中には当社株主でもある者が含まれ、各子会社が提供する情報中には、当社株式に対する投資判断にも一定の影響を及ぼすものが含まれることも、十分に想定される。当社は、上場子会社のIRにどの程度まで関与・介入すべきか。

(2) 現在、四半期に1回、当社主導で各子会社IR担当役員を集めての連絡会を開催しているが、今後も継続すべきか。

**A**
(1) 子会社が親会社広報業務の一部を担うといえる程度まで関与・介入すれば、親会社がフェア・ディスクロージャー・ルールの適用を受ける可能性がある。

(2) 連絡会で個別具体的な課題の摺合せなどまで行うようであれば、子会社が親会社広報業務の一部を担うと認定される可能性がある。

ポイントは、子会社のIR活動が、親会社自身の「投資者に対する広報に係る業務」（親会社広報業務）と認定される可能性への対処にある。2月パブリックコメント回答No.22は、主要子会社管理部門の従業員による当該子会社の状況の説明に関し、親会社広報業務の一部たる役割を負っている等の場合には、親会社の役員等からの指示に基づく伝達としてフェア・ディスクロージャー・ルールの対象となりうるとする。

この考え方に照らせば、親会社が、子会社IRに関しフェア・ディスクロージャー・ルールの適用を受けるのは、①親会社に関する重要情報の伝達および②親会社広報業務の一部たる役割の両要件を満たす場合だと考えられる。

子会社にとって重要情報であっても、親会社自身の重要情報に該当しない場合には、親会社がフェア・ディスクロージャー・ルールの適用を受けることはない。
　次に、子会社IRが親会社広報業務の一部たる役割を負うとは、具体的にどのような場合であるかが問われる。この点に関し、2月パブリックコメント回答No.22は、「個別事案ごとに実態に即して判断されるべき」としている。たとえば、親会社IR担当者が、親会社の説明会に補助説明員として子会社IR担当者の同席を要請した場合は明らかだが、かかる明白なケースは、現実には多くないであろう。結局、多くの場合、親会社広報業務の一部か否かは、子会社の属性、投資家の状況、伝達に係る情報の内容、親会社の関与の有無・態様等の個別具体的事情を総合して判断するほかない。子会社の属性としては、非上場子会社で上場の予定もない場合、独自のIRを行う必要性に乏しく、親会社広報業務の一部と推定される可能性が高まろう。上場子会社であれば、独自のIRの必要性も生じよう。投資家の状況としては、子会社発行の有価証券の保有状況、子会社発行の有価証券に対する関心度等を考慮する必要があろう。
　最も重視されるべき要素は、親会社の関与の有無・態様等と考えられる。親会社広報業務の一部との疑義を避けるには、上場子会社のIR活動への関与を極力避けることが望ましいかと思われる。他方、会社法上、親会社は企業集団ベースでの内部統制・内部管理体制構築等を義務づけられている。上場子会社のIRも、この内部統制・内部管理の一環からは、除外すべき理由はないと思われる。
　会社法上の要請を最小限度満たしつつ、親会社広報業務の一部との疑義の最小化を追求するならば、子会社IR業務に関する親会社の関与は、グループ内部監査部門による監査等にとどめ、親会社の広報・IR部門はいっさい関知しないとの方向性も、想定される。
　仮に、このような方向性をとるのであれば、質問にある連絡会議も廃止すべきこととなろう。しかし、広報IR業務の重要性および連結中心の会計や

企業経営等が定着した今日的状況に照らし、ここまでの対応が望ましいかは、疑問である。連絡会議の議題が、IR一般に関する動向・制度問題、機関投資家の概括的動静等であれば、事後子会社が行うIR活動が、前記2月パブリックコメント回答No.22がいう親会社広報業務の一部とは言いがたいであろう。他方、グループが抱える個別具体的な課題等に関し認識の摺合せを行った場合には、当該摺合せの方向性に即し子会社が展開するIR活動に関しては、親会社広報業務と認定される可能性は、より高まろう。

　いずれにしても、フェア・ディスクロージャー・ルールのもとでは、子会社IRに対する親会社の関与には微妙な面があるので、一定の注意は必要である。

## Q4-4　社長によるうっかり発言の事後処理

**Q** 社長が投資家向け決算説明会での質疑応答のなかで予定外の発言をしてしまった。フェア・ディスクロージャー・ルール遵守のため、上場会社等として求められる事後処理は何が考えられるか。

**A** 重要情報該当性や取引関係者該当性の判断、速やかな公表などは少なくとも必要となる。また、情報アクセスの公平性の観点から任意の公表・開示の判断が求められる場合もありうる。加えて、当局、投資家からの公表要請に即応できる態勢の整備も求められる。

　質問のケースは、取引関係者に対する意図的でない伝達に該当するものと考えられる。したがって、フェア・ディスクロージャー・ルール上、発言内容が重要情報に該当するのであれば、速やかな公表が求められることとなる。

　まず、社長による予定外発言の内容が、重要情報に該当するか否かの判断が必要となる。そのための判断手続（判断権限者を含む）とその方針などを定めておく必要がある。なお、質問のケースでは、投資家向け決算説明会での発言であることから、情報受領者が取引関係者に該当することは明らかであろう。しかし、たとえば、1対1の個別会合の場合、次の点についても判断が必要となり、そのための判断手続とその方針なども定めておく必要がある。

① 情報受領者が取引関係者に該当するか否か
② 取引関係者に該当する場合、法令または契約上、守秘義務・売買等

禁止義務を負っているか否か
③　これらの義務を負っていない場合、別途、契約によって、これらの義務を負ってもらうことが可能か否か

　社長による予定外の発言の内容が、重要情報に該当すると判断した場合、フェア・ディスクロージャー・ルールに基づき速やかに公表しなければならない。円滑かつ迅速な公表手続の実施のため、具体的な公表方法やその手続や担当者などについて、あらかじめ定めておく必要があるだろう。
　他方、重要情報には該当しないとの判断に至った場合、フェア・ディスクロージャー・ルールに基づく公表は行わないこととなろう。もっとも、情報アクセスの公平性の観点からは、法令上の公表義務がない場合であっても、任意に開示・公表を行うことが望ましい場合もある。重要情報に該当しないと判断した場合であっても、任意での開示・公表を行うか否かの判断を行い、必要があれば開示・公表を行うための、手続や方針などを定めておくことが望ましい。
　加えて、上場会社自身は、社長による予定外の発言の内容が重要情報に該当しないと判断した場合であっても、監督当局や投資家などは、当該内容を重要情報だと考え、上場会社に公表するよう要請がなされる可能性がある。当局や投資家などから公表要請があった場合の対応（窓口役となる担当者なども含む）や手続についても、あらかじめ定めておくことが望ましいだろう。
　ここまでは、社長による予定外の発言について、個別にフェア・ディスクロージャー・ルールに基づく公表の要否などを検討するスキームを前提として必要な対応を検討してきた。それ以外にも、予定外の発言の有無を問わず、決算説明会での質疑応答を常に公表するという対応も考えられる。この場合、どのようなかたちで公表を行うのか、たとえば、決算説明会の模様をすべてウェブサイトを通じて同時動画配信する方法（ウェブキャスト）、決算説明会の模様を録画・録音したうえで、その映像・音声をウェブサイトに掲載する方法、決算説明での質疑応答（またはそのサマリー）を文書に書き起

こして、資料などとあわせて開示・公表する方法などのうち、どの方法によって公表するのかを定め、その方法に即した対応が求められる。

　フェア・ディスクロージャー・ルールに関する社内規則・社内規程などは、一度つくれば、それで終わりというものではない。金融庁の２月パブリックコメント回答No.1、No.2でも「上場会社等と投資家との対話の中で、実務の積上げを図っていくことが望ましい」としている。上場会社としては、実際に起こった問題（質問のケースでは、決算説明会での質疑応答のなかでの社長による予定外発言）をふまえて、社内規則・社内規程などの見直しの要否を検証することも重要だと考えられる。

## Q4-5 事後処理としての「速やか」な公表とは

**Q** 前記Q4-4の事後処理として、金商法27条の36第2項所定の速やかな公表（適時開示）で対応する方向性を固め、早速準備作業を開始し、専門の外部法律事務所にも照会を行ったが、回答は翌日となった。当該回答も参照のうえ、発言翌日の立会終了後にTDnet経由で公表を行った。今回の措置は、同項の速やかな公表に適合するであろうか。

**A** 法律事務所の回答を待つ必要性の高低が問われることとなろう。

本事案での問題は、社長による決算説明会での不用意な発言であり、外部者との契約上の守秘義務との関係等を精査する必要性は乏しく、回答を待つことなく即日公表に踏み切ることが望まれる。

金商法27条の36第2項の「速やかに」公表を行う義務に関しては、アメリカと異なり、明示的な時間的期限は規定されなかった。どの程度の時間的猶予が許容されるかに関しては、立法趣旨にさかのぼって考える必要がある。上場会社等が重要情報を開示する場合、全投資家に対し同時というのがフェア・ディスクロージャー・ルールの大原則である。これを具現したのが同条1項の即時開示義務（「当該伝達と同時に」公表）にほかならない。

しかし、上場会社等が意図せずに特定の取引関係者に重要情報を伝達した場合、即時開示は物理的に不可能である。金商法27条の36第2項の「速やかに」との文言は、同時開示を大原則としつつも、物理的可能性を考慮し最小限度の時間的猶予を許容した趣旨と解すべきである。すなわち、「as soon as possible」の原則を規定したといえる。

上場会社等に対し、開示の時期・タイミング等に関する裁量を認めたとは、考えるべきではない。ちなみに、アメリカでは「速やかに（promptly）」を「合理的に実行可能な範囲でできる限り早く（いかなる場合も、24時間経過後、またはニューヨーク証券取引所における翌日の取引開始のいずれか遅い時間より遅れてはならない）」（"as soon as reasonably practicable（but in no event after the later of 24 hours or the commencement of the next day's trading on the New York Stock Exchange）"）と定義している（Regulation FD §243.101）。これを指して「24時間」あるいは「最長48時間以内」という明示的期限が定められていると説明される場合もある。たしかに、この48時間という数字を機械的に類推すれば、この質問のケースも「速やかに」との要件を充足するかのようにも見える。しかし、アメリカのフェア・ディスクロージャー・ルールも、厳密には「as soon as reasonably practicable」に主眼がある。「最長48時間以内」というのは、あくまでも「ニューヨーク証券取引所における翌日の取引開始」、すなわち、休日等の介在を考慮したものであって、48時間以内での時期選択を容認したものではないと解されているようである。

　質問のケースの場合、早々、公表（適時開示）の準備を開始されており、この時点では「as soon as possible」の要請を満たしていると考えられる。専門の法律事務所への照会も、適切と思われる。焦点は、照会に対し同日中の回答が得られないことが濃厚となった時点での即日開示見送りの可否である。法律事務所の回答を待つ必要性の高低が問われることとなろう。

　たとえば、重要情報に該当する可能性が濃厚な情報が当該上場会社等と外部者との契約上の守秘義務の対象となっており、法令上の義務に基づく公表が例外として契約に規定されているような場合であれば、重要情報該当性に関し法律専門家の見解を確認する必要性は高いかと思われる。しかし、質問のケースでは、社長が決算説明会で不用意に発言された情報であり、かかる必要性が存したとも考えにくい。当然のことながら法律事務所の回答を得た当日に公表されており、発言・公表間の時間的間隔も30時間前後と思われるので、直ちに金商法27条の36第2項違反とまではいえないとしても、フェ

ア・ディスクロージャー・ルールの趣旨に照らせば回答を待つことなく即日公表に踏み切ることが望まれたケースと思われる。

## Q4-6　１対１ミーティングの開催時期

**Q**　定時株主総会終了後の７月上旬に、機関投資家から１対１のミーティングの依頼があった。当社は、７月下旬に第１四半期の決算発表を予定している。意図せざる重要情報の伝達を防止する観点から、この時期には投資家との１対１のミーティングは避けるべきか。

**A**　ミーティングで何を話題とするか次第である。
　決算を話題とするミーティングであれば、決算発表前は自粛し、決算発表後に実施すべきであろう。他方、「中長期の事業戦略、ガバナンス、あるいは幅広い事業環境・リスクなど」を話題とするミーティングであれば、開催を回避すべき合理的な理由は見当たらない。

　フェア・ディスクロージャー・ルールは、上場会社に対して、未公表の重要情報を取引関係者に伝達した場合、意図的な伝達であれば同時に、意図せざる伝達であれば速やかに、当該重要情報を公表することを求めるものである。その意味では、上場会社のフェア・ディスクロージャー・ルール対応としては、重要情報について積極的な開示・公表を行うこと、その裏返しとして、開示・公表前の重要情報の伝達を行わないようにすること、そして、万が一、うっかり伝達してしまった場合には、速やかに公表できる態勢を整備することが重要である。フェア・ディスクロージャー・ルール対応のために、特段、機関投資家とのミーティングそのものを制約・制限する必然性はないものと考えられる。

　もちろん、実務上、決算発表前の一定期間をいわゆる「沈黙期間」としてIR活動を自粛する慣行が存在していることは事実である。しかし、「沈黙期

間」を設定する目的は、本来、あくまでも発表前の決算数値の漏えい防止などにある。言い換えれば、決算以外の情報についてであれば、決算発表前だからといって、無理に沈黙を守るべき根拠はないこととなろう。2018年6月に取りまとめられた「金融審議会ディスクロージャーワーキング・グループ報告―資本市場における好循環の実現に向けて―」でも、次のように述べている。

「沈黙期間を中長期の事業戦略、ガバナンス、あるいは幅広い事業環境・リスクなどについての投資家との対話や工場見学等の機会として積極的に活用している企業も多いとの指摘がある。

さらに、日本証券業協会のガイドラインにより、アナリストによる決算期末の対話のあり方が明確化されたほか、発行体を対象としてフェア・ディスクロージャー・ルールが導入されて公平な情報提供に係る法制度も整備されてきている。

このため、沈黙期間や決算期末については、海外の実務等を踏まえ、企業において沈黙期間の短縮や沈黙期間中の対話への更なる積極的な対応が行われるとともに、アナリストにおいても決算以外の情報についての企業との対話が適切に実施されるよう関係者への理解の浸透を図るべきである」

以上をふまえて、質問のケースを検討すると、当該ミーティングにおいて何を話題とするか次第ということになろう。

もちろん、決算を話題とするミーティングであれば、決算発表前は自粛し、決算発表後に実施すべきであろう。しかし、決算以外の情報、たとえば、定時株主総会終了を受けた「中長期の事業戦略、ガバナンス、あるいは幅広い事業環境・リスクなど」を話題とするミーティングであれば、決算発表前の時期の開催を回避すべき合理的な理由は見当たらない。

たしかに、上場会社と投資家との間で、ミーティングの目的事項や、決算に関する話題には触れることができないことなどを、しっかりと確認しておく必要はあるだろう。しかし、これらの点について、両者の間で確認がとれるのであれば、むしろ、前述の「金融審議会ディスクロージャーワーキン

グ・グループ報告」にもあるように、決算発表とその説明に忙殺される前の時期を積極的に活用して、決算以外の情報についての「建設的な対話」に取り組むことは十分に検討に値すると考えられる。これはコーポレートガバナンス・コード基本原則5（株主との対話）の精神にも合致するといえるだろう。

# 第3章

# Q&Aについての補論

Q&A編を締めくくるに際し、実務的観点からの整理と若干の補足を試みる。

　本章は、上場会社等、取引関係者等の方々が、今後、フェア・ディスクロージャー・ルール対応に前向きに取り組まれる際のご参考に供していただくことを、目的とする。今後に向けては、公平な開示の範囲等はより拡大し、また、事前に合理的な注意・努力を払うことにより回避可能な紛議・トラブル等は、極力回避されることが望ましい。

　このような観点から、フェア・ディスクロージャー・ルールの適用範囲等に関してはより広汎な考え方に立ち、紛議やトラブルなどが想定される局面では、過度の萎縮効果防止等に配慮しつつ、やや保守的な姿勢を採用した。

　このため、第1章と、若干、ニュアンスの相違等が生じる部分もあると思われるが、目的の相違によるものとしてご理解いただければ幸いである。

# I　実務対応の基本姿勢

## 1　開示規制としての位置づけ

　金商法上、フェア・ディスクロージャー・ルールは開示規制の一環として導入された。このことは、同法第2章の6（27条の36）という条文の配置からも、その文言からも、明らかである。

　ルールの根本趣旨は、あくまで個人を含むすべての投資家に対する公平な情報開示の実現確保であり、「発行者による早期の情報開示、ひいては投資家との対話が促進」等の効果も期待される（ガイドライン（問1））。

　金商法27条の36の各項は、公表＝全投資家への公平開示を義務づける構成であり、文言上は禁止規定の体裁はとらない。しかし、義務づけの内容は、

正当な理由なき選択的開示の実質禁止とニアリー・イコールの関係にあるといえる。また、フェア・ディスクロージャー・ルールは、導入の経緯からもわかるように、インサイダー規制とも密接な関連がある。実質的にはその補完的性格を帯びている。

## 2 既存の開示ルールとの関係

フェア・ディスクロージャー・ルール導入前から、上場会社等に対し開示を義務づけるルールとして、金商法上の法定開示と取引所上場規程に基づく適時開示が存在した。

法定開示の一環としては、上場会社等には、内閣府令所定の事由発生時に「遅滞なく臨時報告書を提出すること」が義務づけられ、その違反に関しては罰則も規定されている（法24条の5第4項、200条5号、企業内閣府令19条）。

また、各取引所の上場規程は連結ベースで相当多岐にわたる情報の開示を求め、その範囲はフェア・ディスクロージャー・ルール上の重要情報より広汎かと思われる。

これら各種開示制度とフェア・ディスクロージャー・ルールの関係は、第1章で詳しく論じられている。

## 3 優しいルールとの誤解は禁物

フェア・ディスクロージャー・ルールに関しては、金融庁が当事者の自発性を尊重する姿勢を繰り返し表明し、エンフォースメントも比較的緩やかである。このため、優しいルールとの印象も強いようである。

しかし、基本条文である金商法27条の36各項が公平開示促進の理念実現のために上場会社に課す義務の内容自体は、決して甘いものではない。

まず、第1項の取引関係者に対する意図的伝達時の即時公表義務（被伝達者に法令・契約上の守秘義務・売買等禁止義務が存する場合を除く）は、重要情

報公表府令所定の要件を充足するウェブ配信が行われる場合等（この場合は、もはや選択的開示といえないであろう）を除き、実現は実質的に不可能である。同項は、取引関係者に対する意図的な選択的開示の実質的禁止規定といえる。

次に、第2項は「取引関係者に対する意図しない選択的開示」（いわゆるうっかり開示）に関し、また第3項は取引関係者が守秘義務・売買等禁止義務に違反したことを認識した場合に、各々、速やかな公表を義務づけている。

これらの義務は、上場会社等の裁量によるタイミング等の選択を許さない超迅速な公表強制と考えられる。

また、金商法27条の36第3項では、上場会社等の経営に配慮した限定的な公表免除事由（重要情報公表府令9条）が規定されているが、同条1項はもとより同条2項の場合に関しては、いっさい、規定がない。これらの場合には、仮に経営上のマイナスが大きくても、即時または速やかな公表が義務づけられることとなる。

第3項の場合も、重要情報公表府令が規定する除外事由はきわめて限定され、上場会社等の経営に支障が懸念される場合を網羅しているとは、到底言いがたい。換言すれば、上場会社等は、守秘義務・売買等禁止義務を負担する取引関係者に対する選択的開示に関しても、取引関係者の違反に起因して不本意な公表を余儀なくされるリスクも内包している。その裏返しとして、違反した取引関係者等には、上場会社等に対する損害賠償義務等が生じるおそれがある。上場会社等はもとより、取引関係者も、フェア・ディスクロージャー・ルールを軽く考えることは、きわめて危険といえる。

## 4　求められる正しい理解に基づく対応

前記のとおり、公平開示実現の為、金商法27条の36が上場会社に課す義務は、内容自体としては、相当厳しいものといえる。同条は、取引関係者への

選択的開示に関しては、実質的に禁止ないしそれに近い厳格な姿勢をとる。ルールの根本的理念はともかく、実務上はエンゲージメント等の萎縮等の負の効果が生じることも、率直にいって避けられないと思われる。

このような負の効果を最小化しつつ、基本理念である公平開示を促進するには、上場会社等・投資家等の関係者がルールを正しく理解し、実効性ある遵守体制を構築することが不可欠であり、関係者の利益にも資すると考えられる。

# II 重要情報に関する基本的な考え方

金商法27条の36各項所定の公表義務の発動要件は、上場会社等またはその役員等（伝達主体）が取引関係者（被伝達者）に対し重要情報（対象情報の範囲）を選択的に開示することである。同条の構成要件中、重要情報の範囲等は、関係者にとり、最も関心が高い問題の一つと思われる。重要情報に関しては、第1章での解説に加え、Q1-1-1ないしQ1-7で詳細に論じられているが、若干の整理と補足を加える。

## 1 重要事実・公開買付け等事実と法人関係情報の間に位置する重要情報

重要情報に関する立法経緯等に関しては、第1章ですでに十二分に論じられているが、実務家としての理解を紹介する。

金融庁ホームページの議事録によると、TFの冒頭で、同庁からは、インサイダー規制上の重要事実等に加え、軽微基準に該当しあるいはいまだ機関決定に至らない事実でも、投資判断に重要な影響を及ぼすべき場合は対象と

すべきとの方向性が示された。他方、複数のメンバーからは、対象情報の範囲があいまいであると名宛人の上場会社等が萎縮し、エンゲージメント等に好ましくない影響が生じる懸念があるとし、明確性の観点から、インサイダー規制対応の実務でなじんだ重要事実をベースとすることが要望された。

　TF議事録等からみる限りでは、このような経緯のなか、対象事実の範囲については、「重要事実等と同程度までに高度であることは要しないが、法人関係情報よりは高いことを要する」との方向性に次第に論議が収れんしたと考えられる。法人関係情報（金商業等府令１条４項14号ほか）は、金融商品取引業者等を対象とする規制概念でその範囲も広汎で、上場会社一般を対象とするフェア・ディスクロージャー・ルールに持ち込むと明らかに過剰規制に陥る。この意味で、上記の方向性は、妥当といえる。

　TFの複数の有力メンバーも、重要情報の投資判断に及ぼす影響に関し「重要事実等と同程度までに高度であることは要しないが、法人関係情報よりは高いことを要する」との趣旨を、繰り返し言明している。

　金商法27条の36第１項の重要情報の定義からも、この趣旨は明確といえる。

　いわゆるバスケット条項の重要事実を定義した金商法166条２項４号・８号、フェア・ディスクロージャー・ルール上の重要情報を定義した同法27条の36第１項および法人関係情報を定義した金商業等府令１条４項14号は、文言的にはきわめて類似する。しかし、情報が投資判断に及ぼす影響に関し、金商法166条２項４号・８号は「著しい」ことを、同法27条の36第１項は「重要な」ことを各々、要求するのに対し、金商業等府令１条４項14号は、投資判断に影響を及ぼすことは要求するが、その程度には限定を加えていない。

　上記の経緯から、重要情報は、重要事実等と法人関係情報の間に位置することは明らかといえる。上記各定義条文の対比からも、法人関係情報よりも重要事実等に近接した点に位置づけられるべきと考えられる。

## 2　公開買付け等事実の取扱い

　金商法167条の公開買付け等事実は、フェア・ディスクロージャー・ルール上の重要情報に該当するか。第1章では今後、議論が生じる可能性につき留保されているが、「上場会社等の業務、運営又は財産に関する公表されていない情報」との重要情報の定義および同法166条の重要事実と同法167条の公開買付け等事実が明確に区別されてきた立法経緯等から、含まれないとの考え方を基本とされ理論的には至当と考えられる。他方、実務の状況に目を転ずると、わが国における公開買付け等およびそれに準ずる行為（施行令31条、いわゆる買集め）のほとんどは、上場会社等の同意・了解のもとに行う友好的買付けである。同意・了解は、上場会社等によるビジネスジャッジの一種とも考えうる。さらに、上場会社等の資本政策・経営戦略等の遂行の過程で公開買付け等事実が発生する事例も多く、同事実の発生＝決定に際し、上場会社等が主導的役割を演じ、買付者は受動的立場に立つ場合すら散見される。このような実情および投資判断に及ぼす実質的影響を重視すべきフェア・ディスクロージャー・ルールの趣旨等に鑑み、実務では、公開買付け等事実も重要情報に含まれるとの前提での対応が強く望まれよう。

　このような観点から、本章では、「公開買付け等事実は重要情報に含まれ、その取扱は決定事実たる重要事実に準ずる」との前提に立つ。

## 3　三方法併記のガイドライン

　フェア・ディスクロージャー・ルール施行を控え、実務界ではガイドラインでの重要情報の具体的な例示列挙を望む声も強かったが、結局、見送られた。

　ガイドライン（問2）は、（答）の冒頭で「本ルールは、未公表の確定的な事実であって、公表されれば、有価証券の価額に重要な影響を及ぼす蓋然性のある情報を対象とするものです」と述べて、重要情報画定に関する根本

的な考え方を明らかにする。この考え方は、もとより金商法27条の36第1項の定義を受けたものであるが、ややブレークダウンして「有価証券の価額に重要な影響を及ぼす蓋然性」および「確定的」との要件を付加したことが目を引く。

　ガイドラインは、例示列挙を見送ったかわりに、上場会社における重要情報の管理のあり方として、(問2)で①ないし③の三方法を具体的に例示した。このうち、①は欧州で確立したプライス・センシィティブ・インフォメーション（PSI）の考え方を取り入れたものといえる。これに対し、②、③は決算情報＝年度または四半期決算に係る確定的な財務情報とその他の重要情報を区別し、後者に関しては、重要事実・公開買付け等事実を基本・出発点とすることを容認するものである。両者の違いは、決算情報に関し②は有価証券の価額に重要な影響を与えるものに限定するのに対し、③はこの影響を問うことなくそのすべてを対象とすることである。

　両者を比較した場合、③のほうが管理すべき対象は広汎となる。

## 4　当事者の自主的努力とプラクティス積重ねの尊重

　ガイドライン(問2)が三方法を例示したことの趣旨をどのように考えるべきか。

　2月パブリックコメント回答No.1の問は、「上場会社等は、ガイドライン問2の（答）で示された3つの方法から、自らの状況を踏まえ任意に選択できるとの理解でよいか」との問に対するものであるが、金融庁は、(問2)とあわせて、次のとおり、回答している。

　「問2の（答）は、FDルールを踏まえた重要情報の管理方法として、それぞれの上場会社等の実情に応じて管理することが考えられることを記載しています。FDルールの実施に当っては、上場会社等と投資家との対話の中で、実務の積上げを図っていくことが望ましいと考えられるところであり、上場会社等においては、何が重要情報に当るかについて、投資家と積極的に

対話することが期待されています。こうした実務の積上げの中で、上場会社等の実情に応じ、どのような情報を重要情報として管理していくかが確定していくものと考えられます」。

また、2月パブリックコメント回答No.9は、「ガイドライン問3の（答）の記載は、FDルールの対象となる重要情報に該当するか否かについて、上場会社等と取引関係者の間の「合意」で決められるかの印象を与えかねないことから、誤解が生じないように記載を修正してほしい。…（以下略）…」との問いに対し、次のとおり、回答している。

「ご指摘のとおり、FDルールの対象となる重要情報の該当性は、上場会社等と取引関係者との間の「合意」で決められるような性質のものでなく、上場会社等から取引関係者に伝達された情報が重要情報に該当するか否かによって判断されるものと考えられます。問3の（答）は、こうした考え方の下、上場会社等から情報の伝達を受けた取引関係者が、当該情報が重要情報に該当すると考える場合についての対応として、両者の対話を通じて対応することが考えられる旨を記載しているところです。

なお、重要情報への該当性について、上場会社等と取引関係者の見解が相違し、合意がみられない場合には、上場会社等が有価証券報告書等を提出している財務局等に連絡することが考えられます。財務局等も含めて検討した結果、当該情報が重要情報に該当し、公表すべきものである場合の対応については、FDルール・タスクフォース報告において、上場会社等にまずは情報の速やかな公表を促し、これに適切な対応がとられなければ、行政的な指示・命令を行うことによって、ルールの実効性を確保することが適当であるとされているところです」。

この回答をふまえると、あくまで原理原則論を貫徹するならば、重要情報の範囲は、上場会社等の当事者に委ねられることなく、金商法27条の36の解釈論として一義的に画定されるべきこととなろう。しかし、同条の定義自体が相当弾力性・可塑性に富むものであり、上場会社等の個別的情況に基づく差異も大きい。

そこで、ガイドライン（問2）は、出発点として、上場会社等に対しまず重要情報として管理する範囲の画定を要求し、その方法として①ないし③を例示したものと考えられる。

そのうえで、各上場会社等が、必要に応じ投資家とも対話しつつ、実務の積上げを通じて、金商法27条の36の重要情報に関する正解を見出していくよう求めているというべきである。

次に、ガイドライン（問2）が三方法を例示した趣旨を検討する。

三方法中、フェア・ディスクロージャー・ルールの趣旨および金商法27条の36の文言に最も合致するのは、①のPSIを基準とする方法といえる。しかし、上場会社等のすべてが一種のグローバル・スタンダードとしてのPSI概念に精通しているものではなく、当初からこの基準を強制した場合、TFの場で指摘されたとおり、過度に保守的な運用に陥り、エンゲージメント等に対する極端な萎縮等の弊害が著しくなるおそれもある。②、③は、かかる懸念等にも配慮し、重要事実を出発点とすることが著しく妥当性を欠く決算情報（その理由は後述する）については、別扱いとしたものと考えられる。

## 5　小　　結

フェア・ディスクロージャー・ルールの根本理念はあまねくすべての投資家に対する公平な情報開示の促進である。上場会社等が、この趣旨に即し、主体的・自発的な取組みとして、可能な限り広汎な情報を可能な限り迅速に公平に開示することに努め、正当理由のない選択的開示を禁止することは、きわめて好ましく、強く推奨されるべきことである。他方、公法上の規制たる金商法27条の36各項の発動範囲を過度に拡張すると、TF段階で複数のメンバーから指摘されたように、エンゲージメントに対する過度の萎縮効果等の弊害も懸念される。この観点からは、同条の36の重要情報の範囲はいたずらに拡張的に解されるべきではなく、一定の明確性も求められる。ガイドライン（問2）の（答）は、これらの要請のバランスのうえに発出されたもの

と考えられる。

　上場会社が、管理すべき重要情報の範囲の画定に関し、(問2)の例示するいずれかの方法を選択した場合、明らかに不合理と思われる特段の事情(たとえば、海外拠点をほとんど有しない会社が①を選択するような場合)がない限り、原則的に当該選択は尊重されるべきである。

　上場会社等としては、自らが選択した方法に即し管理すべき重要情報の範囲と判断される情報に関しては、金商法27条の36各項所定の開示を励行すべきである。同条各項所定の事態が現実化した時点で画定方法を変更(たとえば③の方法を選択した上場会社等が、決算情報のうっかり開示に気づいた後、②に変更)するような恣意的行為は、断じて許されるべきでない。いったん、主体的に選択した以上、自らが厳しく縛られることを認識すべきである。上場会社等の状況等に応じ、画定方法を変更することはさしつかえないが、年度初め、社内規程の定期的見直し等、恣意性の介入しにくいタイミングを選択することが望まれる。

　筆者としては、エンゲージメントへの萎縮効果等の弊害を軽減する観点から、グローバルなPSI概念に精通した一部の上場会社等を除き、当初はガイドライン(問2)の②の選択が望ましいと考える。

　しかし、このことは、当該上場会社等が公平開示を励行すべき情報の範囲を、②の方法により画定した重要情報の範囲に限定することを、決して容認する趣旨ではない。

　前記のとおり、上場会社等である限り、最低限でも、臨時報告書の提出事由や有価証券上場規程上の適時開示の対象となる情報は、可及的速やかに開示すべき義務を負う。また、これらの情報につき、正当理由のない選択的開示を容認すべき理由も、通常まったく見当たらないであろう。上場会社等が、法定開示義務・適時開示義務を銘記し適切な情報管理に努める限りフェア・ディスクロージャー・ルール上の重要情報の範囲自体はある程度限定的に画定したとしても、開示の後退につながることはないと考えられる。次に、このような考え方を前提に、やや具体的に重要情報の範囲画定のあり方

につき、検討する。

## III 重要情報の範囲画定（その1 決算情報以外）

### 1 基本・出発点としての重要事実・公開買付け等事実と合理的範囲の拡張

　ガイドライン（問2）②、③の方法による場合、重要情報として管理すべき範囲画定は、決算情報を除き、重要事実等が基本・出発点となる。この場合、まず出発点となる重要事実・公開買付け等事実の範囲・該当要件・時期等に関する正しい認識が大前提となる。証券取引等監視委員会は、2008年以降、毎年課徴金事例集を作成し、ホームページ上に公表している。各年の事例集では、重要事実・公開買付け等事実ごとに、これら事実に該当したと認定した時期（決定事実であれば、決定が行われた時期）、認定事由（決定事実であれば決定権者、決定行為の態様等）が、一定程度、具体的に紹介されている。最高裁決定平成23年6月6日を受けて、実務界では、重要事実・公開買付け等事実の範囲が拡大し予見可能性も大きく低下したとの懸念が、一時広がった。しかし、その後の監視委員会による課徴金事例集の公表、金融庁における審決事例の積重ね等により、重要事実等の該当要件・時期等の判断基準も、相当程度明確化しつつあると思われる。ただし、次のような諸事情にも、留意が必要である。

**ア　案件ごとの個別事情に起因する該当の要件・時期等の大きなバラツキ**

　重要事実等の性質によっても当然異なるが、各上場会社のガバナンス・意思決定状況に起因する差異もかなり大きい。課徴金事例集からうかがえる最近の傾向では、当該会社での類似事案に関する従前の意思決定のあり方等が

重視される傾向にある。

### イ　バスケット条項の拡大傾向

　重要事実に関するバスケット条項（現・法166条2項4号・8号）は、インサイダー取引規制の導入当初から存在した。

　しかし、規制がもっぱら刑事手続により行われていた時代には、その発動は「だれがどう考えても、絶対に放置はできない」と思われるような極端な事例に限定されてきた。平成16年の証取法改正で課徴金が導入されて以降、状況は変化し、従前よりも活発に用いられるに至った。バスケット条項への該当性に関しては、実務上、株価に対し現実に生じた影響が重視されざるをえないが、最近では従前の事例に比し影響度が小さいと思われる事案にも認定される傾向にある。TFでも、バスケット条項との関係は繰り返し論議され、今後、フェア・ディスクロージャー・ルールの運用状況等が金商法166条2項4号・8号の解釈運用にも影響を及ぼす可能性もある。

　上記のような諸事情から、重要事実・公開買付け等事実の範囲等の認識に際しても、一定のバッファーも必要と考えられる。バッファーは、金商法166条以下のインサイダー規制への対応との関係でも不可欠であるが、フェア・ディスクロージャー・ルールとの関係では、そもそも「重要情報の範囲は、法人関係情報よりは狭いが、重要事実・公開買付け等事実よりは広汎」とされていることを銘記する必要がある。

　定性的・定量的な範囲については、「重要事実・公開買付け等事実＜重要情報＜法人関係情報」の不等式が、時系列的には「法人関係情報→重要情報→重要事実・公開買付け等事実」の系列式が、成り立つと考えられる。

　ガイドライン（問2）の②、③の方法による場合も、「重要事実・公開買付け等事実に該当する情報は、即重要情報として管理必要」とはいえるが、「重要事実・公開買付け等事実に該当しなければ、即重要情報としての管理不要」とはいうことはできない。

## 2　定性的拡張とバスケット条項

### (1)　バスケット条項の重要事実を出発点とした拡張

　金商法166条2項各号、167条に重要事実・公開買付け等事実として具体的に列挙されていないが、実務上、その定性的な重要性に鑑みて、第一級の法人関係情報として取り扱われている情報として、既発行株式の売出し・特則市場上場会社の本則市場昇格等をあげることができる。これらの事実は、個別具体的情況いかんでは、バスケット条項の重要事実にも該当する可能性があると考えられている。「重要情報の範囲を、重要事実・公開買付け等事実に比し、どの程度、定性的に拡張すべきか」に関しては、このバスケット条項の重要事実との関係を抜きに、論ずることはできないと考えられる。そもそも、同法27条の36第1項の重要情報の定義は、重要事実のバスケット条項を定義した同法166条2項4号・8号をほぼそのまま模倣し、ただ投資判断に及ぼす影響のみ「著しい」から「重要な」と一段階緩和したものである。このような経緯に照らしても、重要情報の範囲の定性的な外延に関しては、重要事実のバスケット条項を出発点に、どの程度拡大すべきかの検討を加えるべきと考えられる。

### (2)　最近の課徴金実務にみるバスケット条項の運用

　バスケット条項の重要事実に関しては、平成30年課徴金事例集に、すべての個別事例が掲載され、該当性判断の理由等も記載されている。これら個別事由からは、その認定に際し、事後的な株価への影響が重視されていることがうかがえる。

　その性質上、やむをえない面があるとはいえ、予測可能性を困難とする面があることは、否定できない。最近では、従前に比しこの影響度が低いと思われるケースに適用が拡大されている傾向もあり、不透明感もいっそう増している。

このような状況のなか、有力な足掛かりとして、金融商品取引所の有価証券上場規程上のバスケット条項をあげることができる。たとえば、東京証券取引所「会社情報適時開示ガイドブック」は、上場会社の決定事実・発生事実に関しては「その他上場会社の運営、業務若しくは財産又は当該上場株券等に関する重要な事実」と題して、また子会社等の決定事実・発生事実に関しては「その他子会社等の運営、業務又は財産に関する重要な事実」と題して、各々、バスケット条項該当の目安を示している。そのいずれにおいても、ａ（金商法のいわゆるバスケット条項である166条２項４号または８号）、ｂからｅ（売上げ・利益・資産等への影響に関する各種数値基準）およびｆ（企業開示府令19条２項12号・19号が規定する臨時報告書提出に関する包括基準）の６個の提出事由が列挙されている（東京証券取引所「会社情報適時開示ガイドブック〔2018年８月版〕」324頁、401頁、575頁）。このうち、ａは「金融商品取引法166条２項のいわゆるバスケット条項に該当する場合は、須らく適時開示を行うべき」といういわば当然のことを再確認したにすぎないといえる。他方、ｂないしｅの数値基準はいずれも相当大きな数字であり、ｆの臨時報告書の包括事由に関しても「重要な後発事象かつ純資産３％以上かつ５年間平均純利益20％以上」という厳しい縛りがある。実務上、金商法166条２項４号・８号の重要事実への該当性の判断に際しても、これら東京証券取引所が示す適時開示のためのガイドライン（東証適時開示ガイドライン）上のバスケット条項のいずれかに該当するか否かが、重要なメルクマールの一つとしてあげられることも少なくない。下級審であるが、ニアリー・イコールとする裁判例も存する。

　また、ｆの重要な後発事情に関しては、インサイダー取引規制が導入された昭和63年当時からバスケット条項への該当基準とする説も少なくなかった。

　「東証適時開示ガイドラインのバスケット条項ｂ乃至ｅのいずれか又は重要な後発事象に該当すれば、無条件に金商法166条２項４号又は８号に該当」と断定することはやや行き過ぎと思われるが、金商法166条との関係で

も、少なくとも黄色信号点灯として取り扱うべきである。逆に、bからfのいずれにも該当しない場合は、定性面等を捨象して即重要事実に該当しないとすることも、短絡的に過ぎる。

### (3) 数値基準のみに依拠した機械的判断はアウト

　東証適時開示ガイドラインのbないしeのいずれかの項目またはfの後発事象に該当する場合、投資判断に少なからず影響を及ぼすべきことは明らかと思われ、少なくとも重要情報としての管理は必須といえる。さらに、重要情報は重要事実等よりは投資判断に及ぼす影響が低くて足るとされたことに鑑み、上記バスケット条項所定の数値の何掛けかの段階から、少なくとも黄色信号点灯と考えるべきである。

　同時に、内部的にいかに適切な数値基準を設けたとしても、当該基準のみに機械的に依拠すること、特に数値が当該基準を下回ることの一事をもって、重要情報としての管理不要と即断することは、フェア・ディスクロージャー・ルールの趣旨を没却するものといわざるをえない。

　金商法166条2項4号・8号との関係においても、このような短絡的思考は危険と考えられる。

　フェア・ディスクロージャー・ルールとの関係では、よりいっそう不適当といえる。ちなみに、東証適時開示ガイドラインも、決定事実・発生事実の各々のバスケット条項の「開示に関する注意事項」において、「上記a．からf．までに掲げる開示の目安への該当の有無にかかわらず、投資者の投資判断に及ぼす影響が重要であると認められる場合には、直ちにその内容を開示するようにしてください」として、短絡的判断を戒めている。そのうえで、投資者の投資判断に及ぼす影響が重要であると認められる場合としては、「当該会社情報の決定（発生）によって、上場会社の事業構成・収益構造等の転換を伴うなど、上場会社の運営、業務または財産に係る基本的情況に重要な変化が生じることが見込まれる場合や、当該会社情報の決定（発生）によって、当該会社情報の決定（発生）の日の属する連結会計年度以降

に、黒字転換または赤字転換が見込まれる場合など」を、例示している（東京証券取引所「会社情報適時開示ガイドブック〔2018年版〕」325頁、401～402頁）。

　各証券取引所の有価証券上場規程は、適時開示項目を相当詳細かつ具体的に列挙しながらも、バスケット条項も設けている。さらに、バスケット条項でもなおカバーしきれないが、投資判断に及ぼす影響が重要として開示を要する場合がある。いわば、究極のバスケット条項・包括条項である。このような究極の包括条項は、有価証券届出書・同報告書・公開買付届出書等、筆者の知る限り、すべての開示規制に存在する。フェア・ディスクロージャー・ルールに関しても、例外と解すべき理由はない。「会社情報適時開示ガイドブック」が、「投資者の投資判断に及ぼす影響が重要と認められる場合」という金商法27条の36と酷似する表現を用いていることも、示唆に富む。ガイドライン（問2）の②または③を選択し、当初、重要事実・公開買付け等事実をベースとする方法から出発しても、究極的には、個別情報ごとに投資判断に及ぼす実質的影響を真摯に検討する姿勢が不可欠といえよう。

## 3　定量的拡張と適時開示基準

　2月パブリックコメント回答No.5は、決算情報以外の重要事実の軽微基準に該当する情報に関し、次のとおり、回答している。

　「当面、重要情報として管理しないことも考えられます。

　ただし、取引関係者から、これらの情報が上場会社等の有価証券の価額に重要な影響を及ぼす蓋然性があるものとして、重要情報に該当するのではないかとの指摘を受けたときには、問3の（答）のような対応をとることが考えられます」。

　重要事実・公開買付け等事実の軽微基準に該当してもフェア・ディスクロージャー・ルールの対象とすべき場合があることは、TFの初期段階で金融庁担当官が明確に指摘している。このような立法経緯に照らしても、重要事実等の軽微基準には該当しても、最低限、適示開示上の基準を超える情報

に関しては、重要情報としての管理を真摯に検討すべきである。当初は負担かと思われるが、金商法166条2項所定の決定事実・発生事実の全項目に関し、取引規制府令上の軽微基準と東証適時開示ガイドライン上の開示範囲を悉皆的に比較し、前者を下回っても後者に達している場合は、必ず管理の要否を検討することが、強く望まれる。検討の結果、当面管理不要とする場合にも、有価証券の価額に及ぼす影響が重要でないとの判断に至った理由の明確化が望まれる。この場合でも、もとより有価証券上場規程上の適時開示義務まで免れるものではないことに、留意すべきである。

　なお、2月パブリックコメント回答No.7は、事故・災害等に起因する損害に関し、「重要事実の軽微基準であれば、原則的に重要情報にも非該当」とも解しうる表現を用いている。しかし、業務に起因する損害の場合、重要事実の軽微基準も純資産の3％未満という他の重要事実との対比では比較的低い水準に設定されている等の事情もあり、重要事実の軽微基準に該当する場合一般に類推することは危険である。そして、同回答も、前記重要事実のバスケット条項や適時開示との関係に関しては、注意を喚起している。

## 4　時系列的前倒しと「確定的」の要件

　ある事項・事実が重要情報に該当する時期に関しては、ガイドライン（問2）が冒頭に掲げる「確定的に」との要件を抜きに考えることはできないと思われる。この文言は、金商法27条の36第1項の重要情報に関する定義中には存在せず、ガイドラインにおいて明記されたものである。

　「確定的」との要件は、EU法の「確定的な性質」（precise nature）の概念を受け継いだもので、比較法的な観点を含め、すでに第1章制度編で黒沼教授が詳しく解説されている。

　ここで、視点を変えて、インサイダー規制実務の運用状況等も視野に、今後の実務における留意点等につき、検討したい。第1章では、「確定的な性質（precise nature）を有する情報とは、存在するか、発生すると合理的に見

込まれる一連の状況または出来事を示す情報であって、その金融商品の価格に及ぼす影響について結論を引き出せる程度に確実なものをいう」と、解説されている。

　逆にいうと、過度に抽象的な事項・事実、実現に向けた意図すら生じていないような純然たるアイデア等は、通常、金融商品の価格に及ぼす影響が大きくないとの考え方が潜んでいると思われる。そして、最近の事例等に照らせば、類似の線引きは、インサイダー取引に関する課徴金実務でも、実質的に採用されているのではないかと思われる。

　実務では、重要事実・公開買付け等事実に該当する要件・時期等に関しては、証券取引等監視委員会による毎年の課徴金事例集の公表・金融庁の審判事例蓄積等を通じ、次第に、一定のレベル感も形成されつつあるように思われる。フェア・ディスクロージャー・ルール上の重要情報は重要事実・公開買付け等事実よりも広汎であり、フェア・ディスクロージャー・ルール対応の実務では、課徴金実務において重要事実・公開買付け等事実に該当すると思われる少なくとも一段階前までの時点では重要情報に該当するとの前提で対応するべきである。ガイドライン（問2）にいう「確定的」との要件は、この程度の具体性であっても充足すると解すべきである。充足の具体的要件、時期等に関しては、今後の実務の蓄積を待つ必要があるが、現段階での筆者の概略の考え方は以下のとおりである。

　決定事実の場合、もとより個別具体的事情に基づく差異は大きいが、最近の課徴金事例集では、一定程度の内容的具体性のある計画の実施・検討に関し、社長やCEOが指示・了解を与えた時点で認定されている例が比較的多いと思われる。少なくとも了承を求めるための原案が担当役員レベルで確定した段階からは、「確定的」の要件も充足するとして、重要情報として取り扱うべきであろう。

　発生事実の場合、インサイダー取引規制導入当初よりは若干前倒しの傾向はあるが、最近の課徴金実務等でも、重要事実該当の時期は、決定事実に比し、概していうと、相当遅くなる傾向がある。前記2月パブリックコメント

回答No.5は、重要事実等に該当する前の情報として、「親会社等による売出し等により主要株主の異動が発生する可能性があるという情報」も取り上げており、同回答は上記の軽微基準に該当する場合と共通する。

 ２月パブリックコメント回答No.5でも、重要事実該当とどの程度乖離した段階が想定されているのかは必ずしも定かでないが、主要株主異動が重要事実に該当する時期に関する有力説等との比較では、相当前の時点の可能性も高い。したがって、発生事実の場合、前倒しの要請は、決定事実よりもさらに強く妥当しよう。ここで留意すべきは、「親会社の売出し等により主要株主異動が発生する可能性がある」という程度の具体性でも、ガイドライン（問２）にいう「確定的に」との要件を充足する可能性もあることである。なお２月パブリックコメント回答No.5が言及する売出しの可能性は、事案の進展度・成熟度等によっては、主要株主異動とは別個の重要情報に該当する可能性も十二分にあるので、注意を要する。

## 5　小　　結

　ガイドライン（問２）②、③を前提に、決算情報以外の重要情報の範囲画定を検討した。②、③の場合、まず重要事実・公開買付け等事実への該当性に関する正しい認識が出発点となることはいうまでもなく、金融庁や証券取引等監視委員会から公表されている審決事例・課徴金事例等を参照すべきである。

　そのうえで、重要事実等と重要情報との投資判断に与える影響度の差異に即し、定性的・定量的な拡張と時系列的な前倒しを適切に施すことが求められる。

　そして、当初、ガイドライン（問２）②、③の方法を選択した場合にも、個別情報ごとの投資判断に及ぼす実質的影響の真摯な検討が不可欠である。

## Ⅳ 重要情報の範囲画定
## （その2　決算情報）

　決算情報に関しては、Q1-2-3及びQ1-3-1ないしQ1-4-4で詳細に論じられているが、若干補足する。

### 1　決算関連情報の広汎性

　ガイドライン（問2）は、決算情報につき、「年度又は四半期の決算に係る確定的な財務情報」と定義づけたうえで、②・③の二方法を併記した。②と③では管理されるべき重要情報の範囲には大きな差異が生じるが、いずれの場合も決算情報の範囲画定が出発点となる。

　決算情報の範囲は、インサイダー取引規制の場合（法166条2項3号・7号）と比べ、著しく広汎と解される。金商法166条2項3号・7号の情報は、文言上、年度決算の情報に限定される。日本取引所自主規制法人のインサイダー規制FAQ（インサイダー取引に関する取引相談Q&A集）21番は、四半期決算に関する情報もバスケット条項の重要事実に該当する場合がありうるとするが、現在までのところ、適用事例は見当たらない。また、重要事実認定の時期も、もとより個別事案ごとに異なるが、課徴金実務では、比較的遅めと思われるケースも少なくない。フェア・ディスクロージャー・ルール上の重要情報としての決算情報に関しては、同法166条2項3号・7号と同様に考えることはもとより許されず、ガイドライン、パブリックコメント回答をベースに同ルール導入の経緯等も考慮しつつ、適切にその範囲を画定する必要がある。

## 2 決算情報として管理すべき場合

　年度または四半期決算に関し、売上げ・営業利益・経常利益・純利益のいずれかに関し具体的数値が算出され、以後大幅な変更が加えられることなく最終値として確定・公表される可能性が高い状況にあれば、決算情報として管理すべきであろう。

　たとえば、これら数値が「経理部担当者による当初算出→経理部管理職による確認→財務担当執行役員による確認→CEOの了解→取締役会決議・公表」という時系列により確定・公表される場合、上場会社ごとの個別具体的な状況次第では、経理部員による当初算出の時点から決算情報として管理すべき場合もあろう。経理部員が当初算出した数値であっても、大幅な変更はなくCEOの了解が得られる可能性が高いような場合には、確定的といいうると思われる。

　次に、通期・四半期の概括的傾向を明示または暗示するような情報も、決算情報として管理すべきである。典型例としては、「公表ずみの予想値と大差なし」あるいは「前年の第1四半期よりわずかに上乗せ」というような情報が想定される。これら情報が一定程度確実な根拠に裏付けられている場合、具体的数値を明示しなくとも前記ガイドライン（問2）が要求する「確定性」を有すると考えるべきである。2月パブリックコメント回答No.4も、決算に関する定量的な情報のみならず増収見込みである旨などの定性的情報も決算情報に該当しうるとする。

## 3 原則的に決算情報非該当の場合

　いわゆる月次情報等は、原則的には、決算情報としての管理までは要しないと考えられる。2月パブリックコメント回答No.4は、ガイドライン（問2）の「年度又は四半期の決算に係る確定的な財務情報」との定義を援用したうえで、「「月次」の売上等の数値については、上述の決算情報の定義に従

えば、一般的にそれ自体では『決算情報』に該当しないものと考えられます」としている。ただし、月次の数値から容易に年度または四半期の数値を推測できる可能性がある場合、たとえば四半期中の最初の月と次月の各月次の数値が公表された場合の最後の1カ月の数値等に関しては、別途、考慮を要する場合もあろう。

## 4　中期経営計画等の取扱い

　ガイドライン（問2）の定義により、決算情報として管理を要する範囲はある程度、明確になったと思われる。ただし、この決算情報の定義に該当するかについては疑問もある広義の財務情報関連の取扱いに関しては、やや微妙な点もある。

　1つは、中期経営計画等にしばしば記載される将来的な売上げ・利益等に関する数値の取扱いである。インサイダー取引規制導入当初の立案担当官は、いまだ開始していない期の数値情報はその不確実性ゆえに重要事実に該当しないとの趣旨の見解を示した。しかし、この見解は、四半期はもとより中間決算すら制度化されていない時代の刑罰法規の解釈論である。今日、フェア・ディスクロージャー・ルール上の決算情報として管理すべき範囲の画定に際し、少なくともそのまま通有性を有するとは考えがたい。中期経営計画等の数値に関しては、ガイドライン（問4）①が、次のとおり、一定の方向性を示している。

　「今後の中長期的な企業戦略・計画等に関する経営者と投資家との間の建設的な議論の中で交わされる情報は、一般的にはそれ自体では本ルールの対象となる情報には該当しないと考えられます。ただし、例えば、中期経営計画の内容として公表を予定している営業利益・純利益に関する具体的な計画内容などが、それ自体として投資判断に活用できるような、公表されれば有価証券の価額に重要な影響を及ぼす蓋然性のある情報である場合であって、その計画内容を中期経営計画の公表直前に伝達するような場合には、当該情

報の伝達が重要情報に該当する可能性がある点にご留意下さい」。

　２月パブリックコメント回答No.14も、上記とほぼ同趣旨といえるが、フェア・ディスクロージャー・ルールの対象となる可能性がある場合に関し、「中期経営計画に含まれている具体的な計画内容が、それ自体として投資判断に活用できる確定的な情報を含んでいて、当該情報が公表されれば有価証券の価額に重要な影響を及ぼす蓋然性がある場合」との表現を用いている。そのうえで、営業利益・純利益の記載は例示であり、「「中期経営計画の内容として公表を予定している営業利益・純利益に関する具体的な計画内容」が常にフェア・ディスクロージャー・ルールの対象となるものではありません」とのなお書も付している。

　２月パブリックコメント回答No.14は、ガイドライン（問４）①を再確認しつつも、やや射程距離を拡大したものといえる。そして、重要情報への該当基準として、確定性と「有価証券の価額に重要な影響を及ぼす蓋然性」が正面に掲げられている。

　具体的な判断基準等は、今後の実務の蓄積を待つほかないが、たとえば将来の売上げ・利益等に関する情報であれば、数値の水準（現在との乖離度等）、実現可能性の高低（より近い時点ほど、高まる傾向かと思われる）、当該上場会社等の内部における確定度・成熟度等は考慮を要するであろう。この観点から、未開始の四半期の売上げ・利益等に関しても、たとえば、「当該四半期開始まで残余１週間程度で、その売上げ・利益等に関し前年同期と大きく乖離した予測値が、上場会社等の内部で実現可能性が高い数値としてCEO以下で広く共有されている場合」などは、むしろ重要情報として管理すべきであろう。

## 5　補足情報およびいわゆるモザイク情報

　TFでの検討段階から、公表された情報をブレークダウンした補足情報や他情報と組み合わせることで投資判断に利用可能ないわゆるモザイク情報

は、重要情報として管理を要しない旨が、繰り返し表明されてきた。

　しかるに2017年10月24日付でパブリックコメントに付されたガイドラインの原案の（問４）は、「契約済みの為替予約レートの数字」を例示して重要情報に該当する可能性を示唆し、各方面での議論を呼んだ。この点に関し、確定した最終版のガイドラインは、（問４）②で一般的に補足情報自体は重要情報に該当しないと考えられることを明示のうえ、ただし書において「例えば、企業の業績と契約済みの為替予約レートの関係に関する情報であって、その後の実際の為替予約レートの数値と比較することで容易に今後の企業の業績の変化が予測できるような、それ自体として公表されれば有価証券の価額に重要な影響を及ぼす蓋然性がある情報が含まれる場合は、そのような情報は重要情報に該当する可能性がある」として、明確な限定を付した。（問４）③は、「他の情報と組み合わせることで投資判断に活用できるものの、その情報のみでは、直ちに投資判断に影響を及ぼすとはいえない情報（いわゆる「モザイク情報」）は、それ自体では本ルールの対象となる情報に該当しない」と考えられる旨も、重ねて明示している。さらに２月パブリックコメント回答No.15は、「『契約済みの為替予約レート』が常に『その後の実体経済の数値と比較することで容易に今後の企業の業績変化が予想できる情報』に該当することを示したものではありません」として誤解の払拭に努め、また「為替や市況関連ヘッジの有無、またそのおおよその比率」および「外貨取引における調達通貨」を例示し、為替予約レートと同様の考え方が該当することを明示した。

## 6　小　　結

　ガイドラインおよび２月パブリックコメント回答を通じて、決算情報として管理すべき範囲は、相当程度、明確になったといえる。他方、広義の財務情報に関しては、若干、微妙な部分も残っていると思われる。

　特に、ガイドライン（問４）、２月パブリックコメント回答No.14等がい

ずれも「確定的情報かつ有価証券の価額に重要な影響を及ぼす蓋然性」とのPSI概念に即した判断基準を提示し、かつ2月パブリックコメント回答No.4が当該判断基準は、(問2)②、③採用の場合にも及ぶことを示唆したことは、注目に値する。

（問2）の②、③のうち、後者は有価証券の価額に及ぼす影響を問わず、決算情報を一律に重要情報に含める方法である。

決算情報は、その性質上、多かれ少なかれ投資判断、ひいては有価証券の価額に影響を及ぼす可能性を含み、影響度の事前予測も必ずしも容易ではない。したがって、上場会社等の状況いかんでは、少なくとも当面は③の方法に依拠することもやむをえない。

しかし、エンゲージメントに対する萎縮効果等をできる限り軽減する観点からは、③の方法を原則としつつも、「明らかに有価証券の価額に及ぼす影響が軽微と考えられる場合」を例外とする一定の柔軟性ももたせた方向性も、十分に検討に値するかと思われる。このような②と③のいわば折衷的な方法も、決してガイドライン（問2）に反するとは考えられない。むしろ、金商法27条の36第1項の重要情報の定義や（問2）が冒頭に掲げる重要情報画定に関する基本的考え方と、より整合的といえる。当初、かかる折衷的方法を採用し一定の経験を積んだ後、社内管理体制等の見直しに際し、①または②に移行することも、フェア・ディスクロージャー・ルールの理念・趣旨に即した選択といえよう。

## V 有価証券の種類と重要情報

2月パブリックコメント回答No.6は、重要情報の範囲が有価証券の種類により異なることを、肯定する。同回答は、明らかに株式・CB等のエクイ

ティ証券と普通社債等のデット証券との差異を考慮したものと推測される。普通社債等も、一応、金商法166条のインサイダー規制の対象とはなる。しかし、同条6項6号により有価証券規制府令58条所定の事実（デフォルト情報）以外の重要事実は、すべて適用除外とされる。他方、法人関係情報関連の規制との関係では、デフォルト情報に限定されないとするのが、金融庁の見解である。

　そもそも、有価証券の種類に応じて重要情報の範囲を区別することに、どのような意味があるか。

　金商法27条の36の選択的開示の規制との関係では、区別する実益に乏しいと思われる。なぜならば、同一情報に関し、「普通社債等の関係でのみの開示とし、エクイティ証券の関係では開示しない」との類の情報伝達は、現実にはほとんど不可能と考えられるからである。

　実務上、区別の意味があるのは、取引関係者の売買等禁止義務との関係と思われる。上場会社等の側では金商法27条の36第3項の取引関係者による売買等禁止義務違反の有無を確認する際に、取引関係者側では、公表前の普通社債等の売買等が同条1項ただし書所定の売買等禁止義務に抵触するか否かを検討する際に、各々問題となると考えられる。

　仮に、金商法166条6項、167条5項の適用除外取引は当然に同法27条の36各項の売買等からも除外されるとすれば、問題は一挙に解決であろう。

　しかし、現行重要情報公表府令のもとではこのような考え方には明らかに無理がある。実務では、現行法令・ガイドラインに即し、対応を検討する必要がある。

# VI 公表

　金商法27条の36各項が義務づける公表の具体的態様に関しては、同条の委任を受けて重要情報公表府令10条各号が具体的態様を規定する。

　このうち、同条1号ないし4号は、重要事実公表に関する金商法施行令30条を、ほぼそのまま踏襲したものといえる。

　他方、重要情報公表府令10条5号は、インサイダー規制にはないフェア・ディスクロージャー・ルール独自の態様として、ウェブ上への掲載を、一定要件のもとで導入したものである。この公表に関しては、12月パブリックコメント回答No.228からNo.235において、相当詳細な記述がなされている。このうち、No.229からNo.233は、ウェブ開示に関するものである。

　このほか、この公表全般に関しては、第1章およびQ3-1からQ3-8で詳しく解説されているが、若干補足する。

　1つは、重要情報公表府令10条と金商法27条の36第1項の重要情報の定義における公表との関係である。同項は、重要情報の定義としての公表に関しては内閣府令への委任を規定しておらず、その当然の帰結として重要情報公表府令10条も、文言上、この点には言及していない。

　しかし、金商法27条の36の趣旨が公平開示の促進にあることに鑑みれば、重要情報公表府令10条が義務づける態様による公表がすでになされた情報は、重要情報の定義中の「公表されていない情報」には該当しないと解してさしつかえないであろう。その裏返しとして、重要情報の定義としての公表に関し、同条よりも拡大的に解すること、たとえば同条各号に該当しないにもかかわらず事実上の公知性をもって重要情報該当性を否定するようなことは不適当かつきわめて危険といえる。

　次に、金商法27条の36第2項・3項が義務づける「速やかな公表」の意味

するところに関しても、注意が必要である。これら各項は、もっぱら物理的可能性に着眼して、同条1項の即時開示の原則に最小限の修正を認めた規定と考えられる。公表の時期等に関し上場会社等の裁量を容認した規定ではないことに留意すべきである。

## VII 上場会社等と取引当事者等との関係をめぐる諸問題

　フェア・ディスクロージャー・ルールのもとでの上場会社等と取引関係者等との接触のあり方は、実務上、最も悩ましい問題の一つであり、エンゲージメント等への負の影響も懸念される。この問題に関しては、Q2-1-1からQ2-5で取り上げられているが、実務的に特に関心が高いテーマと思われるので、若干補足する。

### 1 出発点となる取引当事者の範囲に関する正しい認識

　この点に関しては第1章で詳しく解説され、Q2-1-1、Q2-2等でも取り上げられている。

### 2 焦点となる重要情報該当性と守秘義務等の有効性

#### (1) 問題の所在

　金商法27条の36各項は、取引関係者に選択的開示が行われた場合、上場会社等に対し、きわめて厳格な開示義務を課している。この義務が免除されるのは、取引関係者が上場会社等に対し法令上または契約上の守秘義務・売買

等禁止義務を有効に負担し、かつこれが遵守される場合に限られる。

　他方、取引関係者が有効に負担する守秘義務・売買等禁止義務に違反した場合、種々のリーガルリスクが生じる。たとえば、取引関係者が過失により守秘義務に違反して他の取引関係者に重要情報を漏えいし、その結果として上場会社等が不本意な時期における公表を強制され経営上の損失を被ったような場合（法27条の36第3項）、当該損害の賠償義務が発生するおそれがある。

　これらの諸点から、伝達に係る情報の重要事実該当性および守秘義務・売買等禁止義務の有効性は、上場会社等・取引関係者の双方にとり、きわめて重要な意味を有する。

　これらの点に関し、上場会社等または取引関係者間の認識・対応が不十分な場合または両者間の認識が不一致の場合には、種々の問題が発生する。

### (2) 重要情報該当性に関する認識の食い違い

　金融庁は、ガイドライン、パブリックコメント回答等において、重要情報の範囲をめぐり上場会社等と取引関係者との間で見解の相違が生じた際には、まず両者の対話を通じて一致を図るべきことを、繰り返し強調する。

　ガイドライン、パブリックコメント回答等において金融庁が想定するのは、取引関係者が重要情報への該当を懸念するにもかかわらず、上場会社等の側にその認識が欠如するケースと考えられる。ガイドライン（問3）等は、その典型といえる。

　しかし、エンゲージメント等の場では、その逆の場面、「取引関係者としては、重要情報に該当すると考えない情報に関し、上場会社等の側から重要情報としての守秘義務遵守・売買等禁止を要請されるケース」も、十分、想定しうる。

　重要情報の範囲等に関し、上場会社等と取引関係者が対話を重ねることは、フェア・ディスクロージャー・ルールの健全な運用上、もとより有益といえる。

　たとえば、証券市場の状況等に必ずしも精通していない上場会社等が、機

関投資家たる取引関係者とのエンゲージメントを通してその決算情報の株価に対する影響に関しより正しい認識を有するに至ったような場合は、当該会社のフェア・ディスクロージャー・ルール対応の適正化に資するところが大きいといえよう。また、多くの上場会社等が多種多様な取引関係者と多くの局面で対話を積み重ねることを通じて、実務において重要情報の範囲等に関しある種の共通コンセンサスが次第に形成されれば、フェア・ディスクロージャー・ルールの透明性・予測可能性も向上しよう。

### (3) 最終的には上場会社等の判断を原則優先

　上場会社等・取引関係者が対話を重ねても、どうしても認識が一致しない場合、各当事者はどのように対処すべきか。ガイドライン（問２）は重要情報として管理すべき範囲画定に関し三方法を併記する。純理論的には、金商法27条の36の解釈により定まる重要情報の範囲と、上場会社等が（問２）のいずれかの方法により管理すべき情報として画定した範囲とは、当然に一致するものではないとしても、少なくとも当面の実務では、別個の考慮を要する。まず、上場会社等が（問２）の三方法のいずれかを選択した場合、一見明白に不合理な場合を除き、取引当事者も当該選択自体は受け入れざるをえず、原則的に当該方法に即し、個別情報の重要情報該当性の有無に関し、対話を重ねることとなろう。

　エンゲージメント等に臨む取引関係者において、全社共通の重要情報の範囲に関する基準を自ら確立し相対峙する全上場会社等にその採用を求めるようなことはきわめて非現実的で、もとよりフェア・ディスクロージャー・ルールが想定するところではないと考えられる。

　上場会社等が選択した方法に照らしての個別情報の重要情報該当性に関しては、当該上場会社側の判断をもってファイナルとすべき理論上、法令・ガイドライン上の根拠までは、見出すことができない。しかし、個別情報の投資判断に及ぼす影響は会社ごとの個別具体的事情により大きく異なる。取引関係者としても、明らかに不合理と思われる場合を除き、最終的には上場会

社等の側の判断を受け入れざるをえないと考えられる。

　その結果、取引関係者としては、違和感がある場面も想定される。たとえば、上場会社等が（問2）③の方法をとり決算情報のすべてを重要情報に含める場合、取引関係者が「決算情報とは思われるが、有価証券の価額に及ぼす影響は比較的軽い」と判断したとしても、重要情報該当性に関する判断自体は、受容せざるをえない場合が多いであろう。事後、当該判断を前提に、取引関係者としてどのような対応をするかは、守秘義務・売買等禁止義務の有無・有効性等の個別具体的事情により異なる。

### (4)　選択的開示の即時または速やかな開示

　他方、上場会社等の側としても、取引関係者に対し、重要情報該当性自体に関しては一定の合理性のある範囲で最終的にその判断を尊重するように求めることは可能としても、当然に守秘義務・売買等禁止義務等を負担することを強制する権利はない。まず、守秘義務・売買等禁止義務の有効性が確認できない状況での意図的な選択的開示はもとより論外である。

　自ら選択の方法に即し管理すべき範囲として画定した情報に関し、なんらかの事情で意図せずに選択的開示（法27条の36第2項）に至った場合、上場会社等としては有効な守秘義務・売買等禁止義務の存否を検証し、存在すると判断した場合には、取引関係者に対し当該義務の範囲内であることを説明し、その遵守の意向を確認すべきである。有効性が確認できなければ、取引関係者に対し当該情報の公表までの間の秘密保持・売買等禁止の確約を要望することとなろう。いずれの場合にも、当該取引関係者が守秘義務・売買等禁止義務を承服した場合には、なんらかの方法で記録に残すべきである。他方、当取引関係者が最終的に守秘義務・売買等禁止義務の遵守の意思を示さない場合、上場会社等としては、金商法27条の36第2項に従い速やかな公表を行うほかない。

### (5) 焦点となる守秘義務・売買等禁止義務の有効性

　守秘義務・売買等禁止義務の有効性は、上場会社等・取引関係者双方の利害に大きな影響を及ぼす。

　守秘義務・売買等禁止義務としては、法令上のものと契約上のものが想定される。後者の契約上の義務には、明示的なものと黙示的なもの、包括的なものと特定の重要情報に限定されたもの等、種々のパターンを考えうる。

　守秘義務・売買等禁止義務の存否および態様・内容により、当事者に求められる対応は大きく異なる。これらのうち、特に注意を要するのは、黙示の契約上の守秘義務・売買等禁止義務である。

　黙示の守秘義務に関しては、2月パブリックコメント回答No.28もこれを肯定する。しかし、黙示の守秘義務・売買等禁止義務の存否は当該時点の個別具体的な諸事情に依存し、最終的には裁判所の事後的判断に委ねざるをえない。事前の予測可能性は低く、まず上場会社等は、黙示の守秘義務・売買等禁止義務に依拠する姿勢は、絶対に禁物である。他方、取引関係者側としては、事後的に黙示の義務が認定されその違反に問われる危険性を、認識する必要がある。後日の紛争等を避ける観点からは、エンゲージメント等に先立ち、上場会社等・取引関係者の双方の間で、守秘義務・売買等禁止義務の存否・範囲等を事前確認することが望まれる。

　次に、(1)から(5)で述べた事項を前提に、上場会社等・取引関係者双方の実務対応に関し、問題点を整理する。

## 3　上場会社等の対応

### (1)　取引関係者が重要情報該当性を主張する場合

　ガイドライン（問3）が想定する典型的場合ということができる。まず、上場会社等の側が、ガイドライン（問2）のいずれの方法により管理すべき

情報の範囲を画定しているかを明示するべきである。上場会社等と取引関係者は、当該方法を前提に、対象情報の重要情報該当性に関し、対話を進めることとなろう。

対話の結果、上場会社等が自ら選択した方法に即し管理すべき情報の範囲に属すると判断した場合は、前記2(4)で述べた対応をとることとなろう。また、最終的に管理すべき情報の範囲ではないとの結論に至った場合でも、上場会社等としては、自らの社内規程、ディスクロージャー・ポリシー等に即した開示の要否は、別途検討する必要がある。

## (2) 取引関係者が重要情報該当性を否定する場合

次に、上場会社等の側が重要情報と判断した情報に関し、取引関係者が該当性を否定する場合の対応を検討する。

もとより、上場会社等の側において、重要情報と認識しつつ、有効な守秘義務・売買等禁止義務の存在を確認することなく取引関係者に伝達する行為は、金商法27条の36第1項違反必定で論外である。

他方、いかに注意を尽くしても、金商法27条の36第2項各号に該当するに至ることは実務においては完全には避けられず、このような場合に取引関係者側が重要情報該当性を否定することも、十分に想定しうることころである。

万が一、当該重要情報が同時に金商法166条以下の重要事実等にも該当しまたはその可能性が高い場合、上場会社等としては、該当可能性を明示的に告げ、秘密保持・売買等禁止の徹底を強く要請し、インサイダー取引の未然防止に努める必要がある。

しかし、取引関係者が該当性に疑問を呈するのは、当該情報が重要事実等には該当しないことが明白な場合がほとんどと思われる。

取引関係者への開示後に重要情報として管理すべき情報と認識した場合には、直ちに当該関係者に対しその旨を告げ、前記1(4)で述べた対応をとるべきである。理由のいかんを問わず、当該取引関係者が秘密保持・売買等禁止

を承服しない場合には、上場会社等としては、金商法27条の36条2項に従い速やかに公表措置を講じるほかないと考えられる。

## 4 取引関係者側の対応

### (1) 最初の対応

取引関係者としては、重要情報として管理すべき情報の範囲画定自体に関しては、最終的には原則として上場会社側の判断を優先せざるをえないことを前提とする必要がある。

そのうえで、重要情報の被開示を希望しない場合には、その旨をあらかじめ明示することが望ましい。機関投資家等がエンゲージメント等に際し、インサイダー取引規制上の重要事実・公開買付け等事実の伝達回避を要望することは、実務上、しばしばみられる現象であるが、フェア・ディスクロージャー・ルールが施行された今日においては、その範囲を重要情報まで拡大すべきであろう。また、守秘義務・売買等禁止義務を負う意思がない場合には、その旨も必ず事前に明示し、必要に応じ記録保存することが望ましい。

### (2) 上場会社等が重要情報該当性を否定する場合

取引関係者としては、最初に、当該上場会社等がガイドライン（問2）に即していかなる方法で管理すべき情報の範囲を画定しているかを確認すべきである。そのうえで、取引関係者において「当該方法に即し、重要情報に該当する可能性が高い」と考える理由を説明し、当該上場会社等との対話を進めることが望まれる。たとえば、ガイドライン（問2）②を採用の上場会社等において、ある決算情報に関し、取引関係者側は株価に重要な影響を及ぼす蓋然性が高いと判断するのに対し、当該上場会社等の側が否定する場合であれば、当該上場会社等の過去の株価動向、他社での類似事案の株価への影響等も考慮しつつ、議論を進めるべきであろう。

論議を尽くしても見解の一致がみられない場合、取引関係者としては、ガイドライン（問３）等に即し、当該上場会社等に対し所轄財務局への照会等を勧め、あるいは自ら照会することとなろう。

　なお、重要情報の範囲は、上場会社ごとの個別性が強い。ガイドライン（問２）②、③の方法による場合でも、出発点となるインサイダー取引規制上の重要事実等への該当時期・要件等は、上場会社ごとの個別具体的状況により、大きく異なる。加えて、ガイドライン（問２）は、一定の合理性のある範囲内では、重要情報として管理すべき情報の範囲画定方法に関しては、上場会社等の選択を許容する趣旨と解される。これら諸点から、「上場会社等が相当の自信をもって重要情報該当性を否定する場合、取引関係者としてもその判断に依拠してさしつかえないのでは」との考え方も、あるいは生じるかと思われる。いわゆる「信頼の原則」の適用の一場面と思われる。他の適用場面と同様に、諸般の事情を勘案しての総合的判断となろう。本題の重要情報該当性の場合、当該上場会社等の判断能力に対する信頼度および情報の性質が、重要なポイントとなろう。

　たとえば、グローバルに事業を展開し、海外での資金調達やIRにも精通した上場会社等が、ガイドライン（問２）①に即しPSIへの該当性を否定するような場合には、当該判断に一定の信頼を置くことが許容される場合も少なくないであろう。

　他方、マーケットの状況にさほど精通していない上場会社等がガイドライン（問２）②に依拠して決算情報の株価に及ぼす影響を過小評価していると思われるような場合には、安易に当該判断に依拠すべきでないといえよう。

### (3) 取引関係者が重要情報該当性に疑問を抱く場合

　ガイドライン（問２）等に照らし、取引関係者としては、原則的に当該上場会社等が選択した管理すべき範囲の画定方法を前提に、関係法令等に即した対応を講じる必要がある。

　万が一、当該重要情報が重要事実・公開買付け等事実にも該当する危険性

があるならば、取引関係者としては金商法166条、167条等への違反を厳に回避する必要があるが、かかる情報の重要情報性に疑問が生じる事態は、実務上、きわめて想定しがたい。

　上場会社等がとる画定方法を前提としつつも、なお該当性に疑問がある場合、取引関係者としては、疑問に感じる理由等を伝え、再考を促すべきであろう。

　他方、上場会社等がとる画定方法に照らせば該当するとの判断も明らかに不合理とまではいえない場合、取引関係者としては、多少違和感があるとしても、原則的にはその判断を受容せざるをえないと思われる。その結果、取引関係者としては、不本意な状況も生じる可能性がある。たとえば当該上場会社等が（問2）③を選択し全決算情報を重要情報として管理しているような場合、取引関係者としては株価に及ぼす影響は軽微と判断したとしても、当該上場会社等において管理すべき範囲に属すること自体は承認せざるをえないと想定される。この場合の取引関係者の対応としては、上場会社等に対し金商法27条の36に従い速やかに公表することを、強く要請すべきである。

　ただし、法令・契約上の包括的守秘義務の存在等から、あるいは当該上場会社等との事後の良好な関係維持等の観点から、不本意であっても、秘密保持および売買等禁止の要請に応じざるをえない場合もあろう。

### (4)　守秘義務等に応じない場合の不利益

　上場会社等が重要情報に該当すると主張するにもかかわらず、取引関係者が秘密保持・売買等禁止に応じない場合、どのような法的制裁・不利益を受けるであろうか。

　万が一、当該重要情報が同時に重要事実・公開買付け等事実等にも該当する場合、取引関係者がその公表前に売買等を行うと、適用除外事由がない限り、金商法166条以下のインサイダー取引規制違反に問われることとなる。

　しかし、取引関係者が重要情報該当性に疑問を感じるのは、当該情報が重要事実等には該当しないことが明白な場合がほとんどと思われる。このよう

な場合に、なんらかの法的不利益を受けるか。

　取引関係者が金融商品取引業者または登録金融機関（金商業者等）の場合、法人関係情報関連の諸規制の適用が想定される。

　次に、取引関係者が金商業者等に該当するか否かを問わず、上場会社に対し負担する契約上・私法上の守秘義務・売買等禁止義務違反に問われるおそれがある。取引関係者が上場会社等に対し負担する義務の内容は、突き詰めていうならば、当事者の合理的意思解釈の問題に帰すると考えられる。ガイドライン等は重要情報として管理する情報の範囲画定に関し上場会社等の選択を一定範囲で承認し、取引関係者も、この上場会社等の主導を前提にエンゲージメント等に臨むと考えても、あながち不合理とはいえないであろう。個別具体的事情にもよるが、明示的な合意等は存在しなくても、守秘義務・売買等禁止義務が認定される危険性も、決して軽視すべきでない。前記2(5)で述べたとおり、守秘義務・売買等禁止義務の存否・範囲等に関する事前確認は、励行が望まれる。

## 5　法人関係情報の関連規制とフェア・ディスクロージャー・ルール

　証券会社等の金融商品取引業者および登録金融機関（以下、「金商業者等」という）は、フェア・ディスクロージャー・ルール導入前から、金商業等府令に規定する法人関係情報関連の規制を受けている（金商業等府令1条4項14号、117条1項14号ないし16号、123条1項5号等）。フェア・ディスクロージャー・ルール導入時の論議等に照らすと、法人関係情報は重要情報の事実上、ほとんどすべてを包含し、より広汎と考えられる。少なくとも金融商品取引業の実務上は、重要情報および該当の蓋然性のある情報は、法人関係情報にも該当するとの前提で臨むべきであろう。金商業者等は、不公正取引防止に十分な法人関係情報の管理体制の構築（同府令123条1項5号）を義務づけられ、法人関係情報の顧客等への伝達、同情報を利用しての勧誘等は禁止

される（同府令117条1項14号ないし15号）。特に厳格であるのが、有価証券関連業務を営む第一種金融商品取引業者＝証券会社を名宛人とし、法人関係情報に基づく自己売買等を禁止した同府令117条1項16号である。この他、同府令306条1項12号は、信用格付業者を対象に、受領した情報の目的外利用を禁止している。

　フェア・ディスクロージャー・ルール導入に際し、これら一連の法人関係情報関連の規制は、金商法27条の36第1項の秘密保持・売買等禁止義務との関係で、あらためてクローズアップされた。より端的にいうと、金商業者等がこれら一連の規制を受けることが、法令に基づき守秘義務・売買等禁止義務を負担することに該当するか否かが、焦点となる。

　ガイドライン（問7）の（答）は、金商業等府令117条1項16号の適用を受ける証券会社および同府令306条1項12号の適用を受ける格付業者に関しては、このことを肯定する。他方、同府令123条1項5号等の適用にとどまるその他の金商業者等に関しては、明言はしていない。

　このガイドライン（問7）の（答）は、今後の法人関係情報関連の規制のあり方にも、相当の影響を及ぼすと思われる。まず、証券会社を名宛人とする金商業等府令117条1項16号の適用範囲に関しては、従来、法人関係情報を入手しての売買等を原則禁止と解する説と、金商法166条等のインサイダー規制と異なり、当該情報を積極的に利用することを要するとの説が存し、後者も相当有力であった。しかし、ガイドライン（問7）の（答）を前提とする限り、後者のような緩やかな考え方は、今後実務では通有性を失うと思われる。証券会社等においては、業務に対する阻害効果・萎縮効果の軽減のため、従来にも増してチャイニーズウォールを有効に機能させることが求められよう。上記（問7）の（答）も、ウォールの有効性は肯定している。他方、金商業等府令117条1項16号の適用のない証券会社等以外の金商業者等、たとえば投資運用業者の場合、やや微妙である。これらの業者も、法人関係情報に基づく不公正取引防止を義務づける同府令123条1項5号の適用は受けるが、同号が法人関係情報の取得時の運用等を当然に禁止するも

のか否かに関しては、議論は分かれるかと思われる。しかし、実務においては、投資運用業者等の大半は、やや保守的に運用し、法人関係情報を入手しての運用は自発的に禁止しているようである。証券会社が取得する法人関係情報は、顧客・潜在顧客を情報主体とし役務提供の必要上入手するものであり、いわば顧客からの無形預り資産ともいうべき性格を有する。当該情報の流用はもとよりその疑義を招くおそれのある行為は、証券会社全体に対する信用を大きく害する危険性があり、この観点から同府令117条1項16号のような厳格な規制にも、十分な合理性が認められる。他方、その他の金商業者等、たとえば投資運用業者がエンゲージメント等の過程で上場会社等から取得する情報に関しては、顧客からの預り資産的性格までは認められない場合が多く、この観点からは証券会社と必ずしも同列に取り扱う必要もないと思われる。他方、金商業者等として市場の公正確保に責任を担う以上、一般人と同様に金商法166条以下の狭義のインサイダー取引規制のみでは明らかに不十分であり、現状では、上記のやや保守的な運用が望ましい。

　将来的には、あくまでフェア・ディスクロージャー・ルールに関する先例等が蓄積し、重要情報の範囲・該当性に関しある程度明確なコンセンサスが成立することが大前提であるが、投資運用業者等、証券会社等以外の金商業者等に関しては、重要情報（もとより全重要事実・公開買付け等事実を含む）の該当性をもって運用等の禁止の基準とすることも、検討の俎上にあがる可能性もあると思われる。

## 6　現段階で想定しうる実務的工夫

　上記1ないし4の諸点をふまえ、現段階で特に重要と考える実務対応は以下のとおりである。

### ア　重要情報画定方法・守秘義務等の存否の事前確認

　前記1ないし4で繰り返し述べたところである。確認の効果として、上場会社等は不用意な重要情報伝達を、取引関係者は重要情報の伝達等を促すよ

うな質問・会話等を、各々回避することが容易となると思われる。

イ　重要情報伝達の回避を希望する旨の事前の明示

前記4(1)のとおりである。

ウ　上場会社等の体制整備

上記ア、イのような注意を尽くしても、上場会社等・取引関係者間において、重要情報に関連して紛議・論争が発生すること、特にいわゆるうっかり伝達の疑義が生じることを、100％回避することはできないと思われる。このような場合に備えての上場会社等の側における準備・体制整備も大切と考えられる。

上場企業等の側の準備や体制整備が進めば、取引関係者側の不安も軽減され、萎縮効果軽減にもつながると考えられる。

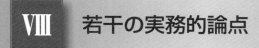

## VIII　若干の実務的論点

### 1　インサイダー取引規制上の適用除外との関係

金商法166条6項、167条5項所定のインサイダー取引規制に関する適用除外と同法27条の36所定の売買等との関係は、Q2-1-5で取り上げられている。今後、検討を要する論点と考えられる。

### 2　マスコミへの対応

当初の検討段階では議論もあったが、マスコミはフェア・ディスクロージャー・ルールの対象から除外された。同ルールが、取引関係者の概念を導入し、開示義務発動事由をこの取引関係者への選択的開示に限定した以上、

当然の帰結ともいえる。

　背景事情としては、言論表現の自由に派生する憲法上の権利として判例で承認されている取材の自由に対する配慮もあったと推測される。フェア・ディスクロージャー・ルールの対象からは除外されたとはいえ、上場会社等としては、マスコミとの接触・対応に際しても、同ルールの根本理念である公平開示の促進には、十分に留意すべきである。

　現在、インサイダー取引規制解除のための公表は、そのほとんどがTDnet開示であるが、この方法が認められるまでの間は、「二以上の報道機関に公開後12時間が経過」といういわゆる12時間ルールが主流であった（施行令30条1項1号・2項）。この公表方法は、重要情報公表府令10条においても、1号として最初に規定されている。これらの規定は、「影響力の大きい複数のマスコミに対する公開後12時間の経過により、報道の効果としての情報非対称の軽減が、相当の蓋然性を以て期待できる」との考え方に基づくといえる。

## 3　株主総会との関係

　株主総会対応に関してはQ2-3で取り上げたが、実務上関心が高いテーマと思われるので若干補足する。

### (1)　会社法上の説明義務とフェア・ディスクロージャー・ルール

　株主総会における回答は会社法上の義務であり、金商法27条の36の適用を受けること、および同条1項2号の広報に関する業務に該当するとの前提で対応すべきことは、Q2-3で述べたとおりである。フェア・ディスクロージャー・ルール抵触の蓋然性は現行会社法のもとでは正当な回答拒否理由とはなるが、同ルールの根本趣旨が公平開示促進にあることをふまえた対応が求められることも、Q2-3記載のとおりである。

## (2) 株主総会準備における実務的留意点

### ア　想定問答・説明原稿等のチェック

　上場会社等においては、株主総会の事前準備の一環として、想定問答が必ず作成される。また、会社側が、あらかじめ用意した原稿に基づき全出席株主を対象として、自発的・能動的に説明を行うことも少なくない。株主総会での説明・回答等に関しては、後述(4)の即時公表の要件を充足するきわめて例外的な場合を除き、金商法27条の36第1項の即時公表義務に抵触する懸念がある。原稿のチェック段階で重要情報該当の蓋然性のある情報に気づけば、原稿修正・株主総会開催前の公表等の適切な措置を講じるべきである。

### イ　速やかな公表の用意

　不用意な選択的開示への該当をおそれるあまり、重要情報該当の蓋然性が高くない情報に関してまで、保守的に回答を拒否するような姿勢は好ましくない。他方、結果として選択的開示に至った際の「速やかな公表」（法27条の36第2項）に備えた事前準備は、怠るべきではない。12月パブリックコメント回答No.219は、いわゆるうっかり漏えいに関し、重要情報公表府令8条1号の「意図しない漏洩」として、金商法27条の36第2項に従い速やかに公表すべき旨を重ねて明らかにする。同回答は主としてエンゲージメント等の場でのうっかり漏えいを想定したものと思われる。株主総会での回答に関しても妥当すると考えられる。同条2項の速やかな公表に関しては格別の定義規定はないが、米国の例では、24時間以内またはニューヨーク証券取引所での次の立会時間開始前のいずれか遅いほうとされているようである。株主総会準備の一環として「意図しない開示」に該当する可能性を想定し、原則的には総会当日中の開示を実現できる準備は怠るべきでない。

## (3) 四半期決算の情報

　株主総会での質疑応答に際して特に注意を要するのは、新年度の第1四半期の決算情報と思われる。通常の日程では、すでに新年度第1四半期は期末

と接近しており、その決算数値等に関しても、相当程度の確度のある情報が上場会社等の内部に存することも少なくないであろう。このような場合、売上げ・営業利益・純利益等の具体的数値に関する情報はもとより、「前年第1四半期の実績と大きく乖離していない」という類の定性的情報も、決算情報に該当する可能性が高い。当該会社が、重要情報の管理方法として、ガイドライン（問2）②の方法を採用するならば、諸般の状況いかんでは「決算情報ではあるが、株価に重要な影響を及ぼす蓋然性は低い」として、該当性を否定できる場合もあろう。

（問2）③の方法を採用する会社であれば、「何が有価証券の価額に重要な影響を与えるのか判断がむずかしい」という立場上、原則的に重要情報として取り扱わざるをえないであろう。定時株主総会で、株主から新年度第1四半期に関連するような質問等がなされる例はしばしば散見され、会社側としてもできる限り親切にと思う気持ちは、十分に理解ができる。

しかし、フェア・ディスクロージャー・ルール抵触の蓋然性がある場合には、たとえば、「平成30年4月1日に施行されましたフェア・ディスクロージャー・ルールの趣旨に即し、全投資家の方に公平に情報を提供させていただきたいと存じます。7月下旬に四半期決算を発表の予定ですので、どうぞそれまでお待ちください」というような説明を加え、質問者・出席株主の理解を求めることとなろう。

### (4) 株主総会におけるリアルタイムのウェブキャストの可能性

最近、自社ホームページを通じて、株主総会の生中継映像をリアルタイムで配信（ウェブキャスト）し、特に株主等に限定せず、広く外部からのアクセスを可能とする上場会社も、増加しつつある。ウェブキャストは、本来的には「公表」との関係で取り上げられるべきテーマであるが、フェア・ディスクロージャー・ルールとの関係において、どのように評価されるであろうか。

注目すべきは、12月パブリックコメント回答No.229、No.232と思われる。
　回答No.232では決算説明会の状況が同時配信される場合が取り上げられている。仮に、同時配信が重要情報公表府令10条5号所定の公表措置と認定されれば、説明会の席上で出席した取引関係者に重要情報が伝達されても、金商法27条の36第1項の即時公表義務に反しないこととなる。金融庁の回答は、重要情報公表府令10条5号の公表に該当しうることを認めるが、次の各要件をすべて充足することが要求される。
・同時配信（ウェブキャスト）されることが広く事前に周知されていること
・アクセスの資格が会員等に限定されていないこと
・ホームページ上に1年以上継続して掲載されアクセス可能な状況が継続すること

　12月パブリックコメント回答No.232では決算説明会に言及されているが、その考え方の株主総会への援用を否定すべき理由はないであろう。ただし、現状ですべての要件を充足する同時配信（ウェブキャスト）を実現している上場会社等は、依然として少数と思われる。現状では、株主総会での説明等に関し金商法27条の36第1項所定の即時公表を実現することは、多くの上場会社等により困難といわざるをえない。

## (5) 小　結

　上場会社等の多くは、フェア・ディスクロージャー・ルール施行後初めての定時株主総会をすでに経験した。開かれた総会の実現とフェア・ディスクロージャー・ルールの理念である公平性は、根本において決して矛盾するものではないが調整も要する。上場会社等の役員・総会担当者、株主、弁護士等、すべての株主総会関係者が、同ルールに対する正しい認識を共有することが肝要といえる。
　即時公表の要件を満たすウェブキャスト導入の動きの進展にも期待したい。

## 4　クロスボーダー関係

　法令の適用範囲に関しては、属地主義が原則であり、事案の性格等に応じ属人主義・効果主義・世界主義等の要素も考慮し限定的にいわゆる域外適用も肯定するのが伝統的な考え方で、これは金融商品取引の分野でも同様と考えられる。近年、経済のクロスボーダー化のいっそうの進展に伴い、属地主義の修正を要する場面が増加しており、フェア・ディスクロージャー・ルールに関しても例外でない。フェア・ディスクロージャー・ルールとクロスボーダーとの関係を取り上げたのが、12月パブリックコメント回答No.203およびQ2-5である。

　内国法人である上場会社等に関し、選択的開示または守秘義務・売買等禁止義務に対する違反が海外で行われた場合、金商法27条の36の構成に照らせば、属地主義の原則からも、いわゆる域外適用には当たらないと整理することが可能と思われる。同条は、選択的開示ないし守秘義務違反等を直接規制せず、上場会社等に対し開示を義務づける構成をとる。したがって、条文の発動要件（選択的開示等）が海外で発生したにすぎず、国内にある者（内国会社等）を名宛人として国内での行為（開示）を義務づけ、その不作為に対し所定のエンフォースメントが規定されている。この場合、海外にある者または海外での行為に関し、直接公権力が発動される余地はない。

　他方、外国会社等のうち日本国内で上場されている有価証券の発行者に関しては、別途考慮を要する。当該外国会社等が日本国内に支店等の恒久的施設を有する場合には、上記内国会社に準じて整理することが可能であろう。これに対し、国内で上場している証券発行者が国内に恒久的施設を有しない場合、フェア・ディスクロージャー・ルールが適用されるとの結論にはおそらく異論はないと思われるが、効果主義的な観点からの説明も必要と考えられる。

　海外にある者に対し、金商法の適用が肯定される場合、エンフォースメントに関しては、別途検討が必要である。フェア・ディスクロージャー・ルー

ルとの関係を含め、このクロスボーダーの問題に関しては、今後の本格的検討と各国間の共助を含めた法整備が待たれる。

# IX 上場会社等のフェア・ディスクロージャー・ルール対応

このテーマはすでに十分検討されQ4-2等でも取り上げられているが、まとめの意味で再度言及する。

## 1 社内管理体制の構築

フェア・ディスクロージャー・ルールに適切に対応するには、一定の専門的知識と知見が必要と思われる。この観点から、社内において同ルールおよび関連する社内規程等の解釈運用等を所管し、関係役職員からの照会等への対応（状況によっては、取引関係者・当局等との対応）を担当する部署等を、なんらかのかたちで明確化することが望まれる。具体的な部署は、各上場会社等がその実情に即し選定すべきであるが、1つの候補としては、広報・IR所管部署が想定される。可能であれば、当該部署は、専門の法律事務所等とのパイプも確保することが望まれる。

## 2 根本は公平開示促進・徹底

フェア・ディスクロージャー・ルールへの実務対応は同ルールの根本理念が公平開示の促進にあることを出発点とすべきである。同ルール以外にも、上場会社等に対し公平開示を義務づける法令・諸規則は少なくない。特に、重要であるのは金商法所定の臨時報告書提出義務と金融商品取引所上場規程

所定の適時開示義務である。

　上場会社等である以上、フェア・ディスクロージャー・ルール上の重要情報に加え、最低限、臨時報告書提出事由および適時開示事由に関しては、公平開示の徹底・推進を社内規程等で明確化すべきである。その裏返しとして、これらに該当する情報および該当の蓋然性が高い情報に関しては、フェア・ディスクロージャー・ルール上の重要情報に該当するか否かを問わず、また、取引関係者への該当性に過度に固執することなく、正当理由のない選択的開示の禁止もルール化すべきである。当該社内ルールの存在・趣旨に関しては、全役員および関係職員に対する周知徹底も図るべきである。

　なお、重要情報と臨時報告書提出事由・適時開示事由との関係であるが、前者に関しては、TFの段階で金融庁立案担当官から「フェア・ディスクロージャー・ルールの対象事実は、臨時報告書提出事由よりは広く」との方向性が示唆されている。後者の適時開示とフェア・ディスクロージャー・ルールは、制定主体も異なり、一概にその広狭を比較することも適当とはいえない。有価証券上場規程に個別的に列挙された開示事由中には、テクニカルな性格が強く、投資判断に及ぼす影響も必ずしも重要とまでは思われない項目も、含まれている。他方、適時開示事由として個別列挙された項目にもバスケット条項の数値基準のいずれにも該当しなくても、投資判断に及ぼす影響が重要と判断されるべき場合もあろう。すなわち、重要情報と適時開示事由には、相互にある種のズレがあるといえる。ただし、適時開示においてもいわば「バスケット条項中のバスケット条項」ともいうべき開示事由が存在し、かつその定義は金商法27条の36の重要情報の定義と酷似する。この意味では、重要情報と適時開示事由は、究極的には大半において重複するといっても、過言ではないであろう。

## 3　重要情報として管理する範囲の適切な画定

　社内体制構築に際しては、公平開示の徹底・促進を基本とすることが強く

望まれる。他方、エンゲージメント等に関する過度の委縮防止等の観点から、公法上の規制たる金商法27条の36の適用範囲は、ある程度、限定することが望まれる。

この観点から、ガイドライン（問２）が掲げる３つの情報管理方法中、グローバルに事業・IR活動を展開しPSI概念になじんだ一部会社を除き、②の採用が望ましいと考えられる。

管理する情報の範囲をある程度限定することは、社内ルール等に基づく公平開示・選択的開示禁止の範囲を当該管理対象情報の範囲に限定すべきことを決して意味するものでないことは、重ねて強調したい。

## 4　取引関係者等との対応

当面、取引関係者等と接触する際、たとえば海外機関投資家等とのエンゲージメント等に際しては、相互にわが国のフェア・ディスクロージャー・ルールの内容等を確認することも、有益と思われる。

先進国のほとんどすべてがすでにフェア・ディスクロージャー・ルールを導入しているが、その内容等は国・地域により相当の差異がある。たとえば、海外のある国・地域では優に公知と認められるような状態でも、わが国では重要情報公表府令10条所定の公表に当たらない場合等も想定される。海外投資家等との対応に際しては、一定の配慮を要する場合もあろう。

## 5　フェア・ディスクロージャー・ルールに関するコンテンジェンシー・プラン

上場会社等において、フェア・ディスクロージャー・ルールとの関係上、最も厳しい対応を求められるのは、「取引関係者又は同関係者に該当の蓋然性がある者に対し、重要情報又は該当の蓋然性ある情報を意図せずに伝達した疑義が生じた場合」（法27条の36第２項）および「取引関係者が有効に負担

した守秘義務・売買等禁止義務に違反した蓋然性が生じた場合」(同条3項)であろう。これらの場合、物理的に可能な限り最短のタイミングでの公表が義務づけられる。

　ガイドライン（問3）のエンゲージメント等において取引関係者等から重要情報への該当性の可能性が指摘された場合も、前者の一類型と考えられる。

　上記各疑義が生じる場合、上場会社等においては、直ちに所管部署に情報が集約され、当該部署において、自らが選択した方法に照らし、重要情報として管理すべき範囲に属するか否か、あるいは取引関係者が守秘義務・売買等禁止義務に違反したか否かが、ほとんどリアルタイムで的確に判断されることが求められる。管理すべき情報の範囲に属することや、守秘義務等への違反が生じたことが確認された際には、金商法27条の36第2項または3項に従い、即時に公表に移されることが要求される。そのためには、上場会社等において、社内における報告・指揮命令系統・判断権所在等があらかじめ明確化されていることが必須であり、そのための組織・社内規程等の整備も必要となろう。

　担当部署においては、まず、臨時報告書提出事由・適時開示事由との関係は必ずあわせて検討し、該当すると判断される場合には、遅滞なく開示すべきことは、いうまでもない。社内での検討の結果、当該情報が、重要情報として管理すべき範囲に属さず、臨時報告書提出事由・適時開示事由にも該当しないと判断された場合においても、最低限、社内規程、ディスクロージャー・ポリシー等が要求するのであれば、公表を励行すべきである。さらに、社内規程等が直接要求しない場合においても、経営上、大きな支障等がない限り、社内における然るべき権限者の承認を得て、極力積極的に開示する姿勢が望まれる。

## 6 社内規程等の点検・整備

　各上場会社等において、フェア・ディスクロージャー・ルールに適切に対応するには、拠り所となる一定の社内規程・社内ルールが必要なことは、明らかである。

　しかし、このことはフェア・ディスクロージャー・ルール対応に特化した社内規程等の新設を必須とすることを、必ずしも意味するものではない。上場会社等のほとんどすべては、すでに開示および情報管理・不公正取引等防止に関するなんらかの社内規程等を有していると考えられ、そのなかにはそのままフェア・ディスクロージャー・ルール対応に活用できる規程等も少なからず含まれていると推測される。特に、重要情報より広汎な法人関係情報関連の規制への対応を求められる金融商品取引業者・登録金融機関の場合、この傾向が強いと思われる。2月パブリックコメント回答No.18も、必ずしもフェア・ディスクロージャー・ルールに特化した新対応が必要でない場合もあることを明らかにしている。

　ただし、市場の担い手として厳格な規制対応が求められる金融商品取引業・登録金融機関は格別、上場会社等一般に関しては、当該規程等の根本趣旨は、情報開示の徹底・励行にあることが求められる。この観点から、インサイダー取引防止に関する規定を部分的に改定し、重要事実・公開買付け等事実にフェア・ディスクロージャー・ルール上の重要情報を付け加えるというような対応には、疑問がある。まずは、この根本趣旨も含めて、自社の社内規程・管理体制等が、どの程度フェア・ディスクロージャー・ルールに対応可能であるかを点検確認し、必要と思われる事項の追加等を検討すべきである。重要情報として管理すべき範囲の画定方法の選択、コンテンジェンシー・プラン等は、これに当たるであろう。そのうえで、必要であれば、規程の新設等に着手することとなろう。

## 7　定期的見直し

　金融庁は、ガイドライン、パブリックコメント回答等において、各種試行錯誤や当事者間の話合いを通じ、漸進的に健全な運用基準・実務慣行等が形成されることに対する期待を繰り返し表明する。上場会社・取引当事者等の主体的・自発的努力の積重ねにより適切な基準・慣行が形成されることは、もとより好ましいことである。上場会社等においては、個別情報ごとに投資判断に及ぼす実質的影響を検討する姿勢とスキルの確立に努めることが望まれる、今後の実務の積重ねの結果として、将来的にはガイドライン、場合により関係法令にも改正が加えられる可能性も考えうる。たとえば、アの重要情報の範囲等に関しては、今後の実務の積重ね等により、ガイドライン（問2）の情報管理の3つの方法にも変化が生じる可能性等も否定できないかと思われる。上場会社等としては、状況変化等に適切に対応すべく、定期的に見直しを加えることが求められる。恣意性を排除する観点からも、見直しは、できる限り定期的に行うことが望ましい。たとえば、当初ガイドライン（問2）③の方法を採用した上場会社等が、有価証券価額に及ぼす影響度を判断するスキルを修得したとして②に移行するような際、特定の事象に直面した時点で行えば、恣意的との疑義を招くおそれもある。

　さらにいうならば、今後の実務の蓄積は、金融商品法制、特に、インサイダー取引規制およびその関連規制にも、将来的に大きな影響を及ぼす可能性もある。たとえば、今般重要情報公表府令10条ではウェブサイトへの掲載が一定要件（同府令10条5号）のもとで公表と認められたが、インサイダー取引規制上は公表の効力が認められず、不用意な規制抵触を懸念する声も、散見される。今後、上場会社等の大半が同府令10条5号に従いウェブサイトを通じた公表を適切に履行するならば、金商法施行令を改正して重要事実等の公表措置として追加することにも、格別の障害はないであろう。そして、将来的には、第1章制度編の5で述べられているような開示規制・インサイダー取引規制の双方にまたがる抜本的大改正の検討が現実化することも、十

分に想定されよう。

## X　まとめ

　フェア・ディスクロージャー・ルールの根本理念は公平開示の促進であるが、実務ではエンゲージメント等に対する萎縮効果を懸念する声も少なくない。率直にいって、導入当初に一時的・部分的にこのような負の効果が生じることは、避けられないと思われる。しかし、ルールの根本趣旨・理念に対する理解が浸透し各種実務的課題・問題点の解決に向けた方向性も明らかになるに伴い負の効果は次第に減少し、多くの上場会社等においてルールの本旨に即し公平開示の促進・実現に向けて積極的・能動的な取組みが加速されることが期待される。このような正の効果を一刻も早く実現するためにも、実務的課題・問題点の洗い出しおよびその解決に向けた検討は急務といえる。

【著者略歴】

**黒沼　悦郎**（くろぬま　えつろう）

早稲田大学法学学術院教授。

1984年東京大学法学部卒業。東京大学助手、名古屋大学助教授、神戸大学教授を経て、2004年より現職。専門は金商法、会社法。金融審議会ディスクロージャーワーキング・グループ委員。2016年にはフェア・ディスクロージャー・ルール・タスクフォースの座長を務めた。

主な著書に、『金融商品取引法』（有斐閣、2016年）、『会社法』（商事法務、2017年）など。

**吉川　純**（きっかわ　じゅん）

弁護士法人大和エスジー吉川法律事務所社員。

1978年司法試験合格、1979年東京大学卒業、同年司法修習生、1981年司法修習終了、弁護士登録（東京弁護士会）1988年大和証券（現大和証券グループ本社）入社法務部に配属、1999年4月大和証券グループ本社経営企画部付部長。2002年同社退職。弁護士法人大和エスジー吉川法律事務所を設立し、現在に至る。専門は金商法・会社法。

**吉井　一洋**（よしい　かずひろ）

大和総研金融調査部制度調査担当部長。

1987年大阪大学法学部卒業。同年大和證券入社。大和証券経済研究所（現大和総研）でのアナリスト業務を経て、1989年に現部署に異動。2006年より現職。IAASB（国際監査・保証基準審議会）のCAG（諮問助言グループ）のメンバー。

主な著書に、『時価会計の実務』（共著、商事法務研究会、2001年）、『早わかり新証券税制』（共著、中央経済社、2002年、2003年）、『よくわかる新BIS規制』（共著、金融財政事情研究会、2007年）、『バーゼル規制とその実務』（共著、金融財政事情研究会、2014年）、『企業法制の将来展望―資本市場制度の改革への提言―2018年度版』（共著、資本市場研究会編、財経詳報社）など。

**横山　淳**（よこやま　じゅん）

大和総研金融調査部制度調査課主任研究員。

1990年東京大学法学部卒業。1995年大和総研入社。2012年より現職。主な担当分

野は、会社法、金商法、取引所規則、金融制度。
主な著書に、『株券電子化のしくみと対応策』（日本実業出版社、2006年）、『金融・証券ビジネスパーソンのための金融商品取引法ガイダンス』（共著、中央経済社、2010年）、『変貌する金融と証券業』（共著、日本証券経済研究所、2018年）、『FinTechと金融の未来』（共著、日経BP社、2018年）など。

## フェア・ディスクロージャー・ルールブック

2019年3月13日　第1刷発行

著　者　黒沼悦郎・吉川　純
　　　　株式会社大和総研
発行者　倉　田　　勲

〒160-8520　東京都新宿区南元町19
発　行　所　一般社団法人 金融財政事情研究会
企画・制作・販売　株式会社きんざい
　　出版部　TEL 03(3355)2251　FAX 03(3357)7416
　　販売受付　TEL 03(3358)2891　FAX 03(3358)0037
　　URL https://www.kinzai.jp/

校正：株式会社友人社／印刷：株式会社日本制作センター

・本書の内容の一部あるいは全部を無断で複写・複製・転訳載すること、および磁気または光記録媒体、コンピュータネットワーク上等へ入力することは、法律で認められた場合を除き、著作者および出版社の権利の侵害となります。
・落丁・乱丁本はお取替えいたします。定価はカバーに表示してあります。

ISBN978-4-322-13438-4